大学生劳动教育理论与实践指导研究

林伟淳　丁立杰　陆　玲　著

北京工业大学出版社

图书在版编目（CIP）数据

大学生劳动教育理论与实践指导研究 / 林伟淳，丁立杰，陆玲著. — 北京：北京工业大学出版社，2022.12

ISBN 978-7-5639-8598-2

Ⅰ. ①大… Ⅱ. ①林… ②丁… ③陆… Ⅲ. ①大学生—劳动教育—研究 Ⅳ. ① G40-015

中国国家版本馆 CIP 数据核字（2023）第 010294 号

大学生劳动教育理论与实践指导研究
DAXUESHENG LAODONG JIAOYU LILUN YU SHIJIAN ZHIDAO YANJIU

著　　者：林伟淳　丁立杰　陆　玲
责任编辑：张　贤
封面设计：知更壹点
出版发行：北京工业大学出版社
　　　　　（北京市朝阳区平乐园 100 号　邮编：100124）
　　　　　010-67391722（传真）　　bgdcbs@sina.com
经销单位：全国各地新华书店
承印单位：河北赛文印刷有限公司
开　　本：710 毫米 ×1000 毫米　1/16
印　　张：13.25
字　　数：265 千字
版　　次：2022 年 12 月第 1 版
印　　次：2022 年 12 月第 1 次印刷
标准书号：ISBN 978-7-5639-8598-2
定　　价：72.00 元

版权所有　翻印必究

（如发现印装质量问题，请寄本社发行部调换 010-67391106）

作者简介

林伟淳,女,1990年1月出生,法学硕士。任职于南方医科大学,讲师。主要研究方向:思想政治教育、创新创业、青年工作。

丁立杰,女,1985年9月出生,湖北恩施学院,讲师。主要研究方向:思想政治教育。

陆玲,女,1983年10月出生,湖北恩施学院,讲师。主要研究方向:思想政治教育。

前 言

劳动是人之所以为人的本质确认，也是社会存在与发展的基础。劳动教育是高校人才培养中不可或缺的重要组成部分，与德育、美育、智育、体育并驾齐驱，是促进当代大学生全面发展的重要支撑。随着时代的不断发展，劳动教育被赋予了新的使命和内涵。本书以高校大学生为研究对象，多维探析当代大学生的劳动教育，深刻剖析现代高校劳动教育的现状，提出劳动教育存在的问题和面临的挑战，并从高校、社会、家庭和大学生自身四个方面切入，不断推动高校劳动教育的规范化、常态化、可持续发展，为全面育人提供重要参考。

全书共八章。第一章为绪论，主要阐述了劳动与劳动教育、大学生劳动教育的内涵界定、大学生劳动教育的特点、大学生劳动教育的理论基础、加强大学生劳动教育的重要意义；第二章为大学生劳动教育的发展历程，主要阐述了传统劳动价值观的形成、大学生劳动教育的发展；第三章为大学生劳动教育的现状，主要阐述了大学生劳动教育的积极成效、大学生劳动教育的现存问题；第四章为大学生劳动教育的目标与原则，主要阐述了大学生劳动教育的目标、大学生劳动教育的原则；第五章为大学生劳动教育的内容与功能，主要阐述了大学生劳动教育的内容、大学生劳动教育的功能；第六章为大学生劳动教育的实践指导，主要阐述了生活劳动实践、生产劳动实践、服务性劳动实践；第七章为大学生劳动教育的体系，主要阐述了大学生劳动教育的法律体系、大学生劳动教育的保障体系；第八章为大学生劳动教育的对策，主要从高校层面、社会层面、家庭层面、大学生层面进行阐述。

本书共计24万余字，其中林伟淳负责第一到第三章的写作，共计约8万字；丁立杰负责第四到第六章的写作，共计约8万字；陆玲负责第七、第八章及参考文献的写作与整理，共计约8万字。在撰写本书过程中，笔者借鉴了许多前人的研究成果，在此表示衷心的感谢！衷心期待这本书能使读者在学习生活及工作实践中结出丰硕的果实。

探索知识的道路是永无止境的，本书还存在着许多不足之处，恳请同行及广大读者进行斧正，以便改进和提高。

目　　录

第一章　绪　　论 ··· 1
　　第一节　劳动与劳动教育 ··· 1
　　第二节　大学生劳动教育的内涵界定 ··· 8
　　第三节　大学生劳动教育的特点 ·· 10
　　第四节　大学生劳动教育的理论基础 ······································· 19
　　第五节　加强大学生劳动教育的重要意义 ·································· 30

第二章　大学生劳动教育的发展历程 ·· 41
　　第一节　传统劳动价值观的形成 ·· 41
　　第二节　大学生劳动教育的发展 ·· 45

第三章　大学生劳动教育的现状 ·· 53
　　第一节　大学生劳动教育的积极成效 ······································· 53
　　第二节　大学生劳动教育的现存问题 ······································· 64

第四章　大学生劳动教育的目标与原则 ·· 82
　　第一节　大学生劳动教育的目标 ·· 82
　　第二节　大学生劳动教育的原则 ·· 95

第五章　大学生劳动教育的内容与功能 ··· 103
　　第一节　大学生劳动教育的内容 ··· 103
　　第二节　大学生劳动教育的功能 ··· 109

第六章 大学生劳动教育的实践指导 ········ 125
第一节 生活劳动实践 ········ 125
第二节 生产劳动实践 ········ 133
第三节 服务性劳动实践 ········ 141

第七章 大学生劳动教育的体系 ········ 151
第一节 大学生劳动教育的法律体系 ········ 151
第二节 大学生劳动教育的保障体系 ········ 182

第八章 大学生劳动教育的对策 ········ 191
第一节 高校层面 ········ 191
第二节 社会层面 ········ 195
第三节 家庭层面 ········ 197
第四节 大学生层面 ········ 199

参考文献 ········ 203

第一章 绪 论

追溯历史，我国的发展建立于我国人民的劳动观本源基础上，而坚持劳动教育是我国教育的优良传统。立足新时代，高扬劳动教育的旗帜，首先要正确认识劳动教育。加强对作为新时代中国特色社会主义发展的建设者和接班人的大学生的劳动教育既符合教育的发展规律，又有利于促进新时代大学生德智体美劳的全面发展。本章分为劳动与劳动教育、大学生劳动教育的内涵界定、大学生劳动教育的特点、大学生劳动教育的理论基础、加强大学生劳动教育的重要意义五部分。

第一节 劳动与劳动教育

一、劳动

（一）劳动的概念

劳动是人类社会生存和发展的基础，是人特有的社会实践活动，人类历史正是通过劳动而起源发展的。"劳动"一词可追溯到战国时期，如《庄子·让王》中的"春耕种，形足以劳动"，《三国志》也有"人体欲得劳动，但不当使极尔"的记载。但早期的劳动多指体力劳动或具体的劳动形式，即狭义的劳动，广义的劳动还应包括脑力劳动。根据不同标准，劳动又可划分为简单劳动和复杂劳动，必要劳动和剩余劳动等。

马克思（Karl Heinrich Marx）提出了一般意义上的劳动概念，并在此基础上对生产劳动、社会劳动、异化劳动及剩余劳动等概念展开论述。马克思指出，劳动最初是"人和自然之间的过程，是人以自身的活动来中介、调整和控制人和自然之间的物质变换的过程"，劳动建立了人与自然界的联系，在改造自然的过程中改造自己，并最终从动物中脱离，作为人区别于动物本能活动的根本属性，进而创造了人本身。

以上论述阐释的是劳动的自然属性，但劳动并非独立的个体行为，人们通过劳动互联产生分工合作的社会性行为，同时赋予了劳动社会属性，也就是说，劳动只在人类社会中存在，是人有目的的创造性活动。

《教育大辞典》中对劳动的定义是人从自身实践需求出发，不断在大自然和人之间进行调整和控制的物质变换过程，指出其目标是获取物质生产资料；《现代汉语词典》将劳动定义为："人类创造物质或精神财富的活动"，将劳动与普通的休闲娱乐活动相区分；柯林斯词典中，劳动的英文单词为 labor，英文释义为 physical or mental exertion, productive work，也强调了劳动是包含了体力劳动与脑力劳动的创造性活动。

综上所述，可以将劳动理解为，人在一定的社会关系中与自然进行物质交换，并创造物质或精神财富的实践活动。

（二）劳动的分类

在明确了劳动的概念以后，接下来就需要依据其不同的特点，按照不同的属性和标准对劳动加以分类，这将为下文新时代大学生劳动教育问题及其原因分析提供一定的规范。在系统梳理国内学者相关研究文献的基础上，可以将劳动从以下4个方面进行分类。

1. 从传统劳动认知的角度划分

我们可以将劳动划分为体力劳动和脑力劳动，即劳心与劳力。体力劳动说的是劳动者以运动性的、肢体性的器官为主要活动对象而展开的劳动。我们国家目前以生产生活资料和生产资料为主的农民、工人等群体进行的劳动多为体力劳动，并且长期以来人们有一种定式思维，即认为劳动就是体力劳动。通过梳理相关研究文献可以发现，关于体力劳动与脑力劳动的纷争由来已久，这是由我们国家长期以来的状态所决定的。众所周知，我们国家是一个以农业为第一产业的国家，并且经历过诸多历史时期，如农业时期，人们以种植业为生，这个阶段人们的劳动以体力劳动为主；到了工业社会时期，劳动主要定义为制造业的劳动，人们开始运用一定的生产工具对产品进行深层次加工，这样就产生了劳心和劳力的社会分工；在现阶段的信息化时代，第三产业的快速崛起、科技的进步使得一批以知识渊博的脑力劳动者为主体的劳动者逐渐成了主角。所谓脑力劳动，就是劳动者以大脑神经系统为主要活动对象的劳动。在我们国家，理论工作者、作家、教师等都属于脑力工作者的范畴。

党的十八大以来，天宫、蛟龙、天眼、悟空、墨子等重大科技成果的问世，无一不体现了现阶段党和国家对创新、创造的重视。新时代是创新的时代，是创造的时代。创造的新技术，提出的新思想不是凭空想象出来的，而是在一点一滴的劳动中创造出来的。这里所说的劳动既有体力劳动也有脑力劳动。传统社会里"面朝黄土背朝天，一身力气百身汗"的现象得到了改变。因此，现在我们在强调体力劳动和脑力劳动的时候，需要把它们结合起来辩证地去看待。

2.按照劳动的形式划分

我们可以将劳动分为具体的有形劳动和抽象的无形劳动。在马克思主义基本原理当中关于劳动二重性的论述中有这样的解释，具体劳动是指生产一定使用价值的具体形式的劳动，是有形的、看得见的劳动；而抽象劳动是指撇开一切具体形式的、无差别的一般人类劳动，即人的体力和脑力的消耗，不管是哪一项劳动，既是具体劳动，又是抽象劳动。例如，教师在授课的时候，他的具体劳动就是上课这样一种行为，抽象劳动就是传递知识的过程。正所谓知识就是力量，在面对劳动这一问题的时候，我们并不需要拘泥于它的形式，因为任何一种形式的劳动都可以创造出应有的价值。

3.按照劳动的群体性关系划分

我们可以将劳动划分为个体劳动和集体劳动。所谓个体劳动从广义的角度来说，是指劳动者运用个体劳动的方式在其各自的生产劳动领域独立地进行生产活动，相互之间没有交集，独自享有劳动成果的行为。从狭义的角度而言，个体劳动就是单一个体所进行的独立的劳动，其主要的特征在于劳动者本身是一个自由的人，能够独立地对自身的活动进行分配。我国古代小农经济自给自足的生产方式就是对个体劳动最有效的阐释。

随着生产水平的不断提高，生产的社会化程度也不断加深，这样一来，单一的个体经济就无法满足逐渐庞大的社会生产力，因此集体劳动就应运而生。至此，我们也不难理解，所谓的集体劳动是相对于个体劳动而言的，是在个体劳动基础上更高层次的一种劳动形式。它的特征在于，在集体劳动形式下，个体劳动者所拥有的个体独立性丧失，彼此之间相互融合、协同劳动，生产、创造出大于个体劳动所创造的价值，即我们所说的"1+1>2"效应。这里我们需要明确以下几点：

①集体劳动是在个体劳动者劳动的基础上进行的，没有个体劳动就谈不上集体劳动，即我们在强调集体劳动的过程中必须肯定个体劳动的作用；

②集体劳动是若干个体劳动者劳动的有机结合。

4. 按照劳动的复杂程度划分

我们可以将劳动分为两种形式，一种是简单劳动，另一种为复杂劳动。简单劳动，指的是普通劳动者不需要通过特殊的培养和培训等，就能承担起的劳动；复杂劳动，指的是劳动者要具有一定的知识和修养，或者具有专门的技术能力等，才能承担起的劳动，复杂劳动等于自乘的或多倍的简单劳动。

综上所述，劳动有着如此多的分类，它们之间相互区别又彼此联系，这就告诉我们需要多角度、辩证地去看待问题，不能仅仅把劳动等同于体力劳动，也不能简单地认为劳动就是简单的机械性的重复。习近平总书记在党的十九大报告中明确指出："实现中华民族伟大复兴是近代以来中华民族最伟大的梦想。"

劳动是这个时代的最强音，人民对美好生活的追求，说到底要通过辛勤的劳动才能实现，在这一过程中，我们要学会将已有的体力劳动转化为脑力劳动，将原有的依靠资源驱动发展转化为依靠创新驱动发展，尽可能地使劳动的价值最大化。与此同时，我们也需要注意个体劳动和集体劳动的配合，中国梦是国家的梦，民族的梦，归根到底也是包括广大青年在内的每个中国人的梦，中国梦的实现需要亿万人民辛勤的劳动创造。天上不会掉馅饼，幸福不会自然来，对于实现中华民族伟大复兴的中国梦，我们需要有抓铁留痕、踏石有印的作风，苦干实干，在每个人为自己的梦想努力奋斗的同时，国家富强、民族振兴、人民幸福的伟大中国梦也在不断实现。

（三）劳动的作用

劳动对人类具有重要的作用，从人类和社会发展的角度看，劳动不但是财富的源泉，而且创造了人和人类社会；从完善自身精神世界的角度看，劳动可以塑造人的良好意志品质。

第一，从人类和社会发展的角度看，劳动对人类的生存和发展具有重要的价值。

一是劳动创造了物质财富和精神财富。人类社会的历史是一部劳动创造财富的历史，在古代，人们通过制造简单的工具对自然界进行改造来获得必要的物质生活资料。随着生产技术的进步，人类改造自然界的手段和能力不断增强，物质财富的创造能力不断提升，为创造精神财富带来了可能。人们的自由时间越来越多，创造的精神财富反过来又促进物质财富的创造。所以劳动是社会发展的动力，人通过劳动不断地改造世界，创造适合人类生存的环境。

二是劳动创造了人和人类社会。马克思在《1844年经济学哲学手稿》中指出，人不仅仅是自然存在物，而且是人的自然存在物，就是说，是自为地存在着的存在物，因而是类存在物。正因为劳动是联系人与对象性存在物的桥梁，并且人通过对象化的劳动确证并表现人的类特性，所以劳动的对象化过程确证了人是类存在物，进而形成人的本质。同时，劳动是自由自觉的活动。人的类特性就是自由而有意识的活动，人与动物最大的不同就是人的劳动是有意识的，而动物和自己的生命活动是直接同一的。动物不把自己同自己的生命活动区别开来，它就是自己的生命活动。人按照自己的意识自由地进行劳动，不仅是人区别于动物的类本质，还是人成为人的驱动力，是人自身发展的需要。劳动的实质是有目的地改造世界的生产实践活动，正因为这种生产实践活动表现为社会性，所以人的本质表现为社会性。社会的活动和享受表现为通过同别人的实际交往确证人的活动和享受，并且体现活动内容的本质。因此，社会是人同自然界的完成了的本质的统一，证明劳动创造了社会和社会关系。

三是劳动是人自由而全面发展的途径。劳动是依据人的需要而进行的有目的、有计划的实践活动。劳动的属性应该是"自由的""自觉的""有意识"的，因此，人类理想状态下的劳动可以促进人的各方面成长，成为人自由而全面发展的有效途径。从人类发展的历史来看，劳动不断促进人的发展，是人不断发展的基础，人类不断进行劳动实践，科学技术也不断进步，生产技术的进步为人类提供了更多的自由时间，为人类的自由而全面的发展提供更大的可能性。但是在资本主义条件下，劳动出现了异化，使人出现了片面发展，"单向度"的人不仅阻碍着人的发展，还阻碍着社会的进步。人的解放实际就是劳动的解放，因此，追求人的解放要求不断去除阻碍劳动解放的因素，从而实现人的全面、自由的发展。

第二，从完善自身精神世界的角度看，劳动能够塑造健全的人格、磨炼顽强的意志、锤炼高尚的品格。人格又称个性，是带有倾向性的、本质的、比较稳定的人的心理特征的总和。一个人的人格表现在知、情、意、信、行等多个方面，人的个性是受先天遗传因素影响的，但更多的是通过后天的社会实践活动形成和发展的，取决于一定的社会关系。劳动作为社会交往的重要中介，决定了一个人的社会角色，人也因劳动所取得的成果而获得一定的社会地位，并在反复的实践中适应工作和社会关系，形成对事物较为稳定的态度，且在劳动活动中不断地改变着某些特征。因此，积极的劳动是社会实践的重要组成部分，对塑造健全人格起着重要的作用。一个人只有具备顽强的意志品质，才能在学习、生活、工作中有所成就，而劳动无疑对顽强的意志品质的养成具有重要的作用，"天将降大任于斯人也，必先苦其心志，劳其筋骨"，说的就是这个道理。

另外，劳动还可以锤炼高尚品格，一个人只有通过辛勤的劳动，才能体会劳动人民的辛勤付出，珍惜劳动人民的劳动成果。人只有热爱劳动，才能热爱自己所从事的职业，热爱生活，更好地承担应尽的社会责任。劳动不仅是每个公民应该享有的权利，也是每个公民应尽的义务。劳动促使人们认清生活的真谛，只有用辛勤的劳动为他人、社会做贡献，才能真正实现人生的价值，从而树立起正确的世界观、人生观、价值观，形成为人民服务的高尚品格。

二、劳动教育

对劳动教育的界定，看似简单实则复杂，其概念与德育、劳动观教育、劳动技术教育及技术教育存在交叉，总体来说，对劳动教育概念的理解分为以下两种。

第一种认为，劳动教育是包含于德育内容之中的，是其附属品，这也是我国相当长一段时间所坚持的划分方法。例如，《中国大百科全书·教育》将劳动教育置于德育的内容范围之内，淡化了劳动教育区别于德育内容的部分，忽视了其独特性。德育与劳动教育既相联系又相区别，德育强调的是道德教育，并通过道德行为的训练来达到提高道德思想与认知的目的。而劳动教育相比于道德教育，更多地强调实践性，以实践活动为载体进行教育，可以说，劳动教育是德育的途径之一，但不能将二者等量齐观。

另外一种观点将劳动教育和劳动观教育的概念混淆。在翻阅文献资料时，频频发现其中与劳动相关的各词条存在混用的情况。通过《教育大辞典》对劳动观的界定可以看出，劳动观教育是针对人对劳动的根本态度和基本观点的教育，而劳动教育所包含的内容不仅限于劳动观的教育，还包括劳动情感、劳动习惯、劳动技能等维度。

与此同时，劳动教育的内涵不是一成不变的，其内涵与外延随着其发展经历着由低级到高级的逐渐发展与变化的过程。因此，我们对劳动教育的研究应避免因静止而孤立地看待而导致历史割裂，对其理解也应避免脱离历史语境而固定不变。在刀耕火种的原始社会，劳动和教育产生着联系。物质生产劳动作为人类自身及社会历史的基础使教育得以发生。人类出于生存的需要，不得不进行生活资料的生产，当第一次打磨出石刀时，标志着人类以主体身份开始从事有目的、有意识的活动。随着大脑结构与功能的分化，语言的产生为生产与劳动技能的传授奠定了生理基础。

人类为了自身的生存和延续，需要将人工取火、狩猎、手工制造、耕种等生存经验代代相传，也就出现了"神农始作耒耜，教民耕种"的现象。此时的劳动还没有产生分化，人类的劳动完全只是出于谋生的目的，同时，教育只是通过耳濡目染和模仿等形式进行，劳动与教育之间只是一种无意识的、低水平的联系。在奴隶社会中，脑力劳动和体力劳动逐渐分化，劳动成为一种强制的、异己的力量。此时，教育开始脱离生产活动，成为一种专门培养人的活动，并成为统治阶级的特权。

不论是奴隶社会的"六艺"，还是封建社会的"四书""五经"，所传授内容都严重脱离了生产劳动。进入近代后，普遍认为，我国近代教育制度的建立发轫于1904年的"癸卯学制"。近代中国被迫卷入资本主义的浪潮中，在"中学为体，西学为用"思想的指导下开始振兴工商农等实业，与此对应，学校教育相继开设了缝纫、农业、手工等"实用性"课程，劳动和教育再次融合。而此时西方受大机器生产的影响，不仅对劳动力提出了新的要求，而且原有的口耳相传的教育方式难以满足大规模的生产，由此催生了正规化、制度化的学校教育，劳动和教育的联系有所加强。

步入现代社会，科学技术成为社会发展和经济增长的第一生产力，教育的性质与功能产生了巨大的转变。慢慢地，劳动教育发生的场域也不再局限于制度化的学校教育之中，而是扩展到了家庭和社会之中，劳动教育的形式、内容得到了极大的丰富和创新，并根据学段的划分有针对性地说明其特征和侧重点。

由于立场、视角及历史背景的不同，劳动教育被赋予不同的含义。对劳动教育内涵的解读，应避免将其内容窄化、理解偏颇，使其脱离历史的语境，致使其失去丰富的内涵和深远的意义。开展劳动教育的研究首先应回到我国劳动教育最根本的理论基础——马克思的劳动理论，从人与自然、人与社会、人与自身3个层面出发来进行哲学层面的理解。劳动于马克思而言更像一个哲学范畴的概念。依据这一理论基础及其基本原理，劳动教育应是在人与自然之间建立联结、推动个体社会化以促进社会和谐、促使个体自我实现与主体自我发展的教育，其展开可以从思想情感和能力习惯等方面着手，实现学生在劳动价值观、劳动精神、劳动情感、劳动习惯、劳动技能等方面素养的提高，即在体质得到增强的同时提高其精神境界，由此获得身心二元的全面解放。

目前，《关于全面加强新时代大中小学劳动教育的意见》对劳动教育的基本内涵做出了完整而详尽的阐释。《关于全面加强新时代大中小学劳动教育的意见》指出："实施劳动教育的重点是在系统的文化知识学习之外，有目的、有计划地组织学生参加日常生活劳动、生产劳动和服务性劳动，让学生动手实践、出力流汗，接受锻炼、磨炼意志。"可以看出，劳动教育被明确区别于"系统的文化知识学习"的智育，避免了以文化课取代劳动教育的现象，在实践中使学生树立正确的劳动价值观和培养优良的劳动品质。

在新时代，要理解劳动教育亟须再度省思劳动与教育二者的关系，坚持立德树人的根本任务，积极应对和把握新时代所带来的挑战和机遇，贯通并衔接好大中小各学段的劳动教育，牢牢把握住劳动在人的全面发展过程中所起的重要作用。

第二节　大学生劳动教育的内涵界定

所谓大学生劳动教育，就是针对大学生群体所开展的一系列关于劳动方面的教育活动，即在劳动观念、劳动态度、劳动情感、劳动习惯、劳动知识、劳动技能方面所开展的教育，以劳动为主要教育内容，其目的是使大学生群体形成热爱劳动、尊重劳动的观念，具备一定的劳动知识和劳动技能，养成良好的劳动习惯，最终能将其所学运用至实践当中，为自身的发展和中华民族伟大复兴的中国梦做出自己应有的贡献。习近平总书记指出："中国的未来属于青年，中华民族的未来也属于青年。青年一代的理想信念、精神状态、综合素质，是一个国家发展活力的重要体现，也是一个国家核心竞争力的重要因素。"新时代的大学生作为青年群体的主要成员，在社会主义现代化建设和发展过程中有着举足轻重的作用。现阶段是实现我们国家百年目标的关键时期，也是青年大学生成长成才的关键时期，要想实现这一伟大目标，光靠专业知识是远远不够的，因此，现阶段开展针对大学生群体的劳动教育是必要的。

习近平总书记在全国教育大会上将"劳动教育"纳入培养全面发展的社会主义建设者和接班人的总布局当中，倡导要在学生中弘扬劳动精神，教育引导学生崇尚劳动、尊重劳动，懂得劳动最光荣、劳动最崇高、劳动最伟大、劳动最美丽的道理，长大后能够辛勤劳动、诚实劳动、创造性劳动。这不仅为我们深刻理解新时代劳动教育的性质和时代价值提供了基本依据，同时也突显出了新时代"劳动教育"在培养人才和推进"两个一百年"奋斗目标实现的道路上具有重要的意义。

一、树立正确的劳动观念层面

在树立正确的劳动观念层面，要让"劳动最光荣、劳动最崇高、劳动最伟大、劳动最美丽"的价值观引领大学生。这是习近平总书记对新时代劳动观念的明确定位，他曾说过"人类是劳动创造的，社会是劳动创造的"。无论时代如何变化，劳动对人类社会的发展始终有着重要的作用，它不仅关乎每个个体的成长发展，同时也是促进社会发展的根本途径。只有当大学生真正理解了劳动创造价值，由衷认可了"劳动崇高、创造伟大"的道理，充分认识到了新时代社会环境的复杂性和多样性，切实转变了以往轻视劳动、轻视体力劳动者的错误心态，新时代的劳动观念才能从真正意义上引导大学生做出正确的价值判断和价值选择，指导他们的学习和就业，使他们养成积极向上、主动劳动的习惯，培养他们良好的态度。

二、培养劳动习惯层面

在培养劳动习惯层面，要把"辛勤劳动"贯穿到个人的劳动习惯当中。勤劳是中华民族优秀的传统美德，一个热爱劳动、辛勤劳动、诚实劳动的人，必然是问心无愧、于人有利、于国有益的。在培养劳动习惯的行为背后，反映出的本质是高度的劳动自觉性和踏实严谨的工匠精神。固然，每个人必然需要通过劳动来获得尽可能充足的物质资料，但是一个具有良好劳动习惯的人，获得生活资料绝不是他们从事劳动的唯一目的，一个具有高度自觉性的劳动者，必然是通过劳动本身实现自身的发展。但是从现有的情况来看，由于家庭的宠溺，学校的忽视，以及不良社会风气的影响，一部分大学生未形成最基本的劳动习惯，"一日三餐靠外卖，清洁卫生靠父母"的现象依然存在。因此，教育、引导广大学生热爱劳动，为国家培养全面发展的高素质人才，已然成为现阶段的重要工作。

三、培养积极的劳动态度和劳动情感层面

在培养积极的劳动态度和劳动情感层面，要让"崇尚劳动、尊重劳动者"成为对待劳动、劳动者和劳动成果的基本态度。劳动态度是一种相对稳定的对待劳动行为的心理倾向，劳动态度一旦形成，在相当长的一段时间内会影响劳动者的行为。因此，在培养大学生积极的劳动态度的过程中，要积极引导学生热爱劳动、辛勤劳动。习近平总书记在参加北京大学师生座谈会时曾经提出："幸福都是奋斗出来的，奋斗本身就是一种幸福。"新时代的大学生就如同早晨八九点钟的太阳，朝气蓬勃，正值发展之时。劳动于他们而言是创造未来必不可少的实践过程，也是实现自我的重要手段，只有从心底热爱劳动、尊重劳动，才能够在未来的劳动实践中收获更多的幸福和快乐。

在过去的一段时间当中，高校教育存在着"唯成绩论"，以智育为主的错误思想，使劳动教育始终未受到应有的重视，加上现有的大学生普遍没有经历过以

往艰苦的生活磨炼，缺乏艰苦奋斗、吃苦耐劳的精神，在部分大学生中存在着不劳而获、轻视劳动、投机取巧的现象。因此，新时代大学生劳动教育必须培养积极的劳动态度，让大学生充分认识到劳动和劳动者在日常生活、社会发展、国家建设上的重要作用。

四、丰富劳动知识和掌握劳动技能层面

在丰富劳动知识层面，要把"创造性劳动"融入现有的劳动知识教育当中，聚焦核心技能的培养，引导学生为未来的生活和发展做好准备。习近平总书记强调，"创新是引领发展的第一动力"，"正是因为劳动创造，我们拥有了历史的辉煌；也正是因为劳动创造，我们拥有了今天的成就。"对当代大学生而言，在当前这个科技水平高度发展的社会当中，一个缺乏创造性精神和创新性能力的人，必然不能成为一个合格的劳动者，注定要被时代的潮流淹没。因此，我们要在劳动知识的教育当中融入"创造性劳动"的相关内容，把培养大学生的创造精神和创新意识放在劳动知识教育的突出位置。在掌握劳动技能层面，高校应当创建严谨的、科学的、实际的劳动技能培训结构，大学劳动教育区别于中小学的重要一方面就在于其高度的实践性。从专业课教育到实训"实操"再到毕业实习，一系列的工作最终都围绕着走向社会，对社会而言，大学生只有掌握必备的劳动技能，才能从真正意义上成为建设社会主义的有用人才。

第三节　大学生劳动教育的特点

一、大学生的群体特点

大学生出生于物质生活富足、互联网快速发展的年代，时代在大学生这一群体身上留下了深深的烙印，并且大学生处于即将离开"象牙塔"步入社会这一成长阶段，面临着由学生到"社会人"的身份更换，具有区别于其他教育对象的显著特点。

（一）价值多元性

大学生具有多元化的价值取向。从个体层面来说，大学生受到内外部各因素的影响。例如，个体内在的情感体验、心理需求的不同和外在的生长环境、家庭教育方式的不同，使得大学生中不同个体呈出不同的面貌，个体间出现较大的差

异性，主要体现在是非判断观、审美观、消费观等方面；从外部环境来讲，近年来我国逐步走向世界舞台的中央，经济战略逐步实现了由"引进来"向"走出去"的转变，同时，经济全球化的不断加强使世界各国的经济、政治、文化交流和碰撞不断加深，而互联网的开放性与交流的自由性也深深地吸引着充满好奇心的大学生，这意味着大学生有更多的机会接触并了解多元的文化与价值观。从积极的方面来看，开放的外部环境使大学生拓宽了视野，增长了见闻，提高了包容性，但同时也考验了他们对不同文化与价值观的甄别与判断能力，要避免西方享乐主义、拜金主义等不良思想的侵蚀；从劳动力市场的需求来讲，科技的进步和新工业革命催生了大数据、云计算、人工智能等新兴产业，产业的多样化意味着社会对人才需求的多样化，这也为大学生的自我塑造提供了多维度的指向。由于个体、外部及劳动力需求多样化的影响，大学生具有多元的价值取向。

（二）人格独立性

大学生具有较强的独立性。一方面，大学生的父母中有相当一部分有一定的文化知识水平，尽管有些只接受了小学或初中的基础教育，但这也足以使他们摆脱一些封建落后思想的束缚，不再沉迷于"棍棒底下出孝子"的腐朽思想。从"棍棒教育"到重视陪伴和情感交流的教育方式的转变，使孩子的逆反心理减弱，且逐渐增强了自主性。另一方面，在网络高速发展的时代，手机、电视等电子产品成为大学生，尤其是"00后"大学生的"玩伴"，在网络世界中，虚拟沟通取代了传统的面对面的沟通，缺少了人与人之间眼神、表情、肢体等信号的传递，网络的隐匿性使沟通更加自由与放松的同时，也使大学生在现实社交中产生无措感，喜欢独处。这份独立和自主性使大学生对自我选择权和决定权十分维护，对于各种大大小小的选择，他们都希望能够遵从自己的内心，听从自己的想法。

（三）能力潜在性

大学生的未来发展积蓄着巨大潜力。一方面，大学生经过了中小学的九年义务教育，获取了为接受更高层次教育需要掌握的基础知识，就像盖房子之前要先打地基一样，基础教育阶段是人才培养的奠基阶段。在此基础上，大学生开始接受具有专业指向性的高等教育，努力成为国家和社会所需要的高级专门人才和职业人员。因此，大学生具有相对科学和完善的知识系统，为未来能力和智慧的发展提供了无限可能。另一方面，受经济利益价值导向和激烈社会竞争的驱动，大学生的人生理想更加务实化，相比于祖辈、父辈的人生理想，他们更愿意立足于眼前，以客观、公正的眼光审视自己所生活的现实世界。他们相信，幸福的美好生活是通过自己的努力奋斗出来的，无论是通过努力读书考取好大学，还是毕业后找一份好工作或读研深造，他们都在努力达成自己所期望的目标。大学生更多地追求自我价值的实现和个人情感的体验，强烈的目标导向性使他们做事更有干劲和毅力，所以说大学生是有希望的一代，其未来发展具有无限潜力。

基于大学生这一群体价值多元性、人格独立性和能力潜在性的特点，在新时代各方面都发生重大变革的背景下，大学生的劳动教育也应有针对性地加强大学生在劳动幸福观、职业精神及注重创新的劳动技能等方面的教育，并针对人工智能的发展和物质生活的富足等现实情况做到因材施教并因时而变。

二、大学生劳动教育的主要特点

（一）时代性

时代性是指事物根据时代的变化而发展的特点。时代变化推动理论创新，大学生劳动教育的特点紧随时代的变化而变化，高校开展劳动教育要把握好时代性。

随着社会的大发展大繁荣，以人工智能、5G通信技术等为代表的科学技术促进了社会的分工日益细化，一般的劳动形态开始发生变化。要精准把握大学生劳动教育的特征和价值，提升大学生劳动教育的实效性。因此，大学生劳动教育应积极适应科技发展时代带来的变革，调整优质人才培养的目标，培养具有创新能力的优秀人才，使大学生凭借正确的就业观，去寻找适合自己的工作，促使大学生在尊重劳动、热爱劳动的过程中顺应时代的发展变化，成为德、智、体、美、劳全面发展的人。

在当前形势下，高校应当将劳动教育落到实处。劳动教育应当主动地担负起时代的使命，让人们了解劳动的价值观，使大学生适应与时俱进的社会。大学生劳动教育要与时代发展一同前行，与时代相呼应。高校大学生的劳动呈现出时代赋予的创造性特点。高校大学生劳动教育运用多学科知识培养劳动者进行创造性的劳动，引导大学生成为积极向上、具备创造发明能力的劳动者。高校要运用人工智能技术，搭建完善的网络空间。高校挖掘劳动教育的内涵，鼓励大学生运用所学的知识和技能进行创造性的劳动。随着人工智能技术的发展，劳动教育的形式在不断地丰富。劳动教育在一定科学技术的赋能下开展，同时推动科学技术的发展。高校要充分运用人工智能技术为劳动教育赋能，从方案、理念、思想等方面对劳动教育进行理论与实践的创新，在坚持社会主义劳动教育价值方向的基础上，提升大学生劳动教育的时代性。

（二）价值性

价值性是指高校大学生劳动教育具有塑造学生价值观的特征，帮助大学生树立正确的劳动观念。当前，部分大学生存在好逸恶劳、价值观异化等问题，这要求大学生劳动教育遵循直接创造价值的内在逻辑。

在教育语境下，一方面，劳动教育可以提升教育对象的劳动素质，使劳动者在劳动过程中提高生产效率，直接创造巨大的价值。另一方面，劳动教育可以提高整个社会的劳动生产力，使社会发展具有内生动力，推动社会的整体进步，对人类社会有着积极的社会意义。价值性同样包含了人们对劳动价值的主观认识。人类劳动形态的不断变化和发展，更多表现在体力劳动和脑力劳动形式选择上数量的变化。人们更多希望增加脑力劳动，减少体力劳动。

在当今社会发展中可以看出，劳动教育的价值贯彻了以人为本。劳动的价值性更多包含大众对劳动价值的准确确认，要营造尊重劳动的分配机制与舆论氛围，使高校劳动更加具有成效。几千年来的劳动实践，使大部分学生认识到人民群众的伟大力量。高校通过劳动教育，让大学生更加热爱劳动，鼓励大学生积极参加社会服务性劳动，把自己在学校学到的知识和技能应用到为人民服务的事业中。大学生劳动教育要与时俱进，不断跟随社会发展的脚步去创造劳动的条件，让大学生参加劳动，找到当代劳动教育的新方向。

只有通过勤奋劳动，才能创造价值。人们参与劳动的目的更多是实现自我价值，发展和完善自我。大学生劳动教育要努力帮助大学生改变不劳而获的错误观念。高校在培养优秀人才的过程中要加强劳动教育，强化大学生对劳动的价值认同，帮助大学生认识到劳动对人的全面发展和社会的进步所起到的重大作用，积极引导大学生深入理解、研究劳动与劳动教育，使大学生将劳动教育的价值认同自觉转化为自己的价值取向和选择。

（三）主体性

主体性是人们在劳动实践过程中表现出来的个人能力和看法，也可以表述为自主的、能动的、有目的性的活动。当前，我们强调的劳动教育对象一定是大学生，实践的主体也是大学生，通过教师主导，对大学生开展劳动教育，实现德智体美劳全面发展。

大学中的劳动教育是一个系统性工程，当每个大学生都践行劳动活动时才具有活力。正是大学生的一致行动，激活了劳动的主体性。从主体的角度看，劳动教育在整个高校工作开展进程中不是一个机械的数字概念，既不是简单地指每个人或所有人，也不是模糊地指多数人或绝大多数人，而是要从总体特征角度去理解。大学生作为劳动教育的主体，除了学习劳动知识、提升素质能力，更需要充分发挥自身的积极性、主动性，成为劳动实践活动的参与者。只有大学生的主体性得到充分体现，大学生才会主动思考劳动教育教学内容，从而延展所学的知识，并积极在日常生活中应用所学的知识，做到知行统一。

很多大学生对劳动的认识较为浅显，认为劳动就是为了挣工资，给多少工资就干多少活。在工作中，最常见的表现就是事不关己，高高挂起。从本质上讲，要发挥学生主体性作用，就要改变以往单纯说教的授课模式，充分调动劳动者的积极性。增强劳动者学习的自主性、能动性和创造性，强化大学生主体性，是劳动教育的重要组成部分，是高校培养全面发展的人的必然要求。大学生劳动教育通过增强大学生主体意识，塑造大学生健全的人格，将大学生培养成具有高度主体性的人才。以大学生为中心，增强大学生的劳动认同，并对个别学生进行针对性教育。大学生劳动教育要充分发挥大学生的主体性，组织大学生开展劳动教育系列实践教学，明晰大学生在参与劳动过程中面临的困惑，了解大学生的思想动态。例如，开展暑期大学生农村"三下乡"实践活动，开展"劳动教育"的征文活动，通过这些活动督促大学生获得劳动知识的积累和劳动能力的提升，产生强烈的劳动热情，引导大学生在走向社会、步入职场后更加积极劳动。

（四）延展性

大学生劳动教育要充分挖掘其可延展性，努力结合各具体专业的实践需求，以劳动本身的实践性为出发点，形成互为补充的教育、教学方式，拓展大学生劳动教育的教育渠道。将科研实验、专业实训、社会实践等具有高强度实践性的劳动教育课程作为专业理论学习的有力补充，搭建起理论知识与具体实践的衔接板块，延伸劳动教育在传统教学领域的可视性。如此，既增强了专业学科知识的应用，又提高了劳动教育方式的可能性，有利于新时代大学生劳动教育方式的多样化发展，让劳动教育以实践的形式渗透到各具体专业学科的末端。

（五）阶段性

所谓阶段性，在时间上看是一个整体，但是从经历和认知上看，是分为好多阶段的。大学生劳动教育绝不是通过一两次培训课就可以完成的，一般来说，人们对事物的认识在实践过程中逐渐深化，大学生对劳动的看法和观点也是在劳动实践过程中进一步加深的。

高校需要吃透劳动教育文件精神，理解新时代劳动教育的价值取向和教育蕴意，做好对劳动教育的整体规划和顶层设计。高校既要根据大学生不同年龄阶段的身心特征和学习任务，选择灵活多样的方式，保持传统有益的劳动教育方式，又要充分利用现代生产和科学技术，不断丰富劳动教育方式，更好地把劳动教育与人工智能、互联网等新技术结合起来，促使大学生适应现代生产、现代科技和社会生活。高校要结合不同年级大学生的思维特点，将劳动教育的内容进行细致划分。例如，对大一的学生进行"入学教育"，引导他们主动参与多种多样的劳动活动，提高他们的劳动能力，使其尽快适应高校校园环境。与此同时，鼓励他们积极参与校园实践活动、公益活动，将个人与公共利益完美结合。对于大二的学生，鼓励他们积极参与学校开设的劳动教育课程，以掌握必备的劳动知识和技能为目的，促进理论学习与实践学习的结合，体现了体力劳动与脑力劳动的完美契合，强化他们对劳动内涵的见解、身体的锻炼、心智的塑造。对于大三的学生，引导他们积极参加本专业的实践活动和技能培训，鼓励他们通过专业实践，不断提高自身的专业素养。对于大四的学生，要求他们做出正确的职业判断和职业选择，强化他们对职业的理解。高校在课程中嵌入人工智能、物联网、大数据等新内容，充分利用人工智能技术推进了劳动课程个性化发展，为大学生提供了先进的技术支持、丰富的学习内容和多样化的教育服务。

高校明确劳动教育的内容设计，对不同阶段大学生的劳动教育内容进行层次设计，使大学生更容易接受劳动教育。培植大学生对劳动的热爱，厚植大学生的家国情怀，以劳动教育托举民族的未来。

（六）思想性

加强劳动教育，要培育大学生深厚的劳动情怀，深刻理解并牢牢把握新时代劳动教育在培养社会主义建设者和接班人中所起的思想引领作用。经历了不同的时期与阶段，我国教育的人才培养目标也在不断地改进与完善。人才培养目标由"高级的国家建设人才"到"德育、智育、体育"全面发展的"有社会主义觉悟、有文化的劳动者"。"建设者与接班人"相较于"劳动者"更强调人才培养的政治性与针对性，这一目标完全符合时代发展与社会进步的大趋势，但可能会造成大学生将其曲解为简单的劳动与劳动者，产生抵触心理。

事实上，无论何时何地，社会主义建设者和接班人的最终育人目标，都没有脱离"以劳动托起中国梦"的辛勤劳动者、诚实劳动者和创造性劳动者的培养目标。1985年《中共中央关于教育体制改革的决定》中提出3个"造就"，涵盖生活中方方面面的技术人才，后《中华人民共和国教育法》又提出"德、智、体等全面发展的社会主义事业的建设者和接班人"，并在此基础上补充为"德、智、体、美等方面全面发展的社会主义建设者和接班人"。

2018年9月，习近平总书记在全国教育大会上提出培养德智体美劳全面发展的社会主义建设者和接班人，劳动教育在顶层设计层面正式被规定为培养社会主义建设者和接班人的途径之一。习近平总书记将劳动教育纳入社会主义建设者和接班人的要求之中，充分彰显了建设者和接班人的劳动者本质。青年一代有理想、有担当、有本领，国家就有前途，民族就有希望。习近平总书记指出："古今中外，每个国家都是按照自己的政治要求来培养人的，世界一流大学都是在服务自己国家发展中成长起来的。我国社会主义教育就是要培养社会主义建设者和接班人。"

坚持社会主义办学方向，在劳动教育中坚定理想信念、在劳动教育中厚植爱国情怀、在劳动中提高品德修养、在劳动中培育奋斗意识、在劳动中促进综合素质全面提高，以劳动教育夯实培养服务于国家和人民的社会主义建设者和接班人的基础，是新时代加强大学生劳动教育的重要特点。

（七）系统性

随着社会的发展，新时代大学生劳动教育占据着相对独立的位置，科学、完整的人才培养系统的构建也日趋完善。新时代大学生劳动教育不再局限于校园，而是渐渐走向更广阔的场域，要加强与学校、家庭、社会等多方力量的协作与配合；除此之外，新时代大学生劳动教育体系的不断调整体现为劳动教育、智育、德育、体育、美育的关联性逐渐增强，并呈现出相互促进的趋势。由此可见，新时代大学生劳动教育比传统劳动教育具有更清晰的系统性特点，方式与内容的多样性和系统性使大学生全方面的综合素质和能力得到提升。

首先，马克思主义的劳动观告诉我们，包括人的思维、实践和审美等在内的各方面能力，甚至人的各项身体机能的发展都离不开劳动。不可否认的是，一个四体不勤、逃避劳动的大学生在未来的生活和职场中必定会遭遇多种挫折与不顺。新时代实施"五育并举"，需要在大学生劳动教育当中建立专门的教育体系，加强高校人才的劳动教育，也为大学生劳动教育方面增智、树德、育美、强体的综合育人价值提供了帮助和参考建议。实施"五育并举"，从根本上是为了通过"五育融合"实现更深层次的立德树人目标。

其次，劳动作为人类社会最基本的实践活动，其起点在社会。随着新时代的来临，在确保学校拥有固定的劳动课或劳动教育课的同时，也需要提高家庭、社会等主体的地位，促使其充分发挥对大学生劳动教育的促进作用。

最后，建立大学生劳动教育体系需要有机融入的帮助。大学生劳动教育大多直接面向对应的工作岗位，某种程度上是为社会提供所需劳动力的教育。基于此，针对大学生的劳动教育需要注意将劳动教育与专业教育、实习实训、思想政治教育等多方面相结合，把劳动教育融入高校立德树人、教学科研的方方面面。同时也要处理好有机相融与独立位置的关系，既不因有机融入而出现淡化、弱化，也不因独立位置而割裂与其他形式的联系。

新时代大学生劳动教育的可持续发展，需要科学建构有机融入与独立设置相结合的新时代高校劳动教育体系。这些都体现了新时代大学生劳动教育综合性的特点。专业教育、实习实训、劳动教育相互结合、相互发展，同时，也和创新创业教育、思想政治教育、社会实践相互融合，在学校教学科研、立德树人等方面都加入劳动教育。如果只是关注有机融入，没有强调劳动教育的相对独立地位，就会使劳动教育在实践中软化、弱化、形式化及淡化，无法发挥自身作用。所以，为了促进新时代大学生劳动教育发挥作用，需要科学、系统地建立独立设置和有机融入相互融合的新时代高效劳动教育体系。这些都体现了新时代大学生劳动教育系统性的特点。

（八）理论性与实践性

马克思主义劳动观作为劳动教育的理论基础，也是新时代大学生劳动教育的灵魂所在，它深化了人们对劳动创造价值的认知，重点阐明了劳动是价值的源泉，强调劳动和劳动者都应受到关注和尊重。大学生劳动教育需科学把握马克思主义劳动观的理论内涵和价值机理，深挖马克思主义劳动教育的时代意义，借助高校教育平台，回应环境变化的理论诉求，系统认识并继承、发展马克思劳动价值论，提升理论的现实解释力，凝聚广大青年学生的劳动共识，使其正视劳动的价值和意义，树立起科学、积极的劳动价值观，成长为新时代的劳动者。

劳动教育是理论联系实际的重要环节，大学生劳动教育始终坚持教育与生产实践相结合的指导原则，在劳动过程中强化学生的理论认知，进而完成教育目标。大学生劳动教育与其他教育最大的不同之处在于，劳动教育让大学生直面社会现实，创建学校教育与社会生活、生产实践的有效链接，充分发挥劳动在理论与实践中的桥梁作用。它既不同于简单的高校教育活动，停留于"听""读""写"的外部知识灌输，也不同于一般的劳动认识过程，而是在实实在在的劳动体验中去"悟""想""感",深刻体味劳动的智慧和魅力。高校通过将劳动教育课程与专业学科结合,发挥劳动的独特育人价值,在理性思维为实践提供有益指导的同时,也让受教育者在实践活动中获得丰富的情感和思想认同。

(九)继承性与创新性

从大道自然的生态伦理到耕读传家的民俗家训,从各富特色的农院村落到富有乡土气息的节庆民风,劳动深深植根于中华民族的传统农耕文化。热爱劳动、勤于创造作为中华民族的鲜明品格,彰显着中华儿女的勤劳智慧和价值追求。新时代大学生劳动教育深挖传统文明的基因密码,继承优秀传统文化的劳动意蕴,通过"非遗传承"进课堂、传统节日进校园等创新活动,让学生亲身体验传统教育过程,感受劳动文化中的精神力量,赋予大学生劳动教育文化之魂。在优秀传统文化的精神指引下,大学生劳动教育注入了源头活水,在继承劳动创造文明、展现特色劳动精神风貌的同时,增添了文化内涵和时代表达。

以人工智能、物联网、云计算等数字科技为代表的新产业迅速发展,对新时代劳动者素质提出全新要求,推动创新成为大学生劳动教育的重要内容。大学生劳动教育在继承优秀传统文化的同时,也在根据现实要求不断丰富教育内容。高校将劳动教育与专业学习、科研实验、实习实训、创新创业等实践活动有机结合,结合院校自身办学特色和专业优势,深入推动产教研互助融合,创新、变革人才培育模式,全面培养学生深度学习和创新劳动能力。高校通过联合企业搭建劳动教育平台,创办劳动教育创新实践基地、劳动技能培训场所、劳动产业示范园等,增大院校"开门办学"力度,根据社会现实和产业升级需要,对接职业岗位需求和劳动工作实践,对大学生劳动教育体系设计和实践平台建设进行创新,推动大学生劳动教育迈上新台阶。

(十)社会性与个体性

劳动教育目标在于更好地引导学生走进社会、融入社会、服务社会。大学生劳动教育旨在通过对学生社会性的培养,增强当代高校学生的社会责任担当,使他们成为全面发展的社会人才。高校将劳动教育融入社会服务,通过模范宣讲、典型学习,培育学生主动作为的奉献意识和劳动认同,让学生在躬身力行中增强公共服务意识;通过"青年马克思主义者培养工程"入基层、"三下乡"到一线、西部支教计划等实践活动,拓展劳动实践场域,丰富志愿服务的有效载体。大学生劳动教育引导青年学子在服务基层、服务群众过程中,不断强化劳动观念、弘扬劳动奉献精神,在劳动教育社会化程度不断提高的同时,提升学生综合素质能力，实现生产劳动与社会实践的协同育人。

为更好发挥劳动育人功能，大学生劳动教育要充分考量高校学生的认知特点和接受能力，努力调动学生对劳动的主观积极性，使其能够自愿主动地参与劳动实践，投身于社会活动，自觉接受劳动教育，在彰显个人价值的同时实现社会价值。高校劳动教育的主体对象是在校大学生，针对其对知识和实践探索的需求，高校结合自身院校类型、学生受众，通过多元化劳动资源的有效供给，增强学生自我锻炼、自我学习的主体意识，鼓励学生在实践劳动中发掘自我潜力、提升自我能力，在动手实践中创造有价值的劳动成果，充分享受知识解决问题、理论应用于实践的获得感和成就感，在劳动中砥砺奋进，成长为新时代优秀人才。

第四节　大学生劳动教育的理论基础

中国传统文化、近代以来西方国家文化、马克思主义经典作家、中国共产党领导集体的思想中蕴含了丰富的劳动教育思想，为新时代大学生劳动教育提供了充足的理论依据。

一、中国传统文化中的劳动教育思想

中华民族几千年来的文明中蕴含着非常丰富的劳动思想。要深入挖掘和认真吸取传统文化中劳动思想的精华，为新时代开展大学生劳动教育提供丰厚的文化支持。

（一）神话故事、诗词歌赋中蕴含的劳动教育思想

盘古开天辟地、女娲炼石补天、捏泥造人等故事体现了劳动创造世界和为人类谋幸福的劳动追求。燧人钻木取火、伏羲仿蜘蛛网打造鱼捕兽网、神农氏尝百草等神话故事体现了人类的劳动开拓性和创新性精神。后羿射日、精卫填海、愚公移山、大禹治水等神话故事歌颂了不畏艰难、不屈不挠的劳动精神。仓颉造字、鲁班在生产工具上巧妙创新、黄道婆在纺织技术上大胆革新等无不反映我国古代人民不断进行探索，渴望认识自然、改造自然的强烈愿望。而在诗词歌赋中，创作者们更是通过描绘劳动场景等方式，将劳动情怀和对劳动者的敬畏之情寄托于诗词歌赋之中。《尚书·周书》中有云："功崇惟志，业广惟勤。"成就一番事业，不仅要有远大的志向，还应付出辛勤劳动和艰苦努力。唐朝李绅《悯农》"锄禾日当午，汗滴禾下土。谁知盘中餐，粒粒皆辛苦"中描写了劳动的艰辛及希望

人们珍惜劳动成果的美好愿望，同时也体现了中国传统文化中的勤俭思想。宋代翁卷《乡村四月》"乡村四月闲人少，才了蚕桑又插田"中表达了对辛勤劳动者的讴歌。

（二）春秋战国时期诸子百家的劳动教育思想

儒家明确了辛勤劳动的重要地位，提出"先之，劳之"且"无倦"，即治理国家首先要有劳动力，统治者要自己身体力行，勤于劳动。墨子提出"士虽有学，而行为本焉"，他认为应积极让学生参加实践劳动、在实践中积累经验。墨子高度重视劳动精神的培养，认为培养的关键在于加强身体劳动，君子只有通过艰苦的劳动，才能"力事日强，愿欲日逾，设壮日盛"。

法家提出"耕战"思想，主张教育劳动者学习法令法规，同时鼓励全体人员进行耕种。虽然这一思想的目的在于赢得战争，但也从另一方面体现了法家学者意识到教育与生产劳动相结合的重要作用。

（三）封建社会时期其他思想家的劳动教育思想

除神话故事和诗词歌赋中蕴含的劳动教育思想、诸子百家的劳动教育思想之外，我国其他封建时期的思想家们同样具有丰富的劳动教育思想。例如，唐代著名文学家韩愈主张教劳结合，抨击当时社会轻视劳动的现象。他在《进学解》中提出"业精于勤，荒于嬉"，说明勤奋刻苦对个人成功的重要作用。北宋著名政治家、文学家欧阳修曾提出："忧劳可以兴国，逸豫可以亡身。"要想成就一番事业，就必须勤苦操劳，不能贪图享乐。他讽谏当时的北宋统治者要力戒骄奢，防微杜渐，励精图治。

明代文学家、戏曲家、思想家冯梦龙提出："富贵本无根，尽从勤里得。"在他看来，美好生活是通过辛勤劳动创造的。清代杰出的思想家、教育家颜元，注重劳动的育人性，认为劳动与教育相结合，有利于强身健体、开发智力、振奋精神等。清末名臣曾国藩推崇勤俭持家，在给儿子的书信中写道："勤俭自持，习劳习苦，可以处乐，可以处约，此君子也。"教育儿子将劳动作为生活的一部分，在劳动中得到人生快乐，成就君子人格。

二、近代以来西方国家文化中的劳动教育思想

近代以来西方国家的思想家对劳动教育也有着较丰富的研究，认真吸取其正确的劳动教育思想和优秀的经验，有利于开展新时代大学生劳动教育研究。

英国经济学家约翰·贝勒斯（John Bellers）认识到工业革命后产业发展的要求，较早提出了学校劳动教育的思想，提出要创办工业学校，主张将教育与体力劳动结合起来，强调劳动能致富，不劳者不得食。

法国启蒙思想家卢梭（Jean-Jacques Rousseau）重点研究了劳动教育对人的全面健康发展的促进作用，他的劳动教育思想在其教育思想体系中占有重要地位。在卢梭看来，每个社会个体都应当积极承担劳动的职责，不管社会个体所处地位如何，也不管贫穷还是富有，都不能逃避劳动责任。卢梭提出儿童在"养成锻炼身体和手工劳动习惯的同时，在不知不觉中还养成了他反复思考的性情"。这充分体现了卢梭的教育思想，即"培养身心两健的人"，"只有在劳动中，人的身心才能得到锻炼或成为全面发展的人，人的全面发展，既是参加劳动的手段，也是参加劳动的目的"。可见，卢梭提出的劳动教育思想可以作为实现教育目的的重要手段。

从美国著名教育家约翰·杜威（John Dewey）的"从做中学"的思想中可以看出，他非常重视劳动教育。"从做中学"的劳动教育理念，是指劳动教育是一项实际工作。这里的工作是一种广泛性的劳动，不仅包含了体力劳动，还包含了制作工艺、技能培训、艺术创作和学术研究等方面的内容。杜威"从做中学"的主要理念是要学生成为劳动的主人，教师要为其活动的发展创造良好的环境。一是学生由被动地接受向积极地劳动实践转化。杜威相信，学生仅仅是缺乏经验，应该把参与实践的积极性还给学生，让他们体会自己的付出，从而真正地接受教育。二是要创造良好的劳动条件，使学生参与劳动。"从做中学"打破了传统的书本式教学模式，以经过周密规划、有明确目标的活动来达到自己的教育目的。其最常用的方式是课外活动、校外机构举办的活动。因此，教育者要在活动前为其营造一个幽默、活泼的活动氛围，激发学生们的实际操作能力。杜威"从做中学"的教学理念更加注重学生的主观能动性和实践活动，采取恰当的措施，让学生得到直观的体验，从而达到良好的教学效果。

三、马克思主义经典作家的劳动教育理论

（一）马克思、恩格斯的劳动教育理论

尽管马克思、恩格斯（Friedrich Engels）并未对劳动教育的概念进行明确界定，但是通过对他们的著作的综合考察，可以发现其中已然包含了关于劳动教育的论述。具体来看，其论述主要包含劳动教育的内涵及目的。

1. 劳动教育的内涵

教育与生产劳动相结合是劳动教育的内涵。马克思、恩格斯的教育与生产劳动相结合的思想是在批判与承继卢梭、裴斯泰洛齐（Johan Heinrich Pestalozzi）等的相关思想中发展起来的。但是，马克思的这一思想实现了对这些教育家们仅注重形式层面结合的超越，即只注重教育和手工业、农业劳动的结合。他深刻地剖析了现代生产与科技之间本质的、内在的联系，从而提出应当更注重实质层面的结合，即教育同科技的结合，这正是指向了教育与工业生产进行结合的实质问题。因此，马克思提出"工人阶级在不可避免地夺取政权之后，将使理论的和实践的工艺教育在工人学校中占据应有的位置"。

除此之外，马克思曾在许多场合对他的这一思想进行了极为精辟、透彻的阐述。譬如，马克思还强调，"如果不把儿童和少年的劳动和教育结合起来，那无论如何也不能允许父母和企业主使用这种劳动"。马克思认为劳动和教育是一种"你中有我、我中有你"的关系，劳动和教育具有同一性。在马克思看来，教育承担着引导年轻人迅速地掌握生产系统，能够在短时间内适应部门间转换所需要的重要职能。通过教育，工人得以挣脱旧式分工对自己造成的片面影响，能够以共产主义原则来组织生产劳动并创造新的社会，从而在其中实现自己才能的全面发展。此外，劳动者只有经过教育和训练，才能掌握劳动科技，掌握生产过程的各种基本原理，从而促使自身发展成专门的、发达的劳动力，实现劳动力进行再生产。只有这样，教育才能和劳动进行实质意义上的结合，避免形式结合的空洞。

2. 劳动教育的目的

（1）展现人的本质力量，提升人的主体性

在马克思看来，劳动使人与动物相区别，使人能够真正成为人。因而彰显人的本质力量，发展人的主体性是劳动教育的一个极为重要的目标。唯有通过劳动，人的需要、情感、欲望、价值等基本要素才能得以展现，并且人在劳动中逐步对自身的本质力量产生肯定，最终完成自我实现。此外，马克思还发现了劳动与人的主体性之间的关系，如果劳动丧失了主体性，那么此种劳动注定会走向异化。所以，教育和生产劳动有机结合，最关键的结合点就在于教育能够培养人的主体性。因为教育能够帮助人们更好地认识世界，促进人对自身和本性的理解和把握。总而言之，马克思劳动教育的目的就是展现人的本质力量，提升人的主体性。

（2）使人获得身心的解放

在资本主义社会中，资本家在私有制的庇护下疯狂聚集个人财富，残酷剥削工人，将劳动彻底推向异化，进而又引发人的异化。劳动教育对人的身心解放正是在这个意义上提出的。对于人的异化，不仅表现在自然界和人的身体这样的具体层面，还表现在抽象层面中人与自己的精神和本质相异。事实上，工人唯有先对异化劳动进行扬弃，才能促使人的社会力量的复归。只有当人认识到自身"固有的力量"是社会力量，并把这种力量组织起来，不再把社会力量以政治力量的形式同自身分离的时候，人的解放才能完成。这种解放在私有制枷锁下的旧社会是根本不可能实现的，唯有在共产主义的新社会中，人终将挣脱私有制的残酷奴役与异化劳动的沉重枷锁，完全占有劳动资料、劳动成果和劳动时间，完成全部感觉与特性的回归，重新进行充满愉悦的、能够被称之为"自由的自觉的活动"的劳动，最终使个性得以自由发展。

（3）促进人的全面发展，塑造"完整的人"

在马克思、恩格斯的人的话语体系中，促进人的全面发展包含3个层面。具体来说，首先是人的能力。人的能力是人生产物质、精神及改造的一种能动力，它反映了人的综合素质。其次是自由个性。自由个性的全面发展意指人可以凭借兴趣爱好在任何部门内开展劳动、发挥才能，职业亦将不再固定。当然，这种全面发展绝不是某个人的单独行为，它必须建立在整个社会共同发展的基础之上。最后是塑造"完整的人"。马克思认为这是人的全面发展的终极目标，他认为一个"完整的人"就要以全面的方式，占有自身全部的关系和本质，其身心均能够得到和谐而全面的发展。

综上所述，马克思、恩格斯的劳动教育思想具有系统性、全面性、创新性、深刻性四大特点，它丰富了劳动的精神内涵，使劳动教育的精神价值得以彰显，能够帮助我们挣脱旧有劳动观念的束缚，增强人的精神力量，从而逐步向解放身心和全面发展迈进，能够给予今天的劳动教育以重大启示。

（二）列宁的劳动教育理论

列宁（Lenin）在继承前人劳动教育思想的基础上，从苏联实际出发，进一步发展了劳动教育，推动了劳动教育关注重心的转移，从理论建构走向具体实践，围绕着教育"为谁培养人""培养什么人""怎样培养人"这3个问题创造性地发展了马克思主义的劳动观。

1. 劳动教育不能脱离政治

列宁劳动教育理论的突出特点是，劳动教育要与政治相联系，厘清劳动教育与政治立场的关系，要求培养具有政治意识的人，充分体现了列宁对"为谁培养人"的思考。列宁认为,在社会主义国家,必须明确教育与政治的关系,要将党的领导放在首位,为教育的发展指明方向,从而培养具有社会主义意识的人才。他结合当时国内形势,强调在意识形态斗争严峻的国家,必须培养进行国家建设的人才,提出了著名的"星期六义务劳动"。列宁还指出,共产主义不仅是一种理论制度,还是一种实践活动,批判了只懂共产主义知识的人,指出实现共产主义需要新一代人将理论与实践相结合,为了共同的利益而劳动,把自己全部奉献给公共事业,否则,共产主义只能是美好愿景。

2. 教育与生产劳动相结合

第一,淬炼"全能的人"。列宁指出,人们通过教育认识世界还不够,更重要的是通过劳动改造世界。列宁为了进行社会主义建设,满足苏联现实需要,指出要培养全能的人。"只懂得什么是电气化还不够,还应该懂得怎样在技术上把电应用到工农业上去,应用到工农业的各个部门中去",要实现这个目标就需要学校、社会多方共同努力,在教授理论知识的同时,要让人们到生产的第一线,培养能够全面发展的人。只有这样的人,才能承担得起建设国家的重任,为国家的发展助力。列宁还指出,实现教育与生产劳动的结合,目的是在掌握劳动知识的基础上,将知识与生产实践相联系,避免出现理论与实际相脱离的情况,从而推动人的自由全面发展。

第二,培养新一代具有共产主义觉悟的人。在社会主义社会中,新一代人肩负着未来共产主义建设的历史任务,必须高度重视新一代人的培养工作。列宁认为,教劳结合不仅有利于丰富劳动者的知识储备,还可以培养其思想,形成热爱劳动的情感。他强调,共产主义青年团不能将学习停留在书本上,要把教育、训练同工农劳动相结合,在共同劳动的过程中,实现知识融会贯通,培养真正的共产主义者。广大青年作为推动共产主义实现的主力军,要学会自觉参加各种义务劳动、社会服务劳动,提升自己的共产主义觉悟。

3. 教育要同"沸腾的实际生活"相联系

通过"沸腾的实际生活"磨砺劳动品格。列宁指出,资本主义国家教育的不足之处在于脱离了实际,这是资本主义留给我们的一大祸害。这样的教育不利于国家建设,他强调教育必须与国家的实际相结合,满足国家发展的现实需要,为了避免理论与实践脱节,在学校教育活动过程中,要突破学校的局限,将劳动者反对剥削者联系起来,与生活实际相结合。共产主义需要在艰苦斗争中实现,在这个过程中要有坚强的意志,只有这样,才能带领穷困的俄国走向富裕。他还强调要开展社会实践活动，如清扫卫生、分配食物、进行"共产主义竞赛"等，实现理论与实践的结合。

进行综合技术性劳动教育。改变单一的劳动教学，引导学生接触多种劳动，学习多种劳动技能，是掌握一般现代工业的基础。通过对学生传授知识，如传授细木工基本的技术知识，组织学生到电站、工厂等地方去参观，学生可以掌握多种技能。培养具有综合技术的劳动者，使其成为能够适应社会的全能人才。加强对大学生的全面综合性的劳动教育，有利于防止其陷入狭隘的分工中，帮助其树立正确的价值观，掌握综合性的劳动技能，成为全能的人，更好地为社会主义建设服务。

四、中国共产党领导集体的劳动教育论述

马克思主义劳动教育理论深刻影响着我国劳动教育理论的发展，中国共产党结合国家社会发展实际，丰富、创新并发展了马克思主义劳动教育理论，构建了具有中国特色的劳动教育理论体系。

（一）毛泽东关于劳动教育的论述

毛泽东的劳动教育思想是其在长期的教育实践中总结出来的。早在青年时期，毛泽东便批判了重理论轻生产实践的中国传统教育方式，提出"图脑力与体力之平均发展，并求知识与劳力两阶级之接近"。经过几十年的革命斗争，中国的经济体系、基础设施等受到严重破坏，新中国成立后，亟须懂知识、会劳动的人才，投身于社会重组和发展中。毛泽东在《关于正确处理人民内部矛盾的问题》这一著作中，强调教育必须与生产实际结合，这是不可移易的原则。毛泽东还提出了"劳动人民要知识化，知识分子要劳动化"的论断。只有这样，干部才能时刻保持与广大人民群众的联系，才能真正认识到自身为人民服务的工作性质，才能有效地开展工作。知识分子只有将理论运用于生产实践，才能真正为社会主义社会的发展做出贡献。毛泽东关于劳动教育思想的施行，使得教育与劳动相分离的现象被打破，这一思想成为我国在今后制定教育方针的根本遵循。

（二）邓小平关于劳动教育的论述

邓小平在1978年的全国教育工作会议上指出，"为了培养社会主义建设需要的合格的人才，我们必须认真研究在新的条件下，如何更好地贯彻教育与生产劳动相结合的方针"。邓小平的劳动教育思想是对马克思主义关于教劳相结合理论的再次丰富和发展，主要包含以下几个方面内容。

1. 劳动教育是提高劳动者素质的需要

随着社会的不断发展和进步，现代劳动的类型已经发生了改变，即从经验型劳动转为知识型劳动，并且这种在科学理论指导下的知识型劳动逐步演变为主流类型。邓小平敏锐地发现了这一点，并且他认为知识型劳动的社会价值和人文价值，能够极大程度地满足人们多层次、多类型、多样化的需求。他说："不论脑力劳动，体力劳动，都是劳动。从事脑力劳动的人也是劳动者。"他还说："正确认识科学技术是生产力，正确认识为社会主义服务的脑力劳动者是劳动人民的一部分，这对于迅速发展我们的科学事业有极其密切的关系。"基于此，他在提出"科学技术是第一生产力"的基础上，又提出了"尊重知识、尊重人才"的科学主张，进一步强调知识和知识分子的重要性。他认为培养能够适应时代发展的新型劳动者大军，就是要通过科教的方式不断提高劳动者素质，使劳动者能够更为充分地发挥其积极性和自主性。

2. 劳动教育是青少年德、智、体全面发展的需要

邓小平对劳动教育的作用给出了高度的评价和肯定，"劳动可以在中小学就注意。从青少年起教育他们热爱劳动有好处"。劳动教育不仅可以培养青少年养成热爱劳动的良好习惯、增强其集体观念意识，还可以促进青少年全面发展和健康成长。邓小平强调，要正确认识劳动教育的地位，不要错误地将其定义为阻碍学校日常教学的累赘。劳动也是教学，是政治思想课，是培养理论与实际结合、学用一致、全面发展的新人的根本途径，是逐步消灭脑力劳动和体力劳动差别的重要措施。

3. 劳动教育是扭转社会风气的需要

"现在我们的青少年中，有些人有些坏的风气"，"要把风气扭转过来，这就要求学校培养好的风气。要有爱劳动、守纪律、求进步等好风气、好习惯。"邓小平要求，"我们要大力在青少年中提倡勤奋学习、遵守纪律、热爱劳动、助人为乐、艰苦奋斗、英勇对敌的革命风尚"，要让青少年明白，"一定要向轻视劳动，特别是轻视体力劳动的思想作斗争，而且要以自己的模范行为带动广大青年群众投身到体力劳动的战线上去"。

（三）江泽民关于劳动教育的论述

江泽民关于劳动教育的论述主要集中在对劳动教育的重要性认知、教育与生产劳动和社会实践相结合。

首先，江泽民强调了劳动的重要性，提高了劳动的地位，促进了人们对劳动的正确认识。江泽民指出，"教育与生产劳动相结合是坚持社会主义教育方向的一项基本措施"。他在《振兴民族的希望在教育》一文中指出，教育与生产劳动相结合是我国教育方针的重要组成部分，教育与劳动的结合对青年学生的健康成长大有裨益。1999年6月13日，《中共中央国务院关于深化教育改革全面推进素质教育的决定》明确提出："教育与生产劳动相结合是培养全面发展人才的重要途径。各级各类学校要从实际出发，加强和改进对学生的生产劳动和实践教育。"

其次，江泽民提出了"教育与生产劳动和社会实践相结合"的重要思想，拓宽了劳动教育实践的领域和范围。1999年6月15日，第三次全国教育工作会议召开，江泽民在讲话中指出，"教育同经济、科技、社会实践越来越紧密的结合，正在成为推动科技进步和经济、社会发展的重要力量"。这是他首次提出教育同社会实践相结合的问题。他强调，"如果只是让学生关起门来读书，不参加劳动，不接触社会实践，不了解工人农民是怎样辛勤创造社会财富的，不培养劳动人民感情，是不利于他们健康成长和全面发展的。学生适当参加一些物质生产劳动，应该成为一门必修课，不是可有可无，这一点务必充分认识和高度重视"。2002年11月，江泽民在党的十六大上提出：全面贯彻党的教育方针，坚持教育为社会主义现代化建设服务，为人民服务，与生产劳动和社会实践相结合，培养德智体美全面发展的社会主义建设者和接班人。江泽民"教育与生产劳动和社会实践相结合"这一思想是对马克思劳动教育理论的创新和发展，是基于劳动教育发展的社会规律和本质特征，丰富了劳动教育付诸实践的领域和范围，对培养社会主义时代新人具有重要意义。

（四）胡锦涛关于劳动教育的论述

胡锦涛关于劳动教育的论述主要集中于对青少年劳动观念的培养和改造，以及对劳动者素质的提高。

关于劳动和劳动教育的重大意义。胡锦涛指出，"劳动创造了世界。劳动是人类文明进步发展的源泉。在我们社会主义国家中，尤其要使热爱劳动、勤奋劳动、尊重劳动、保护劳动蔚然成风。要尊重和保护一切有益于人民和社会的劳动，尊重和保护一切为我国社会主义现代化建设作出贡献的劳动，努力形成劳动光荣、知识崇高、人才宝贵、创造伟大的时代新风，不断增强全社会的创造活力"。胡锦涛还强调，"成就任何一项伟业都离不开劳动。要实现全面建设小康社会、进而基本实现现代化的宏伟目标，必须依靠全体人民热爱劳动、勤奋劳动"。

关于劳动荣辱观。2006 年，胡锦涛提出了以"八荣八耻"为内容的社会主义荣辱观，其中有一条是"以辛勤劳动为荣、以好逸恶劳为耻"。劳动荣辱观的提出，对规范人们的劳动行为习惯，提高人们对劳动的正确认识具有重要意义，有助于形成良好的社会风气。同时，胡锦涛认为，应加强对青少年的劳动教育，他强调，"一定要在全社会大力培育和弘扬劳动光荣、知识崇高、人才宝贵、创造伟大的时代新风，让全体人民特别是广大青少年都懂得并践行劳动最光荣、劳动者最伟大的真理"。2012 年，党的十八大召开，胡锦涛在报告中强调："引导人们自觉履行法定义务、社会责任、家庭责任，营造劳动光荣、创造伟大的社会氛围，培育知荣辱、讲正气、作奉献、促和谐的良好风尚。"

关于体面劳动观。"2008'经济全球化与工会"国际论坛在北京开幕，胡锦涛在讲话中提出要切实发展和谐劳动关系，尽全力使广大劳动者实现体面劳动。在 2010 年全国劳动模范和先进工作者表彰大会上，胡锦涛再次强调："要切实发展和谐劳动关系，建立健全劳动关系协调机制，完善劳动保护机制，让广大劳动群众实现体面劳动。"所谓体面劳动，主要是指生产性劳动，就是要让劳动者的权利得到充分的保障，即有足够的收入、充分的社会保护和足够的工作岗位，保证广大劳动者在自由、公正、安全和有尊严的条件下工作。

关于提高劳动者素质。胡锦涛高度重视劳动者素质的提高，他指出："劳动者素质对一个国家、一个民族的发展至关重要。当今世界的综合国力竞争，归根到底是劳动者素质的竞争。不断提高广大劳动群众的综合素质，是实现人的全面发展的必然要求，也是推动经济社会发展的重要保证。"我国是人口大国，劳动者素质的高低直接决定了我国社会经济的发展速度和质量。因此，发挥我国人力资源的优势，重点就是要不断提高劳动者的整体素质，促进我国的人口红利从"数量型"向"质量型"转变。

（五）习近平总书记关于劳动教育的论述

习近平总书记关于劳动教育也做过很多重要论述，集中体现在劳动教育的基本方向、劳动教育的基本定位及劳动教育的实施路径 3 个方面。

1. 新时代劳动教育的基本方向

劳动教育的基本方向，即发展目标与发展道路的明确问题。劳动教育作为我国教育体系的重要组成部分，教育事业的总体发展思路与发展方向在很大程度上决定了其前进方向。习近平总书记在全国教育大会上指出，"我国是中国共产党领导的社会主义国家，这就决定了我们的教育必须把培养社会主义建设者和接班人作为根本任务，培养一代又一代拥护中国共产党领导和我国社会主义制度、立志为中国特色社会主义奋斗终身的有用人才"，强调要"在党的坚强领导下，全面贯彻党的教育方针，坚持马克思主义指导地位，坚持中国特色社会主义教育发展道路，坚持社会主义办学方向，立足基本国情，遵循教育规律，坚持改革创新，以凝聚人心、完善人格、开发人力、培育人才、造福人民为工作目标，培养德智体美劳全面发展的社会主义建设者和接班人，加快推进教育现代化、建设教育强国、办好人民满意的教育"。

2. 新时代劳动教育的基本定位

在坚持以人民为中心的发展思想的指引下，新时代的劳动教育更坚持以人的全面发展为追求目标，使人的本性更加凸显。习近平总书记在党的十九大报告中指出："中国共产党人的初心和使命，就是为中国人民谋幸福，为中华民族谋复兴。"十八大以来，习近平针对我国教育的实际情况，多次指出教育要坚持为人民服务，"加快推进教育现代化、建设教育强国、办好人民满意的教育"，这些都无不体现着"以人为本"的发展理念。在全国教育大会上，习近平总书记将"德智体美全面发展"拓展为"德智体美劳全面发展"，并提出要努力构建德智体美劳全面培养的教育体系。

3. 新时代劳动教育的实施路径

习近平总书记关于劳动教育重要论述的实践逻辑主线，在于解决怎样开展劳动教育，即指明新时代劳动教育的实践路径。

（1）在全社会大力弘扬劳模精神和工匠精神，营造劳动光荣的社会风尚

党和国家一贯高度重视劳模在引领和促进社会经济文化发展中的重要作用，劳模精神和工匠精神都是劳动精神的核心内涵。习近平总书记提出，要在全社会倡导劳动之风，保障劳动者能够体面劳动、全面发展，真正为劳动教育提供良好的制度保障与环境保障。习近平总书记强调，要大力弘扬劳模精神和工匠精神，指出"建设知识型、技能型、创新型劳动者大军，弘扬劳模精神和工匠精神，营造劳动光荣的社会风尚和精益求精的敬业风气"，从而为劳动教育营造良好的氛围。

（2）劳动教育的内容要与时俱进

进入新时代后，党中央更加重视劳动教育，并进行了多次强调。同时，党中

央密切关注时代发展，准确把握时代要求，对劳动教育的内涵进行了创新与发展。对于劳动教育的时代价值，习近平总书记指出，劳动教育既是坚持"以劳动托起中国梦"的现实应然方式，又是推动人实现全面发展的历史必然选择。同时，劳动教育亦是"培养德智体美劳全面发展的社会主义建设者和接班人"的关键环节。劳动教育的内涵，即以教育方式引导大学生树立正确的劳动价值观。习近平总书记多次强调，"劳动模范是劳动群众的杰出代表，是最美的劳动者"，"让劳动光荣、创造伟大成为铿锵的时代强音"，等等，这些论述结合时代发展的特点和要求，对劳动教育内容进行了丰富和创新，是当前劳动教育的最新内容。

（3）劳动教育的方法要多样灵活

党的十八大以来，加强和改进劳动教育的工作取得了极为显著的成效。这些成果既表现为全社会各界人士对劳动教育愈加重视，支持力度明显增强，亦体现在包括学校在内的教育部门对劳动教育的内容和方法做出了许多富有创新意义的改进与探索。但是从整体角度审视当下的教育劳动，应该承认学校开展劳动教育的方法仍然比较单一，缺乏灵活性与多样性。正是面对这样的新形势、新变化，习近平总书记在全国教育大会上强调要树立现代教育理念，既应当采取各方参与、多措并举的手段增强教育方法的适应性，又应当注重教育方法的灵活多样性，从而增强劳动教育方法的普适性与针对性。

习近平总书记关于劳动教育的重要论述，是马克思主义劳动教育观中国化的最新成果。习近平总书记将劳动教育放在突出的地位，对劳动教育的时代意义和重大作用给予了高度肯定，并且科学地提出了"培养德智体美劳全面发展的社会主义建设者和接班人"这一重要论断，进一步深化了对劳动和劳动教育的认识，为新时代教育事业提供了指南和根本遵循，为推动我国教育事业做出了不可磨灭的贡献。

第五节　加强大学生劳动教育的重要意义

劳动是人的本质，是社会发展进步不可或缺的一部分，具有非凡意义。在新时代不断重视劳动教育、不断加强劳动教育是对当代大学生中存在劳动观念偏颇、劳动能力缺失等问题的有效应对，更是进一步解决大学生劳动现状堪忧问题、落实高校立德树人根本任务、为实现中国梦凝聚力量、全面深化高等教育综合改革、促进大学生成长成才的关键举措。

一、有利于解决大学生劳动现状堪忧问题

随着全面建成小康社会的实现,人民生活水平的大幅提高,大部分在校大学生,甚至一些刚就业的大学生都是依靠父母的经济支持来维持个人生活的,不需要劳动实践仍能够享受较好的生活水平,再加上网红现象的冲击,难以领会劳动如何创造价值及劳动的深刻意义,逐渐形成部分大学生眼高手低、不爱劳动、不尊重劳动,甚至不会劳动的现状。

为解决大学生劳动现状堪忧问题,新时代加强大学生劳动教育意义重大,劳动教育的本质就是通过引导学生参加有目的性、计划性的劳动实践,从中获取相关认识的育人方式,充分遵循了实践和认识规律,通过亲身劳动所获得的认识更为深刻,使育人成效更科学、有效。

新时代大学生劳动教育立足当下青少年的教育环境,以帮助青少年培养正确的劳动观来抵御错误思潮的误导,将树立正确的人生观、价值观作为思维层面的育人目标。大学生在劳动教育中经过具体的劳动实践,获取相应物质和精神的劳动成果,树立正确的马克思主义劳动观,能够深刻领悟劳动是创造价值和财富的源泉,体会劳动人民的辛苦,感受劳动成果的美好,明白劳动不分高低贵贱,劳动最光荣、懒惰最可耻的人生意义,培养勤俭节约、艰苦奋斗的劳动精神,掌握生活劳动技能和专业劳动技能,坚定青年一代要通过劳动来实现人生理想和美好生活、通过劳动来实现中华民族伟大复兴的人生信念。

二、有利于落实高校立德树人根本任务

立德树人作为高校立身之本,是对我国优秀传统历史的回顾与继承,是对学生成长与教书育人规律的科学探索,是明确新时期高等教育发展的根本定位,是对"为谁培养人、培养什么人、怎样培养人"这一问题的战略回应。将劳动教育贯彻于高校立德树人的全过程中,充分发挥劳动教育在高校立德树人任务中的支撑作用,是处理好"立德"与"树人"的内在逻辑关系,探寻立德树人理论价值与实践意义,推进高校人才培养体系建设的迫切需要。

(一)劳动教育是"立德"的内在要求

"立德"语出《左传·襄公二十四年》:"太上有立德,其次有立功,其次有立言,虽久不废,此之谓不朽。"可见,"立德"为立功、立言之先,我国自古以来就有立人者先立德的治学修身主张,即人才的培养应先关注基于人本取向的内在目的,强调先成人,再成才。因此,"立德"就是在教育的价值层面上认

为教育是一种德性教育，重在涵养人的品德修为。

那么，只有明确立什么德，才能避免高校立德树人迷失方向、流于空泛。就中国特色社会主义高校所立之"德"而言，包括两个方面：时代性道德知识和超越性道德信仰。前者即社会公德、职业道德、家庭美德和个人品德；后者则指共产主义理想和信念之德。这些"德"所包含的劳动特性，正是明确了劳动教育在高等教育中的重要作用，是高校"立德"的内在要求；尊重和鼓励一切劳动及劳动者，珍惜并保护一切劳动成果是社会公德的彰显；积极投身于社会生活与生产实践，能够冷静面对工作中的挑战与风险，爱岗敬业、服务群众是职业道德的体现；勤俭持家，自觉参与服务性劳动是家庭美德的表露；自立自强、拼搏奋斗、以诚实劳动创造美好生活是个人品德的培育方向；体会社会主义社会平等、和谐的新型劳动关系，并以坚定的信念为共产主义奋斗终身是理想信念之德的淬炼。因此，重新审视劳动教育对高校立身之本有重要意义，是对中国古代治学之道的溯源，更是对高等教育育人方式与路径选择的科学优化与稳步推进。

（二）劳动教育是"树人"的必然选择

"树人"最早出现于《管子·权修》："一年之计，莫如树谷；十年之计，莫如树木；终身之计，莫如树人。"指出人才培养是长期性、艰巨性的工程。培养人，是教育的根本，也是基于实用主义取向来阐释教育目的。我国高校所树之人应是"德智体美劳全面发展"的，投身于社会主义事业的"建设者和接班人"，这也为我们认识劳动教育在高校"树人"任务中的重要意义指明了方向。

从新中国成立初期侧重"智力教育"，到全面建设社会主义时期注重"德智体"，再到改革开放以后强调"德智体美"，最后到党的十八大以来强调"德智体美劳全面发展"，将"劳"与"德智体美"并列，纳入人才培养目标，是劳动教育在我国教育发展的历史变迁中逐渐得到重视的体现，这既克服了将生产劳动与理论知识对立起来、把劳动教育置于知识学习之上的"错位"，又避免了改革开放以来过于注重科学文化教育而忽视劳动教育的"缺位"，完成了对我国教育人才培养目标的及时"补位"。

成就不是天上掉下来的，更不是别人恩赐施舍的，而是全党全国各民族人民用勤劳、智慧、勇气换来的。建设社会主义现代化强国，承载着数亿国人期盼的中国梦，绝不是空想，归根到底要靠"辛勤劳动、诚实劳动、科学劳动"。大学生是我国社会主义现代化事业建设的生力军，是实现"两个一百年"奋斗目标，实现中华民族伟大复兴的中国梦的重要力量。高等教育为社会主义事业建设提供高质量人才保障，就必须要服务并服从于现代化建设的客观要求和战略大局。因此，劳动教育对教育和引导广大学生认识"建设者"需要艰苦奋斗的道德品质、攻坚克难的毅力信念、实干兴邦的行动准则，并坚持为中国特色社会主义现代化事业奉献终生具有意义重大，是实现新时代高校"树人"目标的必然途径。

三、有利于为实现中国梦凝聚力量

新中国成立至今，一路走来相当不易，在这过程中，中华民族之所以能够扭转自身命运，取得伟大成就，是因为在党的领导下，有一代又一代的人脚踏实地的奋斗、抓铁有痕的实干。在我国人民的不懈努力中，今天我们离中华民族伟大复兴的中国梦更近了一步，但仍然需要新一代的人继续奋斗。大学生作为国家未来建设的重要力量，必须要对其进行劳动教育，为国家提供经济发展的动力。

（一）弘扬中华民族勤劳的传统美德

勤劳是中华民族的传统美德。勤劳所表达的是一种积极的劳动态度，要求人们在劳动中不怕困难，用自己的双手切实提升自身生活质量，改善生活状态。从原始社会发展到现在，可以从流传的神话故事中看出改造自然的艰辛，如愚公移山、盘古开天、神农尝百草等。中华民族之所以能够发展到今天，正是依靠着勤劳这个品质。我国作为农业大国，农耕经济哺育了一代又一代的中华儿女，在生产工具落后的时代，为了谋求更富裕的生活只能依靠辛勤劳动。实际上，勤劳有着丰富的内涵，并不是仅仅指人们追求的物质欲望，更重要的是注重主观能动性的发挥。

生活在古代的人们，虽然生活条件相对艰苦，生产工具落后，但在那个时代却不乏能工巧匠。他们通过发挥自身主观能动性，将自身智慧与劳动相结合，使劳动成为不朽的艺术，如万里长城、四大发明等劳动成果，展现了劳动人民的智慧，彰显着勤劳的美德。习近平总书记在讲话中多次引经用典，如"功崇惟志，业广惟勤""民生在勤，勤则不匮"等，强调要注重发挥传统劳动文化的价值引领作用，让社会中的每一个人都成为中华美德的传播主体。如今，在此背景下，加强大学生的劳动教育，就是对勤劳的中华美德的传承，这不仅能够为大学生提供强大的精神支撑，还能为中华民族的伟大复兴凝聚力量。

（二）以实干筑牢经济发展之基

实干，就是要求我们做任何工作，在制定方案、确定目标之前，都必须做好调查研究，从实际出发，踏踏实实地劳动。在我国，劳动者唯有坚持实干，才能为社会主义现代化建设增加底气。习近平总书记也强调"空谈误国、实干兴邦"的口号,在新时代,社会面临着新挑战,我国的主要矛盾也发生了新变化,在这种情况下,只有通过实干才能推进党和国家奋斗目标的实现。马克思指出,人类的劳动应该建立在实现人类幸福的基础上。而在现实生活中,人们对职业的选择更倾向于功利化,薪资是决定选择某个职业的首要标准,理想和兴趣都是次要的。我们可以想象得到,在这样的工作中,人们感受更多的是压抑和痛苦,缺乏奋斗和创造的动力。

因而,大学生作为社会的希望,肩负着未来发展的重任,必须通过劳动教育,培养大学生的实干精神。在具体的劳动实践中,引领大学生树立正确的就业观,使其在岗位上脚踏实地地工作,既能展现自身才能,在不断的探索中实现自身梦想,又能为中国梦的实现增添力量。

(三)创造美好社会生活的需要

美好的生活是依靠劳动创造的。习近平总书记强调,要"以劳动托起中国梦"。"中国梦"不会自动成真,要将美好的蓝图转变为生动的现实,根本上要依靠青年一代的接续奋斗。

"一勤天下无难事",我国人民在社会主义的建设过程中深有体会,中国梦的实现过程绝不是一帆风顺的,一定会遇到各种挫折和考验,如经济发展的不平衡,城乡、贫富之间还存在差距,经济、科技等方面的竞争力有待加强。在这个过程中,正是由于在党的领导下,我国人民辛勤劳动,才一步步地克服前进道路上的困难,使我国迅速跻身世界强国行列。习近平总书记指出,人世间的美好梦想,要通过诚实劳动才能实现。当前社会存在着虚假宣传等不诚实的现象,严重危害了消费者的合法权益,亟须诚实劳动的回归。我们坚信,只要能够坚持诚实劳动,就能够破解发展中的难题,一步一个脚印地实现中国梦。习近平总书记还强调,"人民创造历史,劳动开创未来"。我国正从制造大国向制造强国转变,这就需要生产出更多高品质的产品,要实现这种转变,就要进行创造性的劳动,变中国制造为中国智造,把握竞争中的主动权,为实现中国梦凝聚力量。

总的来说,无论是辛勤劳动、诚实劳动,还是创造性劳动,都是劳动教育中不可缺少的组成部分,是创造美好生活的重要路径。在新时代背景下,从这3个方面出发,对大学生进行劳动教育,不仅能为其增长知识和见识,提供安身立命的基本技能,还能加强大学生的品德修养,培养其高尚的爱国情怀,为中国发展汇聚强大的力量。

（四）培育和践行社会主义核心价值观

社会主义核心价值观是在汲取中华优秀传统文化之精华、吸取世界文明有益成果的基础上形成的对社会主义核心价值体系的高度凝练与现实表达，是社会主义意识形态的本质体现，是全体华夏儿女共同认可和遵循的价值尺度与行为准则，关乎国家的前途命运与人民的幸福安康。熔铸青年的理想之魂是塑造时代新人的基本前提，在社会主义核心价值观中，劳动与理想信念密不可分，其是将理念阐述转化为具体实践的重要形式。劳动教育与培育和践行社会主义核心价值观具有内在同构性与契合性，加强新时代大学生劳动教育有利于引导大学生深入领会社会主义核心价值观中所蕴含的劳动价值，教育和引导大学生不断在辛勤、诚实、创造性劳动中磨炼意志品质、涵养道德定力、强化劳动创造能力、促进身心健康和全面发展，从而达成脱贫致富、发展经济、实现中国梦的劳动目标，让富强、民主、文明、和谐、美丽的中国屹立于世界之林。

1. 国家制度层面的价值目标

国家制度层面"富强、民主、文明、和谐、美丽"的价值目标是当代中国的必然选择，也是中华民族强烈的价值追求，这一价值目标必须通过劳动实践来实现。在历史发展长河中，我国从积贫积弱逐渐迈向繁荣富强的根本原因在于国家追求全体劳动人民的共同富裕，国富民强的实现需要全体劳动者为之不懈奋斗；我国社会主义民主是最广泛、最真实、最管用的一种民主，本质是捍卫最广大劳动人民的根本利益与民主权利，实现人民当家作主；中国素有文明古国、礼仪之邦之称，作为国家软实力的重要组成部分，文明需要以中华传统劳动美德和马克思主义劳动观为精神本源和教育依托，劳动者的文明程度与综合素质影响着国家文明的进程；国家和谐稳定的局面离不开劳动关系的和谐发展，离不开维护和发展好广大劳动者的利益，离不开全体劳动者的互相尊重与携手共进。

加强新时代大学生劳动教育是落实"富强、民主、文明、和谐、美丽"价值目标的重要途径，有利于引导学生在内容丰富、形式多样的劳动活动中激发爱祖国、爱学习、爱劳动的热情，在实践中以劳模工匠为榜样，不断用创新的劳动智慧和奋斗的磅礴伟力推动梦想之舟在新时代破浪前行，为中华民族加速迈向伟大复兴之路贡献力量。

2. 社会集体层面的价值取向

社会集体层面"自由、平等、公正、法治"的价值取向是对美好社会的生动表述，具有社会主义本质特性。这一价值追求来源于对劳动自由和劳动平等的追求。劳动作为实现人的智力与体力有机结合和自由发挥的孵化器，不仅是人类生命产生的形式，更是实现人自由全面发展的基本路径；国家和社会实现实质平等的基础环节是保障劳动者平等地享有基本权利、获得劳动机会、取得劳动成果；维持社会公平正义、稳定发展要在尊重、保护劳动者的基础上公平合理地分配劳动成果，让劳动者实现体面劳动与全面发展；依法治国是保障劳动人民根本权益的最坚实手段，是扎实推动共同富裕、提升劳动者幸福感与安全感的重要举措。

加强新时代大学生劳动教育是践行"自由、平等、公正、法治"的重要途径，有利于引导大学生在劳动实践中学会生存、学会合作、学会兼顾人和社会的共同诉求，适应社会发展。同时劳动教育有利于大学生在体验和经历劳动的过程中深刻理解和认同劳动的价值和意义，加深对劳动尊严感、成就感和幸福感的体验，激发对美好生活追求的动力，在身心合一的劳动中实现身心解放和自由全面发展。

3. 公民个人层面的价值准则

公民个人层面"爱国、敬业、诚信、友善"的价值准则是在个人行为层面践行社会主义核心价值观的根本遵循与基本道德准则，渗透和覆盖了公民道德行为和社会生活的各领域各环节。这一准则要以科学的劳动观来引导，以劳动人民的实践行动来彰显。爱国主义是社会主义核心价值观中最深层、最根本的内核，是中华民族精神的核心，爱国于个人而言既是本分，也是职责，不是敲锣打鼓、高呼口号就能实现的，需要一代代劳动者以报国之行为国家发展建设和美好未来凝神聚力；敬业是人修身之集中体现，是家庭和社会和谐之根源，也是推动社会发展的根本精神动力，在辛勤劳动中得以诠释，在拼搏奋斗中得以绽放；诚实守信是为人之道、立身之本，是社会正常运行不可或缺的条件，诚实劳动是基本的事业基础和劳动状态；友善是社会和谐的润滑剂，是有益于劳动人民的社会氛围，更是一种美德，构建友善的劳动关系是社会和谐、稳定的基石，对维护广大劳动者根本利益、实现劳动成果由人民同创共享具有积极促进作用。

加强新时代大学生劳动教育是践行和诠释"爱国、敬业、诚信、友善"的必然选择，有利于促进大学生在劳动实践中形成独立的世界观、人生观和价值观，培养大学生成为一名合格的热爱劳动的良好社会风气传承者，让大学生在劳动中释放自身的劳动热情和创造潜能，以爱岗敬业之心钻研工作，以诚信友善之心与人相处，以爱国报国之行奉献社会，让极具凝聚力和感召力的社会主义核心价值观在劳动中根植于人们心田，引领全社会的思想潮流和时代主旋律，促使全社会形成劳动光荣的文明风尚，构建社会良好环境，点亮新时代追梦之路。

(五)营造劳动光荣的社会风尚

党的十九大提出,"弘扬劳模精神和工匠精神,营造劳动光荣的社会风尚和精益求精的敬业风气"。如今,我国已经实现了第一个百年目标,正向第二个百年目标奋进,未来将面临更大的挑战和困难,尤其是随着人工智能时代的到来,社会对技术型人才的需求更加强烈。在这种环境下,大学生更加依赖科学技术带来的便利,外卖、快递等业务兴起,使部分大学生忽视了劳动的价值,以致形成了懒惰、贪图享乐的社会风气。这就要求,在迈向新征程的过程中,全体劳动者要在劳动实践活动中,激发自身的创造活力,营造良好的社会风尚。

我国注重发挥法律在劳动中的作用,通过政策和法律保障劳动者的合法权利。《中华人民共和国宪法》(以下简称《宪法》)对劳动作了明确论述,强调要保护公民的劳动权利;《中华人民共和国劳动法》(以下简称《劳动法》)对劳动关系作了全面论述,指出要保护劳动者休息休假的权利。即使在劳动和财富、技术的关系日益复杂的今天,我国依然坚持以按劳分配为主体的原则,使财富被劳动主导,这有利于调动我国劳动者的主观能动性。但是部分劳动者的身上存在着不容忽视的问题,如劳动观念相对狭隘,劳动者自身的地位被忽视,看不到劳动的意义。

大学生作为新一代奋斗者,备受社会的关注,加强劳动教育,引导大学生深入体会劳动独特的精神魅力,提高其劳动觉悟,理解劳动的本质和意义,促使其认同劳动、劳动者,增强热爱劳动、尊重劳动的意识,进而形成热爱劳动的社会风尚。

四、有利于全面深化高等教育综合改革

高等教育发展水平是一个国家发展水平和发展潜力的重要标志。站在实现"两个一百年"奋斗目标的历史交汇点上,随着我国经济、社会、文化的全面高质量发展,国家对高等教育综合改革的需求比任何时期都迫切,对高素质人才的渴求也更强烈。因此,在"以劳动托起中国梦"的新时代,全面认识劳动教育在中国特色社会主义教育制度中有重要意义,将劳动教育贯穿于高等教育全过程,是新时期我国高等教育发展改革的主旋律之一。

(一)明确人才培养方向

党的十九届五中全会开启了全面建设社会主义现代化国家的新征程,我国青年发展也面临新的契机。从青年首先发展、青年优先发展到青年高质量发展,国

家在"十四五"时期对青年发展进行了深刻思考,对高等教育人才培养提出了更高的要求。《大中小学劳动教育指导纲要(试行)》中提出,普通高等学校应引导学生注重创新创业,重视新知识、新技术、新工艺、新方法的运用,这是在万物互联的新工业时代,对高等教育在新时期应加强培养适应社会变化的高素质、复合型、创新型人才的明确指导,也是对培养跨学科、跨领域人才等高等学校"双一流"建设重点内容的深刻阐释。

(二)推进课程体系改革

课程是劳动教育纳入高等教育人才培养全过程的主要实施路径,《大中小学劳动教育指导纲要(试行)》中明确提出"独立开设劳动教育必修课、在学科专业中有机渗透劳动教育、在课外校外活动中安排劳动实践、在校园文化建设中强化劳动文化"四种劳动教育实施路径,其中前两种路径就是在课程层面强调劳动教育应纳入专业人才培养方案之中,并对劳动教育的学时、课程内容等进行明确要求。此外,必修与选修相结合,即专业教育与创新创业教育并重,充分开发、整合校内外优质教育资源,使学生在真实的劳动环境下,提升劳动技能,磨炼劳动意志,激发他们参与劳动实践的积极性。同时,挖掘劳动教育的思政育人因素,将有助于高校形成课程协同育人体系,这为解决当前高校劳动课程单调化、狭隘化、形式化、片面化等问题,优化劳动教育的课程体系,创新劳动教育的课程内容和形式,进而充分彰显大学生劳动教育的课程育人导向提供了更多借鉴方法和可能性。

五、有利于为大学生成长成才提供条件

(一)坚定大学生的理想信念

坚定的理想信念是大学生实现远景目标、直面挑战的强大精神力量。在新时代,习近平总书记多次强调,青年要积极树立远大理想,在中华民族伟大复兴的生动实践中放飞青春梦想。劳动活动与理想信念是密不可分的,崇高的理想信念需要在劳动中生成,也要在劳动中逐渐坚定。

中华民族正是在一次次磨难中才铸就了信仰,我国人民正是在一次次挫折中奋起才唱响了时代乐章,中国共产党正是在一次次求索中奋进才实现了国富民强。只有在真实的劳动中,才能真正地体会到劳动的艰辛,加深对社会现实的理解,从而坚定改善人民生活的信念,为自身的奋斗灌注更强大的动力。为此,要在具体的劳动实践活动中,增强大学生的体质,磨炼其意志,帮助其形成积极的劳动

态度,增强劳动的使命感,明晰自身应有的理想和担当。

(二)锤炼大学生的奋斗精神

幸福是奋斗出来的,劳动是连接幸福的桥梁。幸福不仅来自劳动成果,更来自劳动的体验过程。大学生要想成长成才,取得辉煌成就,创造美好生活,获得幸福的人生,必然少不了奋斗的品质。

习近平总书记也强调,"社会主义是干出来的,新时代是奋斗出来的"。但大学生群体中出现了一些扭曲的价值观念,如"丧文化""佛系青年""躺平"等,在一定程度上影响了大学生奋斗精神的形成。劳动教育作为教育体系中的重要组成部分,在扭转大学生价值观念上具有重要意义。在学习生活中,要切实加强大学生的实践锻炼,鼓励其积极参与"三下乡"、科普宣传等活动,奔赴革命老区、走进贫困地区、深入广大基层,进行社会调查、实地走访、义务支教等多种劳动实践活动。在生产劳动和社会生活的大熔炉中,大学生不仅能够锤炼意志,提高面对困难的勇气,勇于战胜自我,而且能够不断地增长才干,拓展人生的宽度,延伸生命的长度,创造不懈奋斗的人生。因此,新时代的大学生唯有在鲜活的事件中,把握事物发展规律,坚守奋斗的精神,传承奋斗的优良传统,将理论和实践相结合,才能担负起时代使命,书写属于自己的奋斗人生。

(三)培养大学生的创新能力

创新是引领发展的第一动力。从国际来看,当前全球科技创新活动空前活跃,要提升国家在国际上的话语权,必然要在创新方面抢占先机。人才是科技创新的源泉。要为创新型国家建设人才队伍,就要培养大学生的创新能力,而劳动教育是培养学生创新能力的重要途径。从国内来看,随着社会的进步,生产力获得了发展,产业门类趋向多元化、社会分工细化、劳动形态更加复杂化,社会对高素质人才的需求也更加强烈。这就需要培养出社会所需要的创新型人才,而要做到这一点,就不能忽视劳动教育的作用。

新时代为大学生的发展创造了新环境,提供了成长成才的广阔空间,但也对大学生提出了新要求,这就要求我们要以劳动教育丰富学生的创新知识储备。加强劳动知识及相关科学文化知识的教育,重视劳动价值观教育,以丰富的知识培养学生正确的价值取向。在学生掌握劳动基本知识与技能的基础上,还能激发其创新潜能。鼓励大学生从事创造性劳动,并为其搭建平台,提供更多实践、锻炼的机会,使学生能够在具体的劳动过程中实现理论与实践的结合,在不断地尝试中把握劳动的真谛，成为会劳动、懂劳动、爱劳动的人。同时，教育者要转变观念，注重培养学生独立思考的能力，鼓励学生积极探索未知领域，及时给予学生一定的引导，激发学生的创新潜能。只有这样，大学生才能提升其创新能力，担当起建设社会的重任，真正实现自我价值和社会价值，以满足自身及国家发展的需要。

（四）推动大学生自由全面发展

站在新的历史方位，为了推进国家的发展，必须培养全能型的人才。马克思指出，要培养高水平的人才，推动人的全面发展，就要对大学生进行劳动教育。大学生作为新时代的劳动者，要成为符合社会发展需要的人才，为国家的进一步发展积聚力量，就要进行科学、合理的劳动教育。

劳动教育作为全面教育体系的重要内容，与德智体美构成了一个紧密联系的统一体。具体表现为：这5个要素共同作用于同一个人身上，是衡量人全面发展的标志，而且缺一不可。同时，这5个要素也是相互渗透的，如在德智体美劳中都包含知识的要素，而劳动教育中的知识与品德是密不可分的。在这个过程中，发挥德智体美对劳动的作用，有利于提升大学生的劳动素养，推动其各方面共同发展。另一方面，劳动教育与德智体美相互区别，深入挖掘劳动教育的独特价值，发挥其树德、增智、强体、育美的作用，强化大学生对劳动教育的价值认同。

教育说到底是做人的工作，高校作为教育的主要场所，肩负着为社会输送人才的重任，必然要做好对大学生的教育工作，培养社会所需要的劳动者。一方面，要加强大学生劳动相关知识的教育，丰富其劳动知识储备，使其掌握相关的劳动教育基本知识与技能，将知识系统化。同时，要注意提升大学生的劳动实践能力，以满足工作岗位的需要，使其更好地为未来的工作服务。另一方面，要加强思想道德建设，习近平总书记多次强调，在工作与学习中，要学会未雨绸缪，注重在艰苦的环境中锻炼青年干部，选拔艰苦地区的年轻干部，让其在真实的工作中脱颖而出。为此，大学生要不断提升自身的劳动素养，在劳动中磨炼心智，塑造健全的人格。

因而，要加强大学生的劳动教育，就要准确把握五育之间的辩证关系，既要关注五育的整体价值，也不能忽视其各自的独特意义，这样有利于培养出具有高尚品德、扎实知识、强健体魄、美好心灵、尊重劳动的人才，提高德智体美的综合素质，同时促进个体生命潜能自由全面、和谐的发展，实现人的自由全面发展。

第二章 大学生劳动教育的发展历程

纵观古今，劳动教育由来已久。全面梳理和探究劳动教育的发展历程，找寻其中的历史演进规律和发展脉络，对解决新时代下大学生劳动教育存在的诸多问题提供了相应的借鉴方法和经验启示。本章分为传统劳动价值观的形成、大学生劳动教育的发展两部分。

第一节 传统劳动价值观的形成

中华文明虽历经沧桑，饱受磨难，却延绵不绝，历久弥新。因此，按照习近平总书记提出的"古为今用、去粗取精、去伪存真"，整理、继承与合理地批判、利用我国古代的劳动教育思想，成为摆在劳动教育者面前的一项重要课题。

下面将尝试从传统哲学中的劳动反思、农耕文明中的劳动分工、劳力与劳心的价值之辨、仁政思想中的劳动正义和耕读传家中的劳动教育5个方面系统地梳理传统劳动价值观的形成过程，以期古为今用，为当今的中国特色社会主义劳动教育提供参考。

一、传统哲学中的劳动反思

古人不仅重视劳动和劳动分工，还形成了独特的劳动哲学，这其中道家的思想影响最大。道家思想对我国古代劳动哲学的影响主要表现在两个方面，这两个方面在某种程度上可以说是相互冲突的。

一方面，我国古人重视劳动技能的提升，以至于把劳动上升到了艺术的层面，方法是精神专一，心无旁骛，最后达到心物一体，即魏源所概括的"技可进乎道，艺可通乎神"。《庄子·养生主》里著名的"庖丁解牛"就是如此。宰牛剔骨，这个在一般人看来既是破费体力，也是考验技术和耐心的劳动，在庖丁做起来竟然是"手之所触，肩之所倚，足之所履，膝之所踦，砉然向然，奏刀騞然，莫不中音。合于《桑林》之舞，乃中《经首》之会"，竟然发出了音乐一般的声音。

这正是今天我们所倡导的工匠精神最生动的写照。

但另一方面，古人特别是道家学派又将器物的精巧与人心的技巧生硬地联系到一起，认为"有机械者必有机事，有机事者必有机心"，即"人若追求机巧的机械，必会做机巧之事，做机巧之事，就会有机巧之心"。有了机巧之心，人的心灵就不那么纯净了，人就容易进入急功近利的境地。这是对技艺的偏见和对物质日益丰富持警惕和反对的态度，而对技艺的偏见阻碍了技术进步。

二、农耕文明中的劳动分工

众所周知，近代西方最早系统阐述劳动分工理论的是英国经济学家亚当·斯密（Adam Smith），但实际上，早在春秋战国时期，我国的思想家们就已经提出了劳动分工的观点。虽然我国古代的经济形态总体上是自给自足的自然经济，但这并不意味着古人没有分工或不重视分工。在劳动实践中，一人不可能身兼数艺，再加上生产力的发展和生产技术的不断提高，劳动分工就成为必然之势。

《考工记》中记述了木工、金工、皮革工、染色工、刮磨工、陶瓷工六大类30个工种，反映了生产力的发展程度。而通过劳动分工，生产力又得到了进一步提高。管仲提出把民众分为士、农、工、商四类，分业定居。《管子·小匡》中有"士农工商四民者，国之石民也，不可使杂处，杂处则其言咙，其事乱。是故圣王之处士必于闲燕，处农必就田野，处工必就官府，处商必就市井"。管仲甚至要求"士之子恒为士""农之子恒为农""工之子恒为工""商之子恒为商"，以利于劳动效率的提高并以此维持社会秩序。

三、劳力与劳心的价值之辨

我国自古便是农耕国家，"劳"在农耕社会里不仅是谋生手段，还是根深蒂固的文化传统与思维观念。"慎之劳，则富""功崇惟志，业广惟勤"等是我国传统文化对劳动的肯定和赞歌。"必使饥者得食，寒者得衣，劳者得息"，这是尊重劳动、注重劳动保障的思想萌芽。"谁知盘中餐，粒粒皆辛苦"呈现了辛勤劳动和勤俭节约的民族品质。"夫民劳则思，思则善心生；逸则淫，淫则忘善；忘善则恶心生"是古人对劳动孕育美德的肯定。"晨兴理荒秽，带月荷锄归"展现了文人墨客的劳动情怀。总之，勤劳塑造着个体的道德品质，也是中华民族的精神积淀。

"劳心"与"劳力"是我国古代社会分工的鲜明呈现。总的来说，在封建礼制和等级观念的影响下，农、艺、工、商等体力劳动受到普遍轻视。因为"君子劳心，小人劳力，先王之训也"。具体而言，"小人"从事体力劳动，"君子"则"劳心""勤礼"。按此分工，"劳力者"需要"面朝黄土背朝天，一身力气百身汗"。"劳心者"的工作主要是管理社会，如天子"考政"，师尹"宣序民事"，诸侯"考其国国职"，卿大夫"考其职"等。这是因为"礼不下庶人"，故只能是君子"勤礼"，君子也自然不应从事生产劳动。正如在回应"樊迟请学稼"时，子曰："小人哉，樊须也！上好礼，则民莫敢不敬……夫如是，则四方之民襁负其子而至矣，焉用稼？"孔子认为"樊迟学稼"是"小人"的表现，学"礼"才是君子之选。"君子忧道不忧贫"，有"礼""禄"，足以代其耕也"。无疑，在封建价值谱系上，"劳力"与"劳心"的分离与对立，不但是社会分工的不同，而且代表着高下之分、贵贱之别。"朱门酒肉臭，路有冻死骨""四海无闲田，农夫犹饿死"都是对封建桎梏中劳动人民生存现状的写照。

"劳心者治人，劳力者治于人"是关于"劳力"与"劳心"关系的鲜明呈现，该思想作为封建专制统治和等级制度的代表思想，受到普遍批判。但也有学者在考证孟子的思想时提出，大众对"劳心者治人，劳力者治于人"思想存在片面理解，甚至是误解。如有学者认为，我们不应该断章取义地理解"劳心者治人，劳力者治于人"，其是孟子在驳斥农家代表人物许行"君臣并耕"的主张时明确提出的，强调天下之事有王公、贵族、百官要做的事，也有普通老百姓要做的事。个人的生活需要很多工匠的制品，若都需要自己制作才有得使用，天下人都将疲于奔命。因此，全天下有人劳心，有人劳力。劳心者治理人，劳力者被人治理；被人治理的人（劳力者）养活人，治理人的人（劳心者）被别人养活，这是普天下通行的法则。可见，孟子主要的目的是强调社会分工的客观存在，以及未来社会分工的发展趋势，即"或劳心，或劳力"，而不是片面地维护封建统治。而且，孟子发现了社会分工的这个客观现实，并强调最重要的分工是"劳力"和"劳心"，即体力劳动和脑力劳动的分工。孟子在两千多年前发现的理论对今天的启示意义无疑是巨大的。

无论学者如何考究"劳力"与"劳心"的历史意义，"劳心者治人，劳力者治于人"都是影响我国社会走向的重要理念。"重学历、轻技能"，摆脱"劳力"，追求"劳心"成为社会的普遍价值取向。而劳动观念的偏差，容易塑造出鲁迅笔下"四体不勤，五谷不分，肩不能担，手不能提"的孔乙己。故陶行知强调传统教育培育劳心者，而忽视劳力者是根本原因。因此，中国教育的两条路线——"教劳心者劳力"和"教劳力者劳心"，只有二者结合，手脑并用，才能培养全面发展的人，才能改造社会。

四、仁政思想中的劳动正义

劳动正义是对劳动方式、劳动活动和劳动关系的正义追问，本质上是对劳动方式、劳动活动和劳动关系之合理性前提和目的性根据的哲学反思和价值检审，简言之，就是追问劳动所得与付出是否合理。

一是强调生产，特别是农业生产的重要性。我国很早就进入了农耕社会，在以农立国的社会里，对农业生产的重要性怎么强调都不为过。先秦时期已设有农稷之官指导农业生产。《周礼·地官司徒》中有"大司徒之职……十有二壤之物而知其种，以教稼穑树艺"。不仅如此，西周时期，在每年春耕之前，周天子都要率诸侯行"籍田"礼，"以先群萌，率劝农功"，宣扬"王室唯农是务"，以此表明对农事的关切和重视。由于强调生产性的农业活动，古代甚至施行了重农抑商的政策，即对不直接从事生产的商业进行限制和打压。

二是强调轻徭薄赋，善待农民等生产者。孔子、孟子等均反对聚敛，反对加重农民负担，主张藏富于民。历史上凡是有远见的政治家、有作为的统治者，都会注意减轻农民的负担，以利于政权的长治久安。孟子认为"民为贵，社稷次之，君为轻"，还提出了"为民制产"的主张，即强调为生产者提供保障的重要性。

三是主张劳动者应享有劳动所得。有学者提出了一个值得思考的问题：劳动者并不享有全部劳动果实，统治者却可以坐享其成，这实际上触及劳动正义问题。很多思想家都注意到这个事关正义的分配问题。

对劳动者的主体——农民来说，土地就是最重要的生产资料，劳动应享有劳动所得，首先就是要有土地。历代农民起义所提出的口号也多是围绕土地、公平等展开的。

五、耕读传家中的劳动教育

我国是世界上最早从事农业生产的国家之一，农业是先民生存和发展的第一要事，伴随着农业的推广，农耕文明也逐渐发展起来。数千年以来，农耕文明对一代又一代的人产生了巨大的影响，也促进了人类社会的变革与演进。而耕读文化正是我国数千年农耕文明在特定的历史时期所形成的乡村文化。

先民将"耕"和"读"结合起来，希望拥有耕读相结合的生活方式，因此，白天从事农业劳动与晚上挑灯读书共同构成了我国独特的耕读文化，这与我们所强调的实践和学习相统一的劳动教育是不谋而合的。

从"耕以致富，读能荣身"的朴素愿望，到"胸怀天下，振兴中华"的理想追求，耕读文化在发展中形成的开拓进取、自信达观、自强不息的精神培养了一代又一代的中华儿女。

当然，古代耕读文化传承和劳动教育也有一些消极因素，如技艺传承的封闭性、人身依附关系、有技术无科学、不利于社会流动等。但劳动教育发展历经千年，仍然有一定的合理性，我们应该取其精华，去其糟粕，认真总结我国古代非精英阶层的劳动教育实践的经验和优点，促进今天劳动教育体系的发展与完善。

第二节 大学生劳动教育的发展

"就教育史的主要侧面说来，几千年来的教育，确是剥削阶级手中的工具，而社会主义教育乃是工人阶级手中的工具"。基于对劳动价值的本体性认识，我国的劳动教育必须也必将实现常态化发展。中国共产党成立百年来，沿着新民主主义革命、社会主义革命、改革开放、社会主义现代化建设、中国特色社会主义新时代的脉络，使劳动教育生发出具有明确价值指向性的政策、理论和实践成果。基于不同阶段的历史任务，劳动教育的主要目标、关注重点和实践形式也有所不同，其中虽不乏过度化与边缘化，但整体依旧保持着绵延不绝的发展，呈现出常态化趋势。前进性与曲折性相统一是我国成立以来劳动教育发展的总基调，纵向审视中国共产党的劳动教育实践，科学梳理劳动教育的实践进程，能够为新时期推进劳动教育常态化提供足够的历史借鉴，实现劳动教育常态化在过去、现在和未来的统一。

一、新民主主义革命时期的劳动教育

劳动者的势力最为广泛，为此要到民间去，深入到农工社会中去宣传指导，从而促进革命。这是当时刊登在青年杂志《先驱》上的重要观点，由此可见，当时我党展开劳动教育的主要目的是为争取民族独立和解放，将劳动教育重点放在发动广大工农群众，提升其革命觉悟，壮大革命力量，积极促进生产，以及巩固革命政权之上。

一方面，深入工农群众，开展平民教育。中国共产党在成立初期便意识到，要成功发动国内广大无产阶级的力量，首先要唤醒民智，在增强其身份认同的基础上，进一步激发其革命意识。李大钊认为，要根据工人的生产和生活实际情况，

争取劳动的受教育机会；同时"利用乡间学校，开办农民补习班"，提高农民群众的阶级觉悟。

《中国共产党第一个决议》作为党指导工人运动的纲领性文件，其中明确指出要迅速创办工人学校，提高工人们的觉悟，让他们认识到成立工会的必要性，让这些学校逐渐成为工人政党的中心机构。自此，我党在各地创办大量诸如长辛店劳动补习学校、沪西工人半日学校等工人补习学校，此外还通过创办子弟学校、工人俱乐部、图书馆等机构，尽可能多地将工人纳入教育系统。工人子弟在学习中认识到劳动价值、团结的重要性、革命的意义，在理论和实践的双重作用下，逐步提高自身的阶级觉悟和激发革命意志。与此同时，针对农民的改造活动也铺陈开来，1921年上海共产主义小组刊发的《告中国的农民》一文中指出，中国的农民占当时人口的大多数，不管是革命预备时期还是实行时期都占有着十分重要的位置。如果他们有了阶级的觉悟，那么他们就会站起来进行阶级斗争，中国的社会革命及实现共产主义的可能性将会极大地提升。

在当时，诸如萧山衙前农民协会、赤山约农会、岳北农工会等一批新型农会组织，以及由此延伸出的农校、夜校等，在传授农业知识和技能，维护农民利益的同时，养成了革命思想，成为我党成立初期开展反封建地主政权、改造社会、维护农民阶级利益、融入农民群众工作的重要基础。

另一方面，开展劳动实践活动，维护革命政权。在苏维埃时期和抗日战争时期，为革命和抗战胜利做好足够的物质保障和人员准备成为这一时期劳动教育的主要任务。将文化教育和工农群众实际生活及革命斗争相联系，让知识和劳动联系起来，即要让文化教育实现社会化、政治化、劳动化和实际化。苏维埃时期的劳动教育强调脱离封建社会"劳心者不劳力"、与生产脱节的寄生式教育，要求学生在学习科学文化知识、革命理论的同时，将其有效运用在日常的生活实践中。红军大学和苏维埃大学的入学第一课便是师生自己动手建校舍，农忙时也组织学生参与生产活动。而在抗战时期，为了支援前线、保证大后方的稳定，中共中央提出了让青年学生进行生产劳动的教育方针，在增强青年抗战使命感的基础上，为抗战胜利提供充足的物质和精神保障。

较为突出的是延安时期的青年劳动教育，他们认真贯彻教育与生产劳动相结合的基本原则，将劳动内容划分为日常生活劳动和实际生产劳动，并结合专业知识的学习。在抗日艰难时期，延安各校开展生产自给运动，打窑洞、开荒、开办商店等各类生产实践活动如火如荼。此外，党政军民全员参与劳动和劳模运动成为当时营造积极的社会劳动氛围的重要法宝。轰轰烈烈的大生产运动配合劳模精神的传播,使当时的劳动教育在完成基础的物质生产和革命斗争的任务外,增添了具有意义的劳动精神教育。正如毛泽东所说,"延安的青年运动的方向是正确的",劳动人民在这一过程中,不但具备了熟练的生活和生产劳动能力,而且接受了一定的劳动价值观教育。

在新民主主义革命时期,我党关于劳动教育的理念、政策和实践都基于当时反帝反封建的革命任务和以农业、手工业为主的社会生产力水平而展开,因此劳动被认为是体力劳动,教育与生产劳动相结合作为当时劳动教育的基本遵循,也成为以农业生产活动和工业生产活动为主的实践性教育活动,虽然延安时期出现了劳模运动,但其为促进大生产而实行的物质奖励政策,在弘扬劳模精神的劳动价值观教育上效果有限。

二、社会主义革命和建设时期的劳动教育

1949年,《中国人民政治协商会议共同纲领》提出了国民应拥有的五项公德,"爱劳动"名列其中。中国教育家徐特立在《论国民公德》中指出,将"爱劳动"视为国民公德的重要原因是要形成平等和谐的劳动关系,培养出新时期需要的劳动态度。他还特别提出劳动教育需着力的两点,即"不劳动者不得食"和"给劳动者以劳动权"。今后,除应注意课外的劳动教育外,还必须学会在课堂教学中贯彻劳动教育,并且要善于将两者结合起来进行。

在三大改造时期,出于化解招生规模和升学需求矛盾的需要,党和国家高度重视劳动教育,多次下达专门文件规划指导劳动教育的实施。这个时期的劳动教育不单注重从价值观念上对学生进行劳动意义的引导,还针对当时生产的实际需求,有计划地进行了劳动技能教学,系统的生产劳动技术教育体系得以初步形成。不过,由于当时经济社会条件的限制,这些政策并没有获得理想的执行效果。其原因在于这些政策无法从根本上化解招生规模和升学需求的矛盾,相应的教育结束后学生还是难改返乡劳动的结局,很多学生因此辍学。

在建设时期,教育事业及其他行业的发展速度相当快,据统计,1956年小学生达6346.6万人,是1949年的2.6倍,而初中生是1949年的5.3倍,达到了438.1万人,高中生是1949年的3.8倍,达到了78.4万人,中等技术学校的学生则是1949年的7倍,也就是53.9万人;大学生达40.3万人,是1949年的3.5倍。为此,1957年毛泽东同志在《关于正确处理人民内部矛盾的问题》中明确提出,

"我们的教育方针，应该使受教育者在德育、智育、体育几方面都得到发展，成为有社会主义觉悟的有文化的劳动者"，从而确立了社会主义学校教育劳动者的教学目标。从理论上来说，毛泽东提出的教育社会主义劳动者的目标是呼应当时我国现实要求的。1957—1966年期间，从毛泽东、周恩来和刘少奇等党和国家领导人关于劳动教育的重要论断，以及后来编制的许多有关劳动教育方面的文件可知，当时的劳动教育具有以下特征。

第一，在当时那个时期，劳动教育被当作开展阶级改造、消除体力和脑力分工的政治手段，因而获得了比较多的重视。同时，劳动教育明确了党的教育方针及其政治属性，成为当时开展教育工作的重要指南。

第二，在教育经费问题方面，以劳动教育为主要解决途径，刘少奇在1957年就全国中小学学生上课困难等方面的实际情况，进行了比较广泛的调研，在调研中认识到很多家庭在支付孩子教育费等方面都出现了无力支持的局面，于是产生了发展学生课余劳动教学和推行勤工俭学的思想，并把这个思想视为"普及教育，解决学生学费的重要方法"。

1958年1月，《人民日报》发表了以《两个好榜样》为题的文章，倡导要尽可能保障学生的生活所需，节约国家开支最理想的方法就是学生通过自己的劳作解决部分生活和学习的费用，提倡勤工俭学，随后教育部副部长董纯做了教育工作报告，题为《加强思想教育、劳动教育，提出群众办学、勤俭办学》，而共青团中央也就这个问题发表了关于在学校推行勤工俭学的决议，在这样的历史背景下，劳动教育被看作建设社会主义、勤俭建国、勤俭办学的重要途径。

第三，在理论知识脱离现实问题方面，认为劳动教育是最根本的解决方法。早在1942年中共中央党校开学典礼上，毛泽东就强调世上有两种不完全的知识，一种是偏感性和局部这一方面的知识，另外一种是书本上的知识，无论哪一种知识都具有片面性，必须确保能够将两者结合起来，才会是较为完全的知识，除此之外，还强调关于真理的理论只会有一种，就是来自客观实际并且经过检验的理论。他认为，中国当前的教育教学体系非常值得质疑，从小学到大专的教育中，从来不见稷、稻、黍、粱、麦、菽，也不看见工人如何做工，商品怎样交易，农夫怎样种田。在社会上引起强烈反响，人们开始反思关于劳动教育的问题。

在毛泽东的这一思想指引下，劳动教育可以被看作一条坚持理论与实践紧密结合、用手与用脑紧密结合、生产与教学紧密结合、知识与生产紧密结合的教学路线。

三、改革开放和社会主义现代化建设新时期的劳动教育

（一）调整发展阶段

这一阶段主要是指 1978—1991 年。随着党的十一届三中全会的召开，做出改革开放这一伟大抉择，我国的经济、政治、教育、生态、社会等各个领域逐渐恢复发展，为我国教育事业的发展提供了广阔的发展前景。尤其是 20 世纪 70 年代以后，教育部为了纠正教育目标上的偏差，细化高校劳动生产的具体要求，在《关于高等学校学生参加生产劳动的若干规定》中指出，劳动教育不仅仅是培养知识分子的手段，学生参与生产劳动的目的是通过直观接触劳动，让劳动逐渐回归其育人的本质，全国各高校为此逐渐恢复正常的生产劳动教学秩序。也是在这一时期，邓小平就教育方针问题做出特别强调："现代经济和技术的迅速发展，要求教育质量和教育效率的迅速提高，要求我们在教育与生产劳动结合的内容上、方法上不断有新的发展。"

首先在教育内容的具体制定中，除了坚持将劳动课程纳入学校课程体系，部分高校还结合学校特色和学科专业开设了针对性的劳动课程。例如，南京农业大学为了凸显学科特色，将劳动分为集中农牧业劳动、公益劳动、专业劳动三大类，让学生根据兴趣和专业开展劳动实践。在课程设置上，学校领导班子和学科带头人共同制定了集中农牧业劳动Ⅰ、集中农牧业劳动Ⅱ、农事操作Ⅰ、农事操作Ⅱ四门必修课，在具体课程教学中融入劳动教育实践。

其次是劳动教育方式，这一时期在继承勤工俭学、生产劳动实习等以往劳动教育形式的基础上，教育部和中央宣传部明确要求各高校要结合本校办学特色选择性开展工农业劳动、公益劳动、生产性劳动、实习训练等。其中《关于高等学校学生参加生产劳动的若干规定》一文对此做出了相关说明，工科和农科类学校由于专业的实践比重较大，应结合教学改革联合校外工矿工厂、农场建立学校专用的劳动实践教育基地。为了防止实习流于形式化，部分院校直接在其教学计划中确定了劳动生产的开展时间、具体要求。并且为了体现因地制宜的办学特色，部分院校针对不同学制和不同学科对劳动实习时长做出了相关规定，充分体现出这一时期我国对劳动教育目标的认识逐渐清晰起来，同时劳动教育的实施进程也日渐规范起来。

总的来说，调整发展阶段的大学生劳动教育在各方面取得了一定的成效，逐渐回归正轨，呈现出了符合时代发展的新特点，主要表现在：一是在总结以往劳动教育发展经验和教训的基础上，正确处理了大学生理论学习和社会实践之间的

关系，着力解决传统劳动教育内容中体力劳动过多的问题，强调了理论知识和科学研究的重要性，强化了劳动教育与思想政治教育之间的联系；二是结合改革开放的时代背景，遵循学科专业特色及学生身心发展规律在新的历史时期实现了大学生劳动教育的接续发展。

（二）实践融合阶段

这一阶段主要是指 1992—2012 年。在此阶段，我国社会主义市场经济体制逐步确立，科教兴国、人才强国战略也相继被提出并得到实施，为我国高等教育体制改革营造了良好的国内政治环境。党中央逐渐认识到国运兴衰系之于教育，于是颁布了《关于深化教育改革全面推进素质教育的决定》，在素质教育要求下注重学生主体性及主动性的开发，其目的在于培养高素质人才并对其委以振兴中华的时代重任。面对知识经济下人才紧缺的困境，唯有不断改革教育体制、调整教育内容、重建人才培养结构才能突破。各级各类学校要挣脱应试教育的束缚，以知行合一、劳教结合的理念指导开展各项教育工作，以素质教育改变教学秩序和基本规范，培养学生的主体意识，激发学生的个性潜能。

这一时期的劳动教育呈现出了以下 4 个显著特点。

一是将科研有机统一于实践中。实践作为检验真理、认识发展的根本动力，是这个完整教育链条中的核心环节，生产劳动在这个时期被包含进了社会实践中。1994 年，教委通过了《关于加强普通高等学校教学工作的意见》，指出生产实习和劳动实训的提出不是毫无根据的，而是经过实践反复检验、最符合我国高校教育现状和教育发展规律的必要举措，更是各个维度全面发展的重要补充，作为劳动育人的有效载体极大地凸显了其育人价值。

二是开展社会实践离不开思想政治教育的指导。尤其是生产劳动在社会实践中所占的比重越来越高，社会实践活动需要正确价值观的指导和规范。这就意味着大学生在社会实践中锻炼劳动技能的同时，思想政治教育对学生全面发展的综合素质提出了更高的要求，以思想政治教育、意识形态教育引导学生参与社会实践成为这一时期的教育特色。

三是高校劳动教育指导社会实践逐步制度化、规范化。由于国内高校将劳动教育列入教学计划、纳入课程体系的时间并不统一，20 世纪 90 年代以后，教育部为了进一步规范对社会实践活动的指导，要求各高校重视社会实践活动，将其列入教学计划及具体课程设置中，于是这一安排以国家意志的形式落实。

四是生产性劳动不再作为社会实践的显性内容直接出现。无论是在劳动教育探索时期还是调整时期，生产性劳动作为高校劳动教育课程中的一个重要组成部分，是大学生参与、接触劳动实践最直接的方式。但是随着 21 世纪的到来，教育体制改革带来的是对人素质要求的变化，综合素质和创新精神成为素质教育的核心考查内容。于是这一时期实验、实习、社会调查等实践教学环节的比重大大增加。

综上所述，大学生劳动教育的实践融合阶段在实质上更加反映我国的教育目标，在方式上更强调实践育人。单从劳动实践来看，开展校内外劳动实践显得尤为必要，这对大学生提前接触社会，培养劳动习惯和劳动精神无疑是有利的。但是就各校劳动实效性来看，劳动实践锻炼极易流于形式化而违背全面育人的初衷。加之这一时期经济发展迅速，人民的生活水平越来越高，随之而来的是劳动观念的淡化，劳动价值观的扭曲，这直接致使学校教育体系中的劳动教育日益边缘化。

四、中国特色社会主义新时代以来对劳动教育的创新发展

伴随新一轮的科技革命和社会主义现代化建设的进一步推进，打造一个劳动友好、劳动者友好型社会的诉求愈发强烈。党的十八大以来，以习近平同志为核心的党中央以史为鉴，在"尊重劳动、尊重知识、尊重人才、尊重创造"的基本方针指引下逐步形成劳动价值观、劳动实践观、劳动发展观、劳动教育观有机统一的新时代中国特色社会主义劳动思想。作为落脚点的劳动教育也因此成为大众关注的重中之重。进入新时代的劳动教育正在探索一条推进政治、经济、教育相互促进，满足社会和个体共同发展的道路，这是对马克思、恩格斯劳动观的中国化探索，也是实现社会主义现代化的必由之路。如何在有效处理众多矛盾中实现劳动教育的常态化、发挥劳动教育的本真价值，将是新时代开展劳动教育的关键点。

首先是积累缓冲阶段，通过强调劳动教育某一方面的重要性和提出改进建议，推进劳动教育的重点和改革方向。2014 年，习近平总书记在乌鲁木齐接见劳动模范和先进工作者、先进人物代表时提出："要通过各种措施和方式，教育引导广大青少年牢固树立热爱劳动的思想、牢固养成热爱劳动的习惯，为祖国发展培养一代又一代勤于劳动、善于劳动的高素质劳动者。"明确提出青年一代开展劳动教育的必要性及劳动教育的培养重点。

2015 年 8 月，教育部联合共青团中央、全国少工委印发了《关于加强中小学校劳动教育的意见》，针对劳动教育在学校、家庭和社会中被淡化、软化、弱化的现象，简要地对中小学劳动教育的主要目标、基本原则、关键环节和保障机

制进行了规定。2017年，国务院先后印发的《国家教育事业发展"十三五"规划》《关于深化产教融合的若干意见》初步给出了学校开展劳动教育实践的意见和建议。

接下来是系统建设阶段，在完整覆盖各个学段的基础上，构建一个系统、全面的劳动教育体系。一方面，将劳动教育纳入全面培养的教育体系之中，强调劳动的综合育人功能。2018年，习近平总书记在全国教育大会上提出"要努力构建德智体美劳全面培养的教育体系……在学生中弘扬劳动精神，教育引导学生崇尚劳动、尊重劳动，懂得劳动最光荣、劳动最崇高、劳动最伟大、劳动最美丽的道理，长大后能够辛勤劳动、诚实劳动、创造性劳动。"劳动教育在回归全面发展的教育体系的同时，明确了其主要内容与根本目标。

2020年3月，中共中央、国务院印发《关于全面加强新时代大中小学劳动教育的意见》，开启了对具有中国特色的劳动教育模式的积极探索和全面部署。同年7月，教育部印发《大中小学劳动教育指导纲要（试行）》，对劳动教育的总体目标、主要内容、学段要求、实施途径、关键环节、监测评价做出具体规定。两个文件分别为新时期如何加强劳动教育提供了"设计稿"和"施工图"。

2021年4月《中华人民共和国教育法》第五条修订为："教育必须为社会主义现代化建设服务、为人民服务，必须与生产劳动和社会实践相结合，培养德智体美劳全面发展的社会主义建设者和接班人。"劳动教育正式作为法律条文被纳入社会主义建设者和接班人的培养要求中。另一方面，要求构建完善的劳动教育实施体系。

进入新时期的大学生劳动教育得到了前所未有的关注，2018年9月，教育部印发《关于加快建设高水平本科教育全面提高人才培养能力的意见》，要求"在学生中弘扬劳动精神，教育引导学生崇尚劳动、尊重劳动"，随后出台的《关于全面加强新时代大中小学劳动教育的意见》和《大中小学劳动教育指导纲要（试行）》则更全面地对大学生劳动教育的总体目标、主要内容、实践途径做出了纲领性指示，强调大学生劳动教育要与专业教育、创新创业紧密相连，通过将劳动科学知识与专业知识融入各类实践活动中，不断提升大学生的创造性劳动能力，培养其合法劳动的意识。

第三章 大学生劳动教育的现状

高校是大学生人才培养的主阵地，经过长期发展，大学生劳动教育取得了一定的成效，但同时也存在一定的问题。本章分为大学生劳动教育的积极成效、大学生劳动教育的现存问题两部分。

第一节 大学生劳动教育的积极成效

一、党和国家高度重视

我国一直坚持教育与生产劳动相结合的原则，充分重视以劳动教育提升学生的劳动实践能力和提高学生的思想道德修养，在我国社会主义革命、建设、改革的过程中，就学校劳动教育出台过多个文件，做出过多次指示。1957年，《关于加强中学思想政治教育的几个问题的通知》中明确指出"劳动教育作为共产主义道德教育的重要内容不可忽视"，指明了劳动教育的重要地位。1978年，《全日制十年制中小学教学计划试行草案》及之后的很多文件中都明确提出学校要加强劳动教育，并进一步对学校劳动教育做出了实施规划。进入新时代，党和国家进一步提高了对劳动教育的重视程度，习近平总书记在多个场合发表了关于劳动教育的系列讲话。2015年8月，教育部发布《关于加强中小学劳动教育的意见》，该文件具体阐述了学校劳动教育的主要目标、基本原则、关键环节。2015年12月，全国人大常委会对《中华人民共和国高等教育法》进行了修订，第四条中新增了"社会实践"与"为人民服务"等内容，充分发挥了对高校教育制度的引领作用，从法律角度彰显了劳动教育的重要性。2020年3月，中共中央、国务院发布《关于全面加强新时代大中小学劳动教育的意见》，对新时代加强劳动教育的重要意义和指导思想进行了具体规定，针对高校的课程设置、教师队伍建设、教学评价等提出了具体要求。这一系列教育文件的制定和颁布为高校开展与加强大学生劳动教育提供了强大的政治保障。

二、课程建设质量提升

在新时代条件背景下，劳动教育课程的实施取得了一定的成效。

（一）课程实施过程中的新变化

从育人理念、课程设置、教学环境、教学师资等方面论述新时代劳动课程实施过程中的新变化。劳动课程在育人理念上更加重视学生劳动素养的培养，在课程设置上更加重视知识与技能的结合，在教学环境上更加重视营造良好的劳动环境，在教学师资上更加重视教师的综合素质。

①育人理念——更加重视学生劳动素养的培养。大学将劳动课程纳入本科人才培养方案，以必修的形式安排学时，从形式上确定了劳动课程的重要性，更加注重学生的劳动素养教育，所谓劳动素养指的是大学生在高校劳动教育过程中形成的劳动意识、劳动知识、劳动能力、劳动习惯与品质、劳动精神的有机统一。为了提升学生的劳动素养，除了努力完善劳动课程体系，还采用多种具体形式对学生进行劳动素养的培养，具体表现为：融入专业课程，挖掘劳动教育元素，增加实习环节，构建劳动教育体系，在学生实习的过程中，融入劳动教育元素，对他们遇到的问题进行有效指导，并且在实习结束后形成实习工作日志。对接创新创业教育，学校可以举办创新创业大赛，提供创业实践基地和技术指导，让学生在创新创业的过程中运用自己的智慧研发具有实用价值的文化创意产品，形成良好的劳动氛围。组织劳动实践活动，锻炼学生劳动意志，将劳动教育贯穿于学习、生活和工作实习当中，使学生全方位的提升专业素养，为顺利就业保驾护航。通过以上具体劳动教育的形式，可以看出新时代高校在劳动育人理念上出现了新的变化，全方位挖掘劳动要素，对学生进行思想理念上的培养。

②课程设置——更加重视知识与技能的结合。劳动教育的有效落实必须依托于一套成熟的课程，该课程包括显性课程和隐性课程两种类型。显性课程指具有专业性、连贯性，看得见的劳动课；隐性课程指通过其他方式进行劳动教育的形式。新时代对人才的要求更高，既要具备专业的劳动知识，又要高超的劳动技能。为了提高学生的劳动知识技能，形成了显性课程与隐性课程相结合的劳动课程体系。显性课程具体包括劳动必修课、劳动教育专题讲座"劳动周"等。这些课程从理论和实际出发，对大学生进行理论上的劳动教育，有助于他们树立正确的劳动价值观和丰富劳动理论知识，提高他们的专业技术知识水平。而隐性课程主要通过校内外活动进行，如宿舍风采大赛、公益活动、"学习雷锋、劳动奉献"主题党日活动、暑期三下乡等，旨在帮助学生提高劳动意识和劳动创新能力与实践技能。

这样的课程设置，一方面对劳动教育特征进行了准确把握，另一方面科学、合理地利用了大学校园的优势与特点，将二者的独特性有效发挥，使学生的理论素养和专业技能都得到了有效提升，这是重视学生劳动知识与劳动技能的重要表现。

③教学环境——更加重视营造良好的劳动环境。强调劳动课上努力劳动，劳动课后热爱劳动的教学理念。根据学校自身的劳动环境，教学形式分为两种，一是参加学校统一安排的劳动必修课，二是学生自由申请参加大学生劳动公益岗换取学分。劳动必修课为学生规划了劳动实践的场所，如学校的草坪、小树林等，不但可以让学生参与到校园环境建设当中，而且可以引导学生学习劳动技能和劳动知识。在平时生活中，为了给学生营造充满劳动氛围的环境，学校不再安排宿舍公共区域清洁人员，食堂自行收拾餐具，以及安排学生在食堂门口处进行值日，这些劳动环境的构成，在一定程度上减轻了学校在清洁费用方面的负担，而且有利于学生形成良好的劳动习惯。而大学生劳动公益岗是根据时代发展和学校特色开设的第二课堂，统筹学校各个职能部门，给学生提供了锻炼的平台，更加有利于学生个人的全面发展。两种教学环境各有优势，都是学校为了构建良好劳动氛围努力的结果，使学生能够在这样的教学环境中提升劳动素质与技能。

④教学师资——更加重视教师队伍的素质。新时代劳动教育的常态化、高质量发展迫切需要一支高素质、专业化、创新型的劳动教育师资队伍。为了使学校的劳动教育课顺利实施，更加注重劳动课教师专业素养的培养，不定时地对他们进行思想上的培养，使他们明确自身的角色定位。在开设劳动课程前期，组织劳动教育培训会、劳动技能评比活动等以提高教师的劳动素养。此外，还要求教师在授课过程中能够积极加强自身的劳动实践，做一个劳动榜样。积极参与学生劳动实践的全过程，关注学生个人的全面发展，做一个劳动教育实践的促进者。当学生在劳动实践过程中遇到难题时，能够及时地给予学生指导性的建议，做一个劳动技术操作的指导者。最后，能够为学生的劳动表现提供及时而正确的反馈，鼓励、指导、支持学生继续劳动学习。简而言之，根据新时代劳动教育发展对教师的要求，更加重视劳动教育教师队伍素质方面的培养。只有通过知行合一、身心结合的创新劳动实践，才能丰富劳动知识，树立正确的劳动价值观，养成正确的劳动习惯，提高劳动素质和培养劳动精神。而前提是必须要有一支专业化、能力强、高素质的劳动教育师资队伍。

（二）劳动教育课程内容丰富

劳动教育课程内容的选择要依托于专业来开展，将劳动教育课程化，教育能够更好地融入现有的课程教学当中。对高等院校而言，可以结合创新创业、实习实训、专业服务、社会实践、勤工助学等多种途径。所以，课程内容的设置要与专业相结合，与时代相统一。

①课程内容与专业相结合。高等教育强调专业化、精细化，高等院校是研究高深知识的学府，其知识内涵与研究底蕴，决定了劳动教育必须与其专业培养方向相一致。随着社会分工的进一步细化，专业与专业之间的划分也更加明显。"隔行如隔山"，专业与专业之间的跨度较大，需要具备较强的专业实际操作能力，才能够进行下一步工作，这决定了高校劳动教育的课程内容在设置时要遵循专业特色，做到学有所用。《关于全面加强新时代大中小学劳动教育的意见》也明确指出普通高等院校要明确劳动教育主要依托课程，除了劳动必修课，其他课程要结合学科、专业特点。劳动教育既是一种通识教育，重在提高学生的劳动素养，也是一种专业教育，重在提高学生的社会适应能力，这是由劳动教育所具有的切合社会需求、培养职业技能和谋生技能的特点所决定的。课程内容的专业倾向性可以帮助学生发挥专业的优势，提高专业实践能力，同时有效提高时间的利用率。为此，学校可以通过设置一般性的劳动教育活动，如社会实践、实习和公益活动等，提高学生的劳动能力。其次，学校可以开设专业顶岗实习、创新创业、科教融合等项目，增强专业与职业的匹配度。

②课程内容与时代相统一。劳动是"上手"的教育，其发展不仅要依靠工具，还要创新工具。在劳动发展过程中，人类的工具已经由简单的锄头、镰刀等日常生活工具到机床、无线电等工业生产工具，再到编程、智能化等现代电子学工具。劳动教育的发展与工具的更新保持着密切的联系，可谓劳动塑造了工具，而工具改变了劳动。因此，劳动教育的内容要与时代保持一致，因时、因地改变劳动所使用的工具。《关于全面加强新时代大中小学劳动教育的意见》中指出，劳动教育要体现时代特征，要紧随时代发展的步伐，从"新"出发，提出高等院校要注重围绕创新创业，要密切关注科技的发展和产业的变革，要关注劳动新形态，注重新技术、新知识、新工艺、新方法。例如，人工智能时代技术的革新推动教育领域的革新，我国掀起了"人工智能+教育"的改革，从小学到大学开设人工智能相关的专业课程，实现人工智能与教育的双向赋能。教育的初衷不仅仅是使人适应当下社会的发展，还希望能够推动社会的发展。因此，这种创新性的劳动项目，让学生掌握先进的生产工具是劳动教育应有之题。

③课程内容与实际相匹配。劳动教育是扎根教育，是为学生打基础的教育。所以，劳动教育课程内容的设计就必须要符合实际。首先，劳动教育要符合生活

实际，让学生能够在日常生活中养成良好的劳动习惯，拥有自理能力，如洗衣、做饭、整理房间等。在学校里，劳动习惯体现在学生对寝室卫生和校园环境的维护和保持上。其次，劳动教育要符合学校实际，学校劳动教育的开展所选择的劳动课程内容要基于学校的条件和特色。大学要重视服务性劳动，如让学生参与教室、食堂、校园的卫生保洁、绿化美化和管理服务等。这些都是校园内部的劳动服务活动。最后，劳动教育要符合社会实际，这体现了劳动教育的思想政治功能，即社会需要会劳动、懂奉献、具有强烈的爱国精神的接班人。不管是西部大开发还是乡镇一体化，国家都需要大量的基层工作人员，所以劳动教育就可以结合"三支一扶""大学生志愿服务西部计划""青年红色筑梦之旅""三下乡"等社会实践活动，让青年人响应号召，体验基层工作，增强志愿劳动服务的意识，为未来打强心针。

（三）多元化的劳动教育课程实践形式

实现劳动教育不仅需要劳动课程理论教学，还需要社会实践活动。大学的人才培养方式本来就具有多样化特征，在开设专门的劳动教育课程之前，学校有大学生社会实践与社会调查课程。通过学生暑期"三下乡"、"彩虹桥"等活动，学生的社会实践能力和劳动素养得到了提升。基于此，开设的专门劳动教育课程既是对社会实践课程的补充，又为劳动课的实施提供了基础和先决条件。

多样化的劳动教育实践形式更加有助于学生个人能力的发展和对自我价值的认可。大学人才培养与社会服务相结合，实现了理论与实践的双向融合，丰富了学生对社会的整体认知，让他们在社会服务的过程中形成正确的价值观。以自身的实际行动帮助有需要的人，在帮助他人的同时，自己也获得了成长，有助于学生的全面发展，这也是劳动教育的目标之一。而劳动实践形式的丰富和发展，也为专门的劳动课程奠定了坚实的基础，尤其在实践以后能够加深学生对劳动的认识，为后续讲授劳动理论提供了依据。

（四）符合本校特色且有创新性的劳动教育课程

结合新时代的发展和社会的用人要求，引导学生树立心怀感恩、自立自强、服务社会的思想，增强他们奉献、感恩、诚实的意识，提高他们的工作能力和竞争能力，为以后的就业打下坚实的基础。结合劳动课程，学校设置了大学生公益劳动岗位，该岗位的设置补充了劳动课程单一性的不足和具有一定的时代特征性及创新性，并且学生在工作过程中能够得到相关岗位教师的具体指导，及时发现自己的不足，真正学到职场所需的技能和提升人际交往能力。

学生能从大学生公益岗学到课堂上学不到的知识与技能，这成为该课程存在价值的重要体现。总而言之，大学生公益岗作为劳动课的另一种形式，既结合了时代和社会用人的要求，又创新了劳动教育的形式。从学生和社会需要的角度出发对课程进行创新和发展，是当前新时代劳动课程建设的正面案例，也是促进学生全面发展的主要途径。虽然这种形式与职场还有较大的差别，但是相对简单的劳动教育课程，学生不仅能对劳动产生新的认识，而且能真正学到实用的技能，更有针对性和劳动意义。

（五）重视课程评价的过程

要补齐劳动教育的短板，就要保证劳动教育有自身的考核评价标准。而《关于全面加强新时代大中小学劳动教育的意见》的颁布意味着劳动教育有了实施的"硬指标"，劳动教育课程实施评价重在考查学生的劳动素养和学校的劳动质量，从而避免形式化。

①强调劳动素养的达成。劳动素养是基于学生的考察标准，并且劳动素养不同于单一的知识素养，其强调的是学生劳动知识、劳动技能、劳动观等多维度的发展。《关于全面加强新时代大中小学劳动教育的意见》中指出，要完善劳动素养评价制度，要把对劳动素养的考察落到实处，就要制定具体的评价标准，把激励机制纳入其中。同时，开展劳动教育重在过程，对效果的评价要尊重劳动的特性，以过程性评价为主，辅之以结果性评价，通过线上和线下等多平台记录。首先，要对学生平时的表现进行实时记录，这有利于随时查看学生劳动素养形成的进度，选择有代表性的写实记录，将其纳入综合素质档案，通过评价促进学生发展。其次，要在学段进行综合评价。阶段性评价是把握整体劳动素养的达成情况，如劳动观念、劳动能力、劳动精神、劳动习惯和品质等，结合评优、评奖和高一阶段升学考察，激励学生积极参与劳动教育，将"可选"变成"必选之项"。最后，对劳动教育素养要强调多主体、立体式评价。家长、学校、社会作为三大主题，要就劳动教育的不同方面给予客观、真实的评价，以确保劳动教育的实施是多方面的。

②重视劳动质量的达标。劳动质量检测是基于学校这个单位所采取的评价手段。劳动教育开展得好坏，虽然最重要的考核对象作用的对象就是学生，但是学校作为另一方的实施对象，也决定了劳动教育能否得以实施、如何实施，以及实施的结果。所以学校也必须纳入劳动教育质量考察的对象。高等学校的劳动教育质量评估可以一同纳入本科学校教学质量评估，设置科学、合理的指标，注重量

化和质性相结合。首先,要对学校的硬件实施和场所进行考察。学校是否有劳动教育的场地、相应的设施设备,是否有条件实施劳动教育。其次,要重点考察学校的软性条件,如学校劳动教育的师资、学校劳动教育合作的企业和社会团体、学校劳动教育宣传的氛围等条件。这些条件关系到劳动教育实施得好坏,因此应放在重中之重。最后,要对学校学生的劳动素养进行整体评估,对学生的劳动素养进行检测,可以形成正向的反馈,引导学校进行进一步的改进。

三、实践体系不断发展

大学生劳动教育实践体系的建立离不开实践基地这一重要载体。2020年7月,教育部在印发的《大中小学劳动教育指导纲要(试行)》中就明确规定要设置、完善相关实践基地,校外与青少年相关的实践基地需采取对外开放的机制。此后,在文件精神的指导下,我国有多个省市先后挂牌成立了劳动教育实践机构,在这些机构的现阶段运营中更多的是对大学生实践性和机构的可操作性方面的重视。这些机构在成立方式上主要分为学校独立成立、多所院校合办成立与依托第三方社会力量组建校企合作供高校学生在完整的课程和完善的场所支持下使用。此外,一些高校整合资源,建立了诸多分层分级的劳动教育联盟,通过联盟的形式共建、共享实践基地。政府在大学生劳动教育实践基地的顺利建设中发挥了重要作用。高校为促进大学生综合素质的提高,加强劳动教育,培养其成为德智体美劳全面发展的人,开展了系列劳动实践活动,为学生搭建了实践锻炼的平台。

劳动教育对促进大学生人格健全有着重要作用,与其他教育一样,其教育属性孕育其中。大学生面临着毕业,而校园生活与社会生活截然不同,在面对现实的社会与职业需求时,大学生要尽快转变与适应,这就要求劳动教育要有一定的社会性与有用性来帮助大学生适应现实状况,摆脱传统观念上的劳动教育,如清扫校园、宿舍等,寻求劳动教育新方法、新途径。高校开展劳动教育实践活动已经不局限于清扫校园、宿舍,多种方式与途径正在积极开展。高校正在结合自身特点在劳动教育内容与方式上努力挖掘与创新,通过结合社会资源补齐短板,构建起具有自身特色的劳动教育人才培养体系。

劳动教育最突出的特点在于它具有实践性,这种特性也代表着在劳动教育中,必须以实际行动对受教育者进行引导,让劳动教育在实践中真正发挥作用。长期以来,高校作为大学生接受劳动教育的主要场所,一直将单一体力劳动作为劳动教育的唯一形式,但事实上,劳动教育绝非单纯地让学生"做体力活",借助多种教育手段,帮助大学生形成良好的劳动观念是劳动教育更深层的目的。因此,高校应摆脱单一的劳动教育方式，积极探索劳动教育新方法，通过多种有效的、具有针对性的方法帮助大学生树立劳动意识。

劳动教育不仅仅是在课堂上学习理论知识，更需要通过劳动实践来强化理论认知，从而提升劳动技能，让大学生在参与劳动的过程中体会劳动的辛苦，从而形成良好的劳动品质。目前，高校开展劳动教育的形式较为丰富，包括专业课、思政课、实习实训、志愿服务及社会实践等，劳动教育渗透到高校教学的方方面面。高校大学生劳动教育丰富的开展形式为接下来加强对大学生的劳动教育进行了有益探寻。另外，目前多数高校未开设劳动教育理论课程，劳动教育多是通过专业课、思政课、实践活动来进行的，其中主题教育的开展为高校劳动教育的主要途径。各高校劳动教育相关主题活动的形式呈现多样化，其中班团会、社团活动、创新创业大赛等发挥了重要作用。

四、评估机制逐渐完善

教学评价具有诊断、导向、服务、调控等功能，教学评价是教学过程中的重要内容。科学、合理的教学评价对教学具有积极的作用，可以激励和鞭策学生，反之，则会打击学生的积极性，影响教学效果。

教育评价具有检验功能、监测功能、鞭策功能和改进功能。劳动教育中的评价环节从侧面体现出了高校开展劳动教育的基本思路和对劳动教育的重视程度。新时期各高校在进行劳动教育的同时也开始重视教育中的评价环节，相继建立了一套相对完善的劳动教育评价体系。在高中与大学阶段进行志愿活动的星级认定评选活动，将评选结果作为其毕业依据之一，把各学段对劳动教育结果的评价与学生的升学、就业相挂钩。此外，各省市自治区针对本地具体情况，为使高校有计划、有组织、常态化、规范化地开展劳动教育评价出台了一系列指导意见。其次，开展劳动教育监测和评价。在各级文件的指导要求下，高校内部按照其精神制定了详细、可操作的实施文件。有的高校在开展劳动教育过程中通过监测与现场记录评价，在学生的综合素质评价体系中加入了劳动教育的相关指标，并通过对劳动素养进行量化使之成为评价学生全面发展程度的重要依据之一，在对量化后的结果进行公示、审核后，将其作为学生评优评先的重要参考。有的高校则确立了知行合一、专业成长、多元融合的评价原则和与劳动教育相关的五项维度的评价内容；结合学生在劳动理论和劳动实践过程中的具体表现，对学生的劳动教育做出全面、系统的综合性评价。

五、方式方法不断创新

为深入贯彻习近平总书记关于教育的重要论述,全面贯彻党的教育方针,提高劳动教育的实效性,绝大多数高校已经认识到劳动教育方式创新的重要性,并在实践探索中取得了一定的成效。

(一)强化了劳动教育方式创新的理论认识

正确的认识是实践的思想向导,影响着实践的效果和方向。长期以来,党中央重视劳动教育,指明劳动教育直接决定了我国时代新人的劳动精神面貌、价值取向、技能水平,倡导高校要提高劳动教育效果,积极探索契合时代发展的劳动教育方式。在新时代,劳动教育显示出新形态,劳动形态也具有新特征,这就要求高校要认识到创新劳动教育方式的重要性。

目前,高校已经深刻认识到劳动教育方式创新的重要作用,各高校在劳动教育实践中都有明显的体现。国内大部分高校已独立开设了劳动教育课程,规定了劳动教育课程的地位,重视劳动教育方式的创新。此外,对劳动教育课程进行的整体设计,体现出劳动教育课程的新时代特点,注重在课程中融入学科专业知识,利用校园文化和校内外活动开展劳动教育。

(二)展开了劳动教育方式创新的实践探索

高校在实践中积极探索劳动教育方式,倡导劳动教育做细、做实,注重体制机制建设,力求将劳动教育方式制度化和规范化。高校重视教育方式的创新,并在实践中取得了不错的成效,优化了劳动教育方式创新的体制机制。高校积极响应国家号召,扎实学习党中央有关劳动教育的重要论述,努力落实党中央有关劳动教育的实施要求,开设劳动教育课程,并将其和专业相结合,融入校园文化。除此之外,高校还设立了劳动教育方式创新的支撑保障机制,如组织保障、师资保障、实践场所、经费保障、科学研究等,完善了劳动教育的督导评价机制,加强了对劳动教育素养的评价,设立了劳动教育督导考评机制,整体上使劳动教育方式创新的体制、机制越来越完善。

近年来,高校大力构建劳动教育方式体系,秉承"五育并举"的育人目标,坚持"全面发展"的育人路线,着力创新劳动教育方式,建立并健全学校、社会、家庭等参与的多元劳动教育方式,极大地丰富了劳动教育方式创新的实践路径和方向。在网络时代,大学生的思想行为特征发生了根本性的变化,高校注重劳动教育实践的广度和深度,积极推广学校、家庭和社会广泛参与的多元实践方式,劳动实践正在从重复性劳动向创造性劳动转变,从依附性劳动向自主性劳动转变,呈现出智能化趋势。在家庭方面,一些高校要求学生完成刷碗、洗衣、扫地、整理房间、公益劳动、志愿服务、学工学农等"劳动家庭作业",这份特殊的"暑期作业"正成为越来越多学校暑假的标配。在学校方面,高校会在校园文化中嵌入劳动教育元素,举办劳模大讲堂、大国工匠进校园、优秀毕业生报告会等活动。

(三)取得了劳动教育方式创新的初步成效

高校致力于的劳动教育方式创新已取得明显成效:高校劳动教育方式创新观念有所增强,劳动教育方式创新实践环境明显改善,大学生劳动热情显著提高。一是高校劳动教育方式创新观念的增强。劳动教育方式影响着劳动教育的效果,党中央在《关于全面加强新时代大中小学劳动教育的意见》中已强调要创新劳动教育新模式,高校认真学习并落实党中央关于劳动教育方式创新的新要求,积极地做出了创新实践,在教育方法、教育形式、实践途径上都有新的革新和突破。二是通过校内外活动实现劳动教育教学和实践。高校充分结合学校的实际情况,设计了一些校内劳动实践活动,如结合内勤部门,协助内勤专业人员维修管道、洗衣机等活动。高校积极与社会企业和社区合作,组织志愿和暑假实习活动,大大丰富了劳动教育方式。三是将劳动教育融入校园文化。高校在校园中积极宣扬劳动文化,大力营造劳动氛围,提高学生的劳动热情。部分高校独立设置了劳动教育课程,保证劳动教育理论课程发挥其积极作用。积极融入学科专业教学,拓宽了劳动教育的实践渠道。高校还积极地对大学生开设了劳动教育通识课,收到了满意的效果。劳动教育课程深化了学生对马克思主义劳动观的认识,激发了学生的劳动热情,使他们收获颇丰。

六、大学生对劳动教育的认知

新时代大学生劳动教育的开展在整体上卓有成效,高校对大学生劳动教育保持肯定态度,并坚信越来越好,大学生对劳动的认知日趋理性,劳动习惯日渐养成,劳动情感日益激发。

①劳动认知日趋清晰。新时代大学生对劳动教育的认知愈发清晰、理性。一是体现在对"劳动"的概念性认知,大学生理解"劳动"这一概念,对劳动有着较为清晰的认知。高等教育是面向职业的教育,专业课学习是即将走上工作岗位的劳动者对专业知识的积累和专业技能的锻炼,对大学生从学校迈向社会发挥着桥梁作用,本质上是在学习如何劳动。思政课作为每个高校的公共必修课程,在

《马克思主义基本原理概论》和《思想道德修养与法律基础》等课程里面涉及劳动及劳动价值取向的相关内容，通过思政课及专业课教师的讲解与引导，大学生在日常学习和生活中参加的各类劳动实践活动，使他们对劳动的本质及作用形成了相对正确的认知，在此基础上他们能够认识到劳动是创造物质财富和精神财富的源泉，无高低贵贱之分。目前，高校所开展的劳动教育让大学生对劳动有较为正确的认识。二是在劳动意愿上，大多数大学生热爱劳动，生活能力较强，他们对劳动是保持积极态度的，是愿意参与劳动的。三是从劳动教育来看，大部分家长是支持大学生进行劳动教育的。大学生对学校组织其参加义务劳动持认同态度，认为有利于提升个人素质。这也说明劳动教育愈发受到重视，大学生对劳动的认知越发清晰。

②劳动习惯日渐养成。高校对大学生劳动教育日渐重视。大学生的劳动教育影响因素主要集中在家庭教育上，但学校愈发重视对大学生劳动习惯的培养。一是表现在高校劳动教育上，大学生劳动教育在整体上是良性发展的。高校每学年会安排劳动周或3天以上的劳动任务，在校期间大学生非常愿意参加劳动实践活动，并且认为劳动实践活动能充分锻炼自己。二是表现在日常劳动习惯上，对于大学的寝室卫生，大学生应该自愿打扫，寒暑假期间会主动帮助父母做家务，在校期间，从事日常活动的频率基本上能达到一周一次，对自己的劳动能力比较认可。大学生做的劳动活动排在前三位的是叠被子整理床铺、打扫房间卫生和洗衣服，集中在大学生的生活劳动上，对基本生活劳动能够基本掌握，整体上大学生的劳动习惯日渐养成。三是在劳动时长上，大学生参加社会实践或公益性服务活动、做家教等兼职、参加集体劳动或义务劳动、顶岗实习或见习、帮助家庭开展服务活动。

③劳动情感日益激发。新时代大学生对劳动的认识愈发清晰，劳动热情更加浓厚。一是在劳动作用认知上，更多的大学生认为劳动能让自己实现自我价值，为社会创造价值，做出贡献，能致富带来物质享受，带来快乐。大学生认为当今社会人们对劳动的主流认知集中在"劳动最崇高、劳动最光荣"；认为劳动教育在大学生教育中起到助于良好生活习惯的养成，助于吃苦耐劳精神的培养，助于生活能力的提升，助于正确人生观、价值观的形成，助于意志品质的锻炼，助于人民情怀的培养作用。二是在劳动技能的培训与劳动精神的涵养上，大学生认为需要劳动技能的培训，清楚理解劳模精神、劳动精神、工匠精神，对劳动技能的需求提升，劳动情感日益激发。

④劳动精神理论认知方面，大学生对劳动精神的理解情况较好，劳动精神作

为精神家园中所坚定、坚持、坚守的价值理想、信仰选择、精神基质及中华民族精神谱系的具体表现形态，被广大青年学生所知晓。高校大学生对劳动精神具体内容的了解程度较高，对劳动精神全面、系统、深刻理解的总体情况较好，这也为我们以往以增强理论的说服力和解释力来促进广大青年学生的情感认同的、系统的劳动精神认知传导教育提供了实证数据的支撑；在情感认同方面，大学生对劳动精神普遍认可和接受，由于大学生的情绪发展更加稳定和理性，因此更容易对劳动精神产生情感共鸣，经过几年的大力培育和弘扬，在大学生群体中，对劳动精神的情感认同呈主流态势，大学生对养成劳动精神有着共同的期待和感召；在行为践行方面，大学生表现出内在主动的践行意愿，对劳动精神的知晓理解、情感认同、自觉践行呈现环环相扣、递进式的发展态势，只有抓好增进大学生行为认同这一着力点，才能使大学生愿意并通过行为践行劳动精神。绝大多数大学生愿意把劳动精神作为自身行动准则，落实到实际行动中，以实践认同、践行劳动精神。此外，心理学态度改变的研究表明，当个体做出了与内心态度不一致的行为时，如果没有其他附加的理由可以解释这一行为，那么个体只能通过改变原有的态度来减少自己的不协调感，这深刻揭示了即使部分学生的"短板"在于行为认同，随着个体行为社会化的历程，其对劳动精神培育和践行的立场和态度也会与他人或团体趋于一致，做到知行合一。

第二节 大学生劳动教育的现存问题

一、高校教育方面

从高校教育方面来看，主要是因为高校教育理念中对劳动教育的忽视、劳动教育教学体系的不完善，以及劳动教育保障体系的不健全等。

（一）教育理念中忽视劳动教育

从20世纪80年代开始，我国逐步推进以培养学生身心综合素质、促进学生全面发展为目标的素质教育，实现了从基础教育领域向高等教育领域的拓展。虽然素质教育取得了一定的进展，但一些问题呈现得更加复杂，解决起来更加困难，虽几经努力，仍没有达到预期的效果，造成一些地方素质教育喊得轰轰烈烈，应试教育却抓得扎扎实实。根深蒂固的应试教育仍然影响着我国教育的实施与发展。目前，依然有许多高校为了让学生在学习成绩上取得成效，以彰显自己的综合实力，在教学理念上重视文化知识的教育，片面地重视学生智育，忽视了其他四育，尤其缺乏对劳动教育的重视，高校对劳动教育所投入的教育教学资源和资金非常有限，在整个高校教育中所占比例较小。学生远离了社会实践，动手实践能力没能得到有效培养，与素质教育目标背道而驰，不符合我国教育改革发展主题要求，违背了教育与生产劳动相结合的指导方针。

社会经济的发展，信息传播速度加快，社会多元化的发展，使得素质教育在实施上变得更加的复杂。而根深蒂固的应试教育理念使目前大部分高校依然将学生在成绩上取得的成效作为衡量自身综合实力的标杆。部分高校教育工作者认为，大学生在未来是从事高级劳动的，只需学好专业知识，不需要在学校中进行其他劳动锻炼。因而，要把更多的精力放在专业文化课教学上，偶尔开展劳动教育。高校教育理念中对劳动教育的忽视，导致高校劳动教育趋于任务化和形式化，大学生在这一教育环境中，不能养成劳动的好习惯，势必会影响新时代大学生劳动教育的开展。

高校对劳动教育的认识程度直接影响高校对劳动教育的重视程度，也将进一步影响教育实效性的发挥。目前，高校对劳动教育的认识不够准确，还存在以下误区。首先，将劳动教育与德智体美四育割裂，将其他四育凌驾于劳动教育之上。高校大学生劳动教育受市场经济功利主义价值观的影响，将教育的重心放在智育上，美育、体育、德育作为智育的重要补充都有专门开设的课程，而劳动教育作为促进德育、智育、美育、体育发展的重要推动力，却一直未受到重视，既无课程体系，也无相应的评价考核体系。其次，认为劳动教育课程具有可替代性，通过开设其他课程来代替劳动教育专业理论课程。在劳动思想教育方面，主要由单一的思想政治理论课笼统地对学生进行劳动思想教育；在劳动技能培育方面，很多学校未开展针对专业的技能培训课程，主要依托《职业生涯规划与就业指导》开展的活动及实习实训环节来加强劳动实践锻炼，在教育中也未突出劳动教育的育人功能。最后，将劳动教育理解为某一具体劳动，将劳动教育看作劳动锻炼，未能认识到劳动教育既包括体力劳动教育又包括脑力劳动教育，既包括物质劳动教育又包括精神劳动教育。对劳动教育认识的不全面性，必然会导致高校劳动教育的目标不够明确。目前，我国对高校劳动教育相关课程目标的设置，多数停留在知识目标层面，在教学过程中一味地输出理论，忽略了对学生进行意识、态度的培育及行动取向的深入引导。劳动专业知识的传授仅是劳动教育的内容之一，新时代加强高校大学生劳动教育应该将学生劳动价值观的培养作为核心内容提上日程，在劳动教育中促进学生全面发展。

高校对劳动教育的重视程度不足，在很大程度上阻碍了劳动教育发挥其应有的作用。第一，目前理论教育仍是我国高等教育的主要教育途径，而对实践教学的重视相对欠缺。尤其是在劳动教育方面，大多数高校没有开展针对性的教育来培养学生的劳动习惯和劳动技能，缺少对大学生的正确指引，一些高校对开展的劳动教育也更多关注形式，没有真正理解其实际意义。如今，在过度追求效率的社会价值导向影响之下，高校将科研成果、就业率等指标作为人才培养的主要参考指标，在教学理念上更加重视学生的文化知识教育，劳动实践的分值在学生成绩中所占比例较小，导致学生轻视劳动实践，对实习活动也缺乏参与的积极性。第二，目前的高校教师受考核机制的影响，在教学的过程中往往更重视科研。因此教师在科研方面投入大部分的精力，而忽略了对其考核影响较小的教学研究。此外，许多大学教师认为，劳动教育的任务应该由中小学负责，而非大学，因此对相关课程的重视程度较低。即使制定了相关科目的教学计划，教师在教育过程中也不够专注，教育方式有所欠缺。在部分大学的课程中，劳动教育虽然在思政课堂、专业知识课堂及日常教育中都有渗透，但是课程设置占比很小，且授课方法单一，只是将教材内容进行简单、机械性的复述，不能结合新时代背景和大学生的特点进行针对性教育，无法使大学生真正理解劳动、主动劳动。第三，高校对劳动教育的重视程度不足直接导致了劳动教育资金投入不足。长期以来，高校的大量资金、人才及政策杠杆都偏向于第一课堂，严重阻碍了劳动教育的顺利、有效开展，进而引发了劳动教育过程中出现一系列的问题。高校的劳动实践活动少之又少，有些学校虽然愿意组织学生开展劳动，但是由于活动场地有限、资金不足等，其活动开展存在较大的阻碍，活动时间较短，且形式较为单一，因此活动效果大打折扣，劳动教育难以真正起到作用。

习近平总书记在全国教育大会上提出，要"培养德智体美劳全面发展的社会主义建设者和接班人"，以习近平总书记的发言为导向，响应国家政策方针，在劳动教育被忽视的情况下，高校对开展劳动教育的必要性和重要性有了一定认识，开始重新重视劳动教育。高校通过一定形式对学生进行了劳动教育，部分高校开设了劳动必修课程，学生通过参加劳动获得相应学分，否则不予毕业，还有的高校通过开展"大学生劳动文化节""寝室文化节""劳动之美摄影大赛"等特色主题活动加强劳动教育。高校增强了对劳动教育的关注，意识到了劳动教育的重要性。但是高校对劳动教育的重视程度还不够。部分高校开展劳动教育，只是为了响应国家方针政策，而忽视了劳动教育真正的意义，没有承担起教育主体应有的责任与义务。劳动教育并没有真正落到实处，而只是流于形式。由此可见，正是由于高校对劳动教育的重要性和必要性认识不足，才出现了劳动教育落实不到位的情况。

（二）高校劳动教育地位虚化

高校需要将劳动教育纳入专业人才培养方案，但在具体实施过程中发现，部分高校出现课时较短、理论与实践失衡等现象，即使在劳动教育开展较好的高校中也存在课程效果不佳的问题。开发劳动教育课程需要具备很多的条件，如实践场所、师资力量、经费投入等，同时还需要运用丰富的教学形式，全方位地对劳动教育涉及的教材、实践活动、课程内容设计、师资力量、劳动评价和劳动安全等一系列内容进行统筹规划。然而大部分学校的劳动教育师资力量十分薄弱，且有部分学校没有实践教育基地，这会严重影响劳动教育课程和实践活动的快速开发和推进。我国多年来的应试教育对高校的教育模式产生了根深蒂固的影响，人才培养环节偏向学生的文化课程。劳动教育不能单纯地从课程、劳动实践活动的设置上来体现，应该从教师或学生的劳动意识的提升来体现，包括学校职能部门的领导要重视劳动教育，并且在意识上要得到提升。在方式、方法上打磨，把劳动教育贯彻到教育教学的各个环节当中，在劳动教育开展的措施问题上，需要创新和思考。对教师而言，学生的专业成绩在考核评价中占据较大的比例，教师倾向于以课程成绩为标准来评判学生是否优秀，从而忽略了对大学生劳动实践技能的培养，这使得劳动教育在思政课程中的育人效果不明显。

（三）劳动教育教学体系不完善

①劳动教育课程体系不完善。开展大学生劳动教育必须依靠课程这一主渠道。2019年，中共中央办公厅、国务院办公厅在印发的相关文件中提出，将劳动教育统筹到思政理论课建设之中。2020年发布的《关于全面加强新时代大中小学劳动教育的意见》中更是明确指出，除劳动教育必修课程外，其他课程也要融入劳动教育。但在具体的思政理论课实施过程中，部分高校存在未结合时代主题、忽视大学生劳动教育的问题，导致学生难以获取有效信息。部分高校虽制定与劳动教育相关的必修课程，由于认识不足、组织不力，劳动教育课程形同虚设，其他课程也并未融入相关的劳动教育内容。从课程方面来看，其在设计上就存在着很大的问题，缺少与大学生劳动教育相关的课程计划。高校劳动教育短板明显，缺少专业的教师队伍，对劳动教育相关教学资源的开发力度不足。在劳动教育课程教材建设上缺少统一标准，教材内容连贯性不高，没有形成完整的知识链条。课堂教学层面则表现在大学生劳动教育未能科学地整合校企资源，造成劳动教育

形式停留于书本、止步于课堂。在应用型大学的劳动教育教学过程中，教育设备老化，相关经费无法保证，实训基地数量不足等现象屡见不鲜。对于研究性大学，劳动教育则多以自主实践的形式开展，缺乏必要性，大学生劳动教育的质量难以保障。

②课程结构不够完善。新时代呼唤新人才，新时代的素质教育是以学生的思想道德教育、科学文化教育、劳动技术教育等为主要内容的教育，要以提高学生的综合素养为目标。高校的人才培养主要依托一定的课程体系来实现，教育目标也需要通过具体的教学活动来完成。但当下高校在人才培养过程中却深受应试教育模式的影响，智育在开展教学活动、管理力度、深入研究等方面都受到学校领导及教研部门的重视，德育、体育等学科作为高校人才培养的必修课程，在高校也具有相应的课程设置和评价体系来保障教学效果，而对学生全面发展至关重要的劳动教育往往受到忽视，既没有开设专门的课程，也没有相应的考核评价体系。高等教育是面向职业的教育，学校在课程开展上往往有所侧重，与学生就业相关的学科，在教学条件、课时安排、师资配备等方面都受到重视，而与学生就业没有直接联系的学科则未受到重视。如劳动教育学科在课程设置上既没有相应的专业理论课程，也没有相应的实践课程，劳动知识技能的学习仅仅依靠专业课及思政课中教师的讲解，根本达不到对劳动知识技能的学习、劳动情感态度的培养及劳动价值取向的教育目标。这种重视专业课学习，轻视劳动教育的课程体系，破坏了高校课程体系的完整性，使学生在认知结构、能力结构、知识结构上都不完整。随着我国经济的发展和社会的进步，未来社会需要"全面发展型"的人才，其中，较强的劳动素养是不可缺少的素质要素。这势必要求高校应跳出传统试教育的"怪圈"，正视"素质教育"要求，将劳动教育纳入教学体系，建立完备的课程体系，真正落实"全面发展"的人才培养要求。

③劳动教育评价体系不完善。当前，许多高校的劳动教育评价体系并不完善，对大学生劳动教育的实施情况并没有进行量化的统计，在学生奖评考核量化表中劳动实践所占比例远小于综合成绩排名所占比例。另外，由于在劳动教育的过程中对教师也缺乏相应的监督和评价，并未明确奖惩细则，许多教师没有认真对待学生的劳动教育，而是把工作的重心放在自己的科研上，导致劳动教育的实施趋于表面化。目前，高校的智育、德育、体育等都有比较完整的课程评价管理系统，而劳动教育既没有清晰的教育目标，也没有相应的课程实施体系，更缺乏相应的评价体系和管理体系，整体呈现出有"劳"无"育"的特征。劳动教育的效果也大打折扣，其中，学校缺少课程管理考核为主要原因，劳动教育课程管理考核及

评价体系建设中还存在许多问题。首先，劳动教育课程评价机制不尽完善。劳动教育课程评价是对课程地位、教材建设及教学过程做出的价值性评价。完善的课程评价体系有利于建立规范化的课程体系，为高校大学生劳动教育的有效开展奠定基础。当下多数高校未建立劳动教育课程评价机制，对劳动教育课程地位的认识模糊，也未开设劳动教育专业课程，仅依托其他相关课程及文化活动来进行劳动教育，对教学资源的开发不到位。其次，劳动教育教学评价体系不尽完善。在劳动教育的教学评价中，对于学校劳动教育的开展条件及学生的劳动素养现状，高校未进行诊断性评价，使劳动教育的开展没有实际依据。劳动教育在进行，但是没有实际进展。劳动教育是一个全方位、持续性的过程，相对应的劳动评价也应该是一个动态的过程，但目前高校劳动教育主要以总结性评价为主，忽略了过程性评价。当前高校在实习实训过程中，缺少过程性指导和阶段性的考核评价，对劳动实践过程记录也未进行全程建档，评价仅以劳动结果为主。在评价方式上以量化性静态评价为主，对于劳动教学理论的评价，主要以考试的形式进行，以分数作为客观标准。对于劳动实践的评价，主要以考核的方式进行，以时间、次数等为客观标准进行评价，这种静态的、量化的评价方式并不能完整反映出学生的劳动价值取向、劳动情感态度、劳动知识技能及劳动品质意志的现状。最后，许多学校未建立完善的劳动教育管理体制，未设立实施劳动教育的责任管理部门，也没有专门的机构对劳动教育的具体实施情况进行监测和管理。这些问题的存在使劳动教育过程中发生偏离教学目标的情况不能被及时发现、反馈和解决，劳动教育效果大打折扣。

④劳动教育的特殊性决定了它并非一门孤立的学科，它只有与其他课程进行融合贯通才能发挥出最大实效，而当前的高校劳动教育仍处于起步阶段，缺少与其他学科的合作。当前高校的思想政治教育与劳动教育的联动性并不强，没有实现有效的融合。一方面，思想政治教育开展过程中缺少对劳动教育的重视。例如，当前高校思想政治理论课中虽涉及劳动教育的内容，但多分散在马克思主义劳动价值论、社会主义核心价值观、大学生素质培养、中国共产党领导中国革命改革建设的实践等专题中，缺少独立的劳动教育章节，且在劳动情感、劳动技能、劳动习惯等方面缺少教学设计。高校对思想政治教育较少开展实践教学，有的也多采用课堂讨论、主题班会、话题演讲、参观基地等方式，这些活动虽然含有一定的劳动教育因素，但在思政教学开展过程中并不注重挖掘育人资源，因此对提升大学生劳动素质的帮助十分有限，难以达到劳动教育和思政互相渗透、互相促进的效果。另一方面，当前高校缺少将劳动教育与思想政治教育有效融合的机制。

当前许多高校劳动教育的配套设施不完备，专业设置、课程设置、教学设备、教育场地、经费等方面都缺少资源支持，同时也缺少专门的师资团队，多由思政教师兼任，导致劳动教育的教学空间和时间被压缩，许多思政教师在完成本学科的讲解后，通过给学生安排卫生清洁、资料整理、志愿服务等简单的日常劳动来完成劳动教育的教学任务，出于对学生在劳动安全、教育时间、教育成本等方面的考量，劳动教育场域多集中在校内，缺少与家庭和社会的联动而出现了劳动教育脱节的状况。加之劳动教育被畸变为惩罚手段与休闲活动，大学生对劳动教育的认知也产生了相应偏差，只将劳动教育作为一项任务，大大削弱了劳动教育的思想政治教育功能。

⑤劳动教育普及不充分。高校劳动教育普及程度不高，主要体现在学校劳动教育的设施条件有限，尤其是校园相应的劳动实践岗位设置不充分。作为高校劳动教育的实践途径，校园青年志愿者岗位及勤工助学岗位的数量十分有限，根本不能满足学校所有大学生的劳动实践需求。其次，部分高校的社会实践活动内容也很单一，固定化的实践程序与实践内容使学生获得的劳动技能狭隘化、劳动知识滞后化，从而难于适应社会发展的需求。因此，高校传统形式的劳动教育在教育体系中逐渐成为学生的"选择题"，劳动实践活动的参与度更是受到劳动教育普及程度的影响，导致其很难成为大学生校园生活的"必做题"。

（四）劳动教育缺乏科学有效的管理

近年来，国家高度重视劳动教育，相关部门也出台了与劳动教育相关的政策文件。规范化的劳动教育管理体系是新时代大学生劳动教育开展的必要条件和前提，但当前部分高校并未按照文件精神制定符合本校实际情况的、完善的劳动教育管理体系和工作机制，未设立专门的部门进行统一规划管理，容易使部分劳动教育教师产生懈怠的心理，导致大学生劳动教育不能落到实处。

新时代深化教育改革、推进教育现代化的重要原则之一就是要坚持德智体美劳全面发展的教育方针，劳动教育是教育体系中的短板，要补齐短板，加强劳动教育离不开国家方针政策的支持，劳动教育的贯彻落实也离不开国家科学有效的管理。当前高校劳动教育存在系列问题的一个重要原因就是缺乏科学有效的管理。首先，缺乏物质保障。劳动教育的特点之一就是具有很强的实践性，在开展劳动教育的过程中需要大量的场地、工具、人力、设备等的投入和使用，要想让劳动教育所涉及的人力、物力有足够的保障，则离不开充足的资金支持。然而国家财政对劳动教育在一定程度上缺乏资金投入，使得高校劳动教育没有得到相应的资金支持，是高校劳动教育产生困难与问题的原因之一。其次，缺乏制度保障。制度是要求人们共同遵守的办事规程或行动准则，制度表现为规则、章程、条例和法律等，制定制度有利于贯彻落实劳动教育的方针政策。目前，高校劳动教育缺乏一定的制度保障，劳动教育在一定程度上流于形式，没能落到实处。这是高校劳动教育存在系列问题的又一原因。最后，缺乏统一指导。关于高校劳动教育，我国目前没有专门的组织机构来制定统一的教学大纲、教学计划、课程标准，在劳动教育的课程设置与编排、教材编写及使用、课程资源发掘与管理等方面也没有一个统一的标准，这就使高校劳动教育在开展的过程中无章可循，在教学体系中也无法重视劳动教育的地位和作用。

良好的校内沟通是劳动教育高效、高质开展的重要保证。部分高校劳动教育的开展出现断层现象，劳动教育虽开展了一段时间，但教师和管理人员在劳动教育的开展上没有形成良性沟通和及时反馈，致使大部分管理人员并不清楚各个学院劳动教育的执行情况。各校在劳动教育的开展上虽都有相应的管理人员或劳动教育管理队伍，但没能把管理优势发挥到最大，这也暴露出高校劳动教育管理机制不完善的问题。总的来说，劳动教育建设还处于初级阶段，还需长期探索和完善。由上述劳动教育存在的问题和成因分析可知，当前高校劳动教育在多个地方存在薄弱点，这会影响劳动教育的育人效果。

（五）劳动教育保障体系不健全

①缺乏师资保障。一方面，当前担任高校劳动教育教学任务的教师，多是辅导员或负责学生工作的相关教师，大多数属于兼职型教师，并没有形成一支经过专业培训、思想政治觉悟高、能够充分把握新时代劳动教育的特点与方法的专门师资队伍。另一方面，在已有的教师队伍中，由于缺乏定期的学习和培训，部分教师存在缺乏与时俱进的专业素养、教育观念陈旧、业务能力缺失等问题。这会直接导致劳动教育实效性不强。劳动教育并非单纯的理论教学，不仅需要开设相应的劳动理论课，还需要通过大量的劳动实践强化劳动知识、提升劳动技能。在投入保障上，不仅需要专业知识扎实的教师队伍，还需要充足的经费、相应的教学设备和教学实践场地来保障教学实践活动的开展。目前由于高校对劳动教育的忽视，相应的投入保障机制不够完善，人力、物力、财力投入不充分，课程资源及实习实训基地都比较缺乏。劳动教育的开展主要依靠专业课、思政课、大学生职业生涯规划与就业指导课及各类主题活动、班团会等展开。专业课教师具有扎实的专业知识和技能，思政课教师对马克思主义劳动观具有较深的理解，职业生

涯规划与就业指导教师了解就业政策、擅长职业发展规划，因此在教学过程中，作为重点施教内容的是本学科的专业知识，忽视和淡化了劳动教育。高校受师资力量的限制，能开设的劳动教育类课程非常单一，且课时数量较少，因此，劳动教育教学过程不具有连贯性，教学内容不具有连续性，整个劳动实践过程缺乏相应教师的指导，大大削弱了劳动教育的实效性。

②缺乏场地和安全保障。劳动教育本是理论与实践并重的教育，应当带领学生"走出去"。然而部分高校的劳动教育局限于课堂，并未延伸到教室外。对于校外劳动实践，许多高校因为缺乏社会实践基地或对其他因素的考虑，基本很少组织学生开展。除此之外，由于安全意识的缺乏及安全设施不到位等，大学生开展校内外劳动实践的安全无法保障，导致部分高校为避免学生在劳动中发生事故，尽量不让他们参与校内外劳动实践。由于缺乏场地和安全保障，劳动实践教育远离了大学生的生活，大学生参与社会实践的机会很少且未真正参与到其中，不利于新时代大学生劳动意识和劳动习惯的培养。

③缺乏经费保障。高校要开展大学生劳动教育，各个环节、各个方面都需要经费支持，如劳动工具的购置、教学设备的维护等。高校劳动教育想要运行顺畅且取得实效，需要一定的经费支持和保障。近些年，虽然国家加大了对劳动教育的投入，但相对于劳动教育经费的需求，仍是不够的。同时，由于许多高校在劳动教育上的财务支出占比较小，当前许多高校开展大学生劳动教育所能获得的经费十分有限，劳动教育场地、设备等的建立和更新难以落实，许多劳动教育活动的开展受到很大的限制，不能充分发挥大学生的劳动积极性。

（六）劳动教育效果不显著

近年来，虽然许多高校都提高了对劳动教育的重视程度，开展了一系列劳动教育活动，但许多大学生的劳动价值观念和行为准则都产生了异化，在思想和行为上出现了重脑力劳动轻体力劳动、重个体劳动轻集体劳动、重劳动报酬轻劳动价值等各种错误倾向。具体来说，主要体现在三方面：一是劳动思想中价值取向的世俗化、功利化；二是劳动实践意识的淡薄；三是劳动认知与劳动行为的知行分离。大部分大学生都认为高校十分有必要开展劳动教育，肯定了劳动教育在促进人的全面发展、树立正确的劳动观、提升劳动技能等方面的价值，但仍有一些学生对参与学校开设的劳动教育理论课的积极性并不高，更倾向于通过有偿实习或兼职的方式为今后步入职场积累工作经验，出现了"知而不行""行而不成"的劳动理念与劳动行为选择相脱节的现象。

二、社会教育方面

社会教育环境作为大学生劳动教育的大后方，对开展大学生劳动教育具有深远影响力。教育内容的确立与社会发展的需求相一致，总体社会环境对大学生教育发展的影响不容小觑。新时代社会生产水平的大幅度提升，弱化了人们对传统劳动的依赖，社会生产不再以单一的劳动形式进行。社会效率的提高，人工智能的运用，使人们的劳动意识淡化、劳动价值评判标准升高。

（一）国家教育方针政策的影响

高校劳动教育的研究是随着国家政策方针变化的。因此，高校劳动教育的开展也会受到国家方针政策的影响。我国关于德智体美劳的发展历程，大致可以分为萌芽时期、形成时期、发展时期与提升时期。

首先，在萌芽时期，我国主要重视德育与智育发展。新中国成立之前，我国处在战火纷飞的背景下，那时政治教育与文化教育是我党的重点工作。我党清楚地意识到，教育是要为革命和工农大众服务的，并且干部有知识、有文化是赢得战争胜利的必备条件，因此提出过"干部教育第一，国民教育第二"的政策。其中主要是让干部学习马克思主义理论武装头脑，而普通大众学习生活文化知识。新中国成立初期，我国教育的主要重点是提高人们的科学文化知识水平与政治觉悟。因此，劳动教育不在当时教育的范围之内。

其次，在形成时期，我国的教育重点是德育、智育和体育。新中国成立初期，各项教育事业都在慢慢恢复，国家经济迫切需要发展，因此教育事业的重点工作就放在了思想政治教育、科学文化知识的学习、开展扫盲运动和体育卫生工作上。在此之后毛泽东又提出了"教育与生产劳动相结合"的教育方针。主要是培养有政治觉悟、有文化还能运用体力和脑力开展工作的人。此时，劳动教育作为培养人的辅助工具，穿插在教育工作当中，国家并没有明确提出学校要开展劳动教育。

再次，在发展时期，我国教育的重点是德育、智育、体育、美育4个方面。国家开始提倡要促进学生德智体美全面发展，素质教育成为我国当时的教育重点。不论是在教育计划中还是法律中都能体现出国家对德智体美全面发展的要求。这一时期劳动教育被忽视，德智体美的发展要求贯穿其中。

最后，在提升时期，我国教育的重点是德智体美劳全面发展。习近平总书记的重要讲话、国家关于教育的政策方针全都体现出"五育并举"这一思想。劳动教育在这一时期被重新提及，劳动教育又重新回到五育之中，劳动教育的开展也在积极进行着。

综上所述，从五育发展的历程来看，我国劳动教育的开展确实跟国家方针政策有着紧密的联系。国家会根据当时的国情来确定五育发展的重点内容，因此，劳动教育在五育的萌芽时期与形成时期并未得到重视，在五育的发展时期也只是作为辅助手段，帮助其他四育加快发展。

（二）生产力发展水平的影响

劳动教育是将劳动作为载体的教育形式，直接反映了社会生产力的发展状况。在人类历史的长河中，社会生产力水平伴随着劳动工具的更新换代有了大幅度的提高。随着生产力水平的提高，私有制开始产生，脑力劳动和体力劳动出现了分离。人们开始崇尚复杂的脑力劳动，进而产生了"重智轻体"的社会思想。而劳动教育也被解释为进行体力劳动的教育，因此，劳动教育逐渐被排挤在教育体系的门外。我们既不能轻视体力劳动，也不能轻视脑力劳动，应当力求将脑力劳动与体力劳动相结合，身为新时代的大学生，应当结合当前社会发展趋势，在学习科学文化知识的同时，提高自身参加实践活动的积极性，养成脑力和体力平衡发展的良好劳动习惯。

（三）社会历史文化的牵制

我国是拥有几千年文化历史的文明古国，在很长时间的封建文化里，"劳动"被视为"粗人"的特有名词。受古代科举制度的影响，人们有"万般皆下品，唯有读书高"等轻视体力劳动者的文化思想。因此，劳动教育的重要性被忽视。如今，网络平台传播着各种各样的价值理念，这些理念干扰着人们心中原有的价值理念，在这样的文化背景下，劳动教育亦难以坚定其强大的价值引导力。

（四）人才选拔制度的单一化

我国现行的人才选拔制度主要看重学生的考试成绩，而忽视了学生的素质教育和素质评价，成绩的好坏成为衡量一个学生优秀与否的唯一标准，学生为了成绩努力去学，教师为了成绩努力去教，高校根据成绩选拔学生，企业根据成绩决定用人，劳动教育变得可有可无。殊不知，劳动教育作为全面育人系统的重要一环，具有增智的功能，劳动技能教育是智育的重要内容。必须加强新时代大学生劳动教育，利用劳动教育工作来提高大学生的综合素养，只有这样才能培育出全面发展的综合性人才。

（五）社会劳动教育的淡化

劳动相关理论虽形成已久，但劳动教育未得到应有的重视，直到党和国家将劳动教育纳入党的教育方针。但是，由于劳动教育不受重视已久，写入教育方针时间短，因此，目前社会劳动教育依旧缺乏。一方面，高校劳动教育工作面临难题，表现在国家层面的教学权威指导、咨询机制尚未真正形成，劳动教育与其他教育尚未真正融通。部分人知道劳动教育，但是对劳动教育相关知识却不清楚，对于劳动教育的价值，更是知之甚少。另一方面，对劳动教育的重视程度低于智力教育，体力劳动者地位低于脑力劳动者，古今中外都有这类情况出现，智育一直在五育中处于核心地位，但是，重视智育并不意味着只有智育，在重视智育的同时兼顾发展劳育才最有利于大学生成长成才。在这个经济快速发展的时代，社会劳动教育的淡化，使传统优秀精神和品质在社会中有淡化的趋势。

（六）社会劳动教育氛围不够浓厚

目前，我国社会缺乏劳动教育氛围，其载体也相对有限，究其原因有两方面。

一是我国对劳动教育的重视程度不足，存在一定的错误观点，认为劳动的作用低于读书学习，导致我国社会对劳动教育重要性的认识存在一定的误区。在这种错误观点的引导下，社会上出现重智力、轻劳动的现象，这使部分教育者为迎合上级组织的检查而进行刻板、形式化的劳动教育。教育者更加强调文化课教学的成果，于是轻视与敷衍大学生劳动教育课程的现象屡有发生。部分大学生虽然也参与劳动，但是并非主动参与，因此劳动积极性不高，难以使劳动教育发挥真正的作用。

二是当代社会中充斥着不良思潮，影响了大学生的劳动观念。改革开放以来，我国思想观念在各个方面都发生了较大的变化，尤其是价值取向方面。目前大众传媒的影响力越来越强，它为人们带来大量外来信息的同时，也裹挟着不少负面思想，对大学生产生着思想冲击，为劳动教育带来负面影响。部分大学生由于缺乏社会经验，心智还未完全成熟，因此缺乏对是非的分辨能力，容易被不良信息所影响与摆布。"互联网"时代，大学生容易对物质享受与感官刺激产生过度追求，而忽略了积极的生活态度应该是通过劳动创造美好生活。同时，社会劳动教育氛围的淡化使大学生在校外无法得到应有的劳动教育，社会无法为劳动教育实践提供有效支持，导致大学生可获得的实践机会不能满足其需求。

作为协同高校进行劳动教育的重要方式之一，社会的支持对大学生的劳动教育十分重要。凭借良好的外界条件，劳动教育可以在潜移默化中为大学生所接受，这既有助于增强大学生对社会价值的认同感，也有助于大学生树立正确的劳动价值观。因此社会需要重视劳动环境的建设，对大学生进行正确的指引，使其明白劳动的意义和重要性。

三、家庭教育方面

家庭作为学生成长的第一个场所，其对劳动及劳动教育的认识和做法将直接影响孩子的劳动观念及行为。部分家长在劳动教育认知方面的偏差、独生子女的结构模式，以及不正确的家庭劳动教育方式，对开展大学生劳动教育产生了一定的影响。

（一）家长的劳动教育理念有偏差

①家长成才观的片面性。面对应试教育和社会竞争的双重压力，大多数家长把劳动和学习对立起来，认为读书才能有出息，考上好大学才是王道，没有认识到劳动教育在孩子成长过程中对孩子的全面发展起着不可替代的作用，一味地将分数作为评价孩子是否优秀的唯一标准，觉得家庭劳动占用孩子的学习时间。除此之外，有些家长认为孩子做不好家务劳动反而会给自己添乱，便不让孩子参与家庭劳动，导致孩子脱离劳动实践，忽视了对孩子独立能力、生活自理能力的培养。

②家长自身劳动意志不坚定。部分家长在意识和行为方面常常表现出轻视体力劳动者，将体力劳动者作为"反面教材"，使部分大学生长期受到这样错误劳动认知的影响，导致他们劳动观念淡薄，眼高手低，对其之后树立正确的就业择业观也造成一定的影响。家长劳动教育理念的偏差于无形中就将家庭劳动教育置于底层，其教育地位也就自然地被忽略了。

③家庭劳动教育观念存在偏差。大学生劳动教育问题有多种成因，除了社会因素与学校教育，家庭教育不可忽视。家长的言行举止在孩子的成长过程中影响深远，家庭劳动教育同样需要父母发挥榜样力量。如果一个家庭中，家长拥有较为正确的劳动观念，热爱劳动，那么孩子也会受到正面的影响，会更愿意参与到劳动中，养成良好的劳动习惯。但在应试教育大背景的影响下，有些家长无法正确认识体力劳动的作用，只一味关心孩子的学习，缺乏对劳动教育的重视。部分家长在对孩子进行教育时，不会主动引导孩子参与劳动，而是鼓励孩子将尽可能多的时间和精力用在对知识的学习上，自己则扮演孩子的服务者角色，心甘情愿为孩子承担所有劳动。这就导致孩子在成长的过程中，缺少参与劳动的机会，造成家庭劳动教育的缺失。大学生中独生子女占据较大的比例，其在成长过程中备受宠爱，参与劳动的机会极少，家长基本上不会主动要求孩子劳动。这种行为，导致了大学生缺少良好的基础劳动环境，进而无法体验劳动的乐趣，更无从理解

劳动的艰辛。在部分家长的观念中，他们的孩子将来要成为社会精英，而劳动有其他人去做，因此不需要孩子学习劳动技能。甚至有一部分家长，因为自身长期从事体力劳动，从而对劳动产生了抵触心理，因此不断要求孩子好好学习，将来能够摆脱劳动。在此类错误观念的影响下，许多大学生缺乏吃苦精神。

④家庭教育观念错位。一个家庭的教育观念会对孩子产生深远而持久的影响，错误的家庭教育观念会对新时代大学生劳动教育起阻碍作用。家庭教育观念错位主要体现在以下两个方面：一是中国传统教育观念根深蒂固。儒家思想作为我国封建社会时期主流教育思想，不仅在两千多年的封建统治中发挥着重要作用，而且其中一些轻视劳动的教育理念依然影响着现在的家长。孟子的劳动思想认为从事脑力劳动的人应当处在统治地位，而从事体力劳动的人只能受制于人。这些传统的教育思想影响着家长的教育观念。一些家庭教育孩子，只要努力读书就能成为人上人，找到体面的工作，过上富足的生活，重智育轻劳育，忽视了劳动教育对一个人的价值观塑造和人格培养起着重要作用。二是家长自身经历影响着家庭的教育观念。新时代的大学生，他们的父母大多数是60后、70后，是成长于社会主义艰难探索时期的一代人，也是吃过"劳动之苦"的一代人。家长的自身成长经历，导致他们对劳动的印象更偏向于劳动是需要付出大量体力的劳动。而大学生大多数是家中的"独苗"，是父母的"掌上明珠"，是被父母呵护成长的"温室花朵"，所以大多数父母不愿意孩子从事体力劳动。

（二）独生子女结构模式的影响

家庭作为人成长的重要教育阵地，在开展新时代大学生劳动教育过程中具有十分重要的意义。受社会发展相关政策的影响，现阶段多数大学生来自独生子女家庭。独生子女的教养模式普遍更为柔和，家长对子女的溺爱式教养更是司空见惯。不管是对孩子的习惯养成，还是意识塑造都缺乏劳动教育理念。在这样的家庭教育环境下，家长难以成为孩子进行家庭简单劳动的培养者，从而导致大部分学生从一出生就没有系统地接受劳动意识和简单劳动技能的培养。

（三）部分家长对孩子劳动观培育意识不足

家庭教育深刻影响着新时代大学生劳动观的形成。错误的家庭教育理念会阻碍新时代大学生树立正确的劳动观念，甚至导致新时代大学生形成错误的劳动观念。在家庭教育中，不少家长认为，对于学生，没有什么比认真完成学业更重要。在这种错误思想的影响下，家长往往忽视培养孩子的劳动意识，更有甚者对孩子的劳动观念产生误导。

（四）不正确的家庭劳动教育方法

①家长忽视对孩子劳动的鼓励和肯定。在家庭劳动教育过程中，家长的正确引导和鼓励是十分必要的，家长的鼓励和肯定有助于学生劳动自信的培养和良好劳动习惯的养成，同时也会大大提高青少年的劳动兴趣和劳动积极性。但是大多数家庭的日常生活中，很多家长往往在劳动教育过程中缺乏耐心，将孩子不合时宜的劳动行为视为"帮倒忙"；当孩子独立完成一项劳动任务后满心欢喜地向家长汇报时，家长没有进行热情地表扬和鼓励，使孩子很容易产生"自我怀疑"和"畏惧劳动"的心理，极大地挫伤了孩子的劳动积极性，使孩子产生厌倦劳动的情绪。这种忽视对劳动的鼓励和肯定的错误方法，对培养学生劳动兴趣及劳动积极性是极其不利的。

②家长忽视家庭劳动教育的规律性、科学性和持续性。当代年轻人是伴随着信息时代快速发展的一代人，受到多元思潮的影响，具有鲜明的特点，自我独立意识、接受能力较强，同时也易受到周围环境的影响。而一些家长还是沿袭传统的家庭劳动教育方式，采用单纯的理论说教或单纯要求孩子进行劳动，未根据时代和孩子的特点，科学合理地对孩子进行劳动教育，没有丰富家庭劳动教育的方法。同时，在实际的操作过程中，很多家长往往不知道孩子所处的年龄段最适合哪一类型的劳动教育，出现家庭劳动教育对孩子的吸引力不强，孩子参与率不高的现象。此外，家庭劳动教育大多数只停留在小学阶段，可见家庭劳动教育的持续性也不够。一旦遇到考试或兴趣班培训便将劳动放置末位，这些都会导致家庭劳动教育难以取得一定的实效。

③部分家长对孩子的劳动观培育方法不当。新时代大学生劳动观存在问题与家长在进行家庭教育过程中，没有掌握科学的培育方法密切相关。理念的积极落实需要有科学的方法作为手段，不当的培育方法，不仅不会取得预期的培养效果，甚至会导致错误观念的形成。

（五）家庭劳动教育的软化

我国科学技术快速发展，衣有洗衣机，食有外卖，住有父母，行有代步工具，现代优越的条件使劳动机会逐渐减少。社会大环境给予的福利，家庭给予的经济支持，让大学生提前享受着生活，这一系列思想的冲击，将劳动的行为击退。许多大学生在家不做家务，而且家长考虑到孩子长时间不回家，回家就应该好好休息。因此，部分大学生个人生活习惯较差，大学生缺乏劳动习惯成为一种社会现象。家庭的过度呵护，劳动教育思想的缺乏，导致大学生在生活方面缺乏技能，家庭教育的弱化导致劳动教育被软化。

（六）家长缺乏对劳动及劳动教育的清晰认知

首先，家长在家庭教育过程中对劳动持有一种无所谓的轻视态度，认为孩子有无正确的劳动观念和良好的劳动习惯并不会影响他们的未来，高学历才是孩子证明自身实力的唯一标准。因此，在日常生活中家长自然而然地替孩子包办一切，孩子作为学生，学习是最为重要的，劳动可有可无。

其次，家长的子女成才观单一，尤其对体力劳动者有偏见。由于社会不良舆论的影响，有家长经常将辛苦工作的劳动者作为"反面教材"对孩子进行教育。当前，我们大力倡导劳动只有分工的不同，任何一种劳动都是光荣、伟大的，每一位劳动者都应该受到平等的尊重。然而现实生活中真正做到这一点的家长寥寥无几。

最后，家长过度包办子女的日常生活，这种现象在"421"家庭尤为突出。"421"家庭，即四个老人、一对夫妻、一个孩子。家长事无巨细地包办孩子的日常生活，最后养成了孩子的惰性和依赖性。家庭和社会环境中对劳动教育的忽视直接导致了在这种环境中长大的年轻人的劳动意识较弱，劳动能力较差。

四、大学生自身方面

（一）个人劳动教育的边缘化

大学生处于青年时期，自我教育意识不足，自制力缺乏，在成长成才的过程中，会受到各类思想的影响，影响着他们对劳动教育的态度。因此，容易造成个人劳动教育的边缘化。边缘化主要从两个角度讲：意识和行为。劳动认知的边缘化。部分大学生做什么都难，做什么都嫌麻烦，渐渐地越来越不喜欢劳动。个体热爱劳动、尊重劳动、肯定劳动成果等相关劳动意识的缺乏，导致部分个体形成劳动不重要、无价值和无意义的潜意识，也会将劳动教育边缘化。大学生缺乏劳动认知，思想的萎靡导致行为的迟缓，进而导致自我劳动行为的边缘化。首先，部分大学生由于爱面子、怕苦、怕累等原因不愿从事兼职；其次，大学生是一批刚刚脱离严格管理的学生，大学的生活与以前的校园生活有极大的区别，没有家里的严父严母，也没有学校的严规严师，大学生懒散的一面逐渐显现，部分大学生放任自我，缺乏自制力。在这样的情形下，部分大学生的大胆、自我、随意等都显露无遗。因此，这会在一定程度上造成个人劳动教育的缺乏，从而导致其被边缘化。

（二）大学生自身劳动素养的缺失

劳动素养是指经过生活和教育活动形成的与劳动有关的人的素养，包括劳动的价值观（态度）、劳动的知识与能力等维度。劳动素养主要是由后天养成的人格品质，具有良好劳动素养的人不仅对劳动价值具有正确的认识，还具有正确的劳动态度与良好的劳动习惯。高校劳动教育能否顺利开展也与大学生自身的劳动素养高低有密切关系，大学生具有良好的劳动素养有利于高校劳动教育的开展，在宣传工作、实践活动、师资配备等方面可以减少人力、物力的投入。然而新时代大学生由于受家庭教育、社会环境、应试教育和科技等客观因素的影响，从小就缺乏对劳动的切身体验，只关注自己的学习成绩，长期脱离劳动实践，再加上大学生自身的主观因素，久而久之，一些大学生的劳动价值观异化，忽视劳动的价值和作用，也没有掌握一些基本的劳动技能，建立正确的劳动态度，以及养成良好的劳动习惯。同时，他们在学习和生活中多以个人为中心，缺乏责任感与担当，不愿主动承担一定的集体劳动任务。这些都不利于高校劳动教育的开展，也是导致高校劳动教育出现问题的原因之一。

（三）个人劳动教育价值的淡化

社会主义进入新时代，是基于我国社会经济发展的现实做出的正确判断。在新时代，我们处于网络发达的社会之中，学生获得信息的渠道和方式都比较多，掌握的知识也比较多，因此当代大学生的世界观、人生观、价值观已经基本形成，有了较独立而成熟的思想意识和行为能力。但是，大学生普遍出现了知与行相割裂和分离的现象，尽管知道怎么做是正确的，但是往往不会去做，或者说不愿意去做、懒得去做。这就是大学生主体的隐退，这就导致知行不统一。

劳动能够创造历史、创造未来，甚至创造了人本身。很多大学生都知道这个道理，但是没有发挥自身的主观能动性，缺乏对客观世界的认识和改造。当前，很多大学生在不同程度上表现出独立自主性差、自理能力不强、懒散拖延、眼高手低等，究其原因，除了社会和家庭的风气影响，更多的就是个人意识上的问题。他们知道劳动可以创造幸福，但是没有正确的劳动观念，往往不会参加体力劳动，只知道学习书本知识，缺乏强健的体魄和自主独立能力；他们知道勤奋可以造就成功，但不能脚踏实地。这种主体隐退直接导致部分大学生缺乏劳动意识、劳动精神、劳动习惯和劳动能力，劳动教育的价值被淡化。

（四）大学生自身主观能动性不足

大学生在参与劳动教育活动时，缺乏应有的主动性。这也是大学劳动教育出现困境的主要原因之一。大学生缺乏劳动积极性，掌握的劳动技能也较为匮乏。大学生中普遍存在着自身职业技能匮乏、独立解决问题的能力较弱等问题。究其根本，是部分大学生没有正确看待劳动与劳动者。他们认为是否劳动，对其成长以及将来的工作并无影响。拥有正确的劳动观念，能够主动参与劳动的大学生少之又少。大学生主观能动性的不足严重影响了学校劳动教育的成效。

一方面，大学生对劳动教育缺乏主观能动性，将直接导致大学生对劳动技能的学习动力不足。即使外界能够为劳动教育提供足够好的条件，学生自身不愿意接受教育，劳动教育也无法取得理想效果。由此可见，若想大学生切身参与到劳动实践中，提升大学生自身主观能动性是首要条件。大学生只有充分发挥自身主观能动性，社会与高校为其提供的实践平台与实践机会才能真正发挥作用。

另一方面，大学生对劳动教育缺乏主观能动性，会在一定程度上影响其参与劳动的频率，导致其参与实践活动的实际状况不客观。大学生存在这样的矛盾：虽然追求独立，但是又难以摆脱依赖心理；虽然追求自由，思想成熟度却远远不足。由此可以看出，想要提升劳动教育的成效，就必须提高大学生的主观能动性，从而使劳动教育真正起到育人的作用。

第四章 大学生劳动教育的目标与原则

大学生劳动教育要以新时期党的教育方针政策为指挥棒，立足高校人才培养要求，持续推进全面育人的教育理念。引导大学生崇尚劳动、尊重劳动、热爱劳动，懂得劳动最光荣、劳动最崇高、劳动最伟大、劳动最美丽，推动落实高校立德树人的任务，助力社会主义核心价值观落到行动上，培养新时代大学生养成劳动自觉、实践自觉的习惯。本章分为大学生劳动教育的目标、大学生劳动教育的原则两个部分。

第一节 大学生劳动教育的目标

一、树立正确的劳动价值观

价值观是人们在社会化过程中逐渐形成的对客观事物价值的看法与信念，劳动价值观是劳动者经过劳动这一实践活动，以自身内在价值标准为导向，形成的对劳动的根本观点和看法。思想是行为的先导，行为受思想的支配。大学生树立怎样的劳动价值观决定了他们不同的价值判断与选择，具体表现为劳动价值观决定大学生的劳动态度、劳动行为与劳动习惯。正确的劳动价值观对培养劳动态度、劳动行为与劳动习惯起积极的促进作用，错误的劳动价值观则对培养劳动态度、劳动行为与劳动习惯起消极的阻碍作用。由此可见，大学生劳动价值观的正确与否对大学生全面发展具有重要影响，它不仅对大学生在校阶段的学习生活有重要影响，也对大学生毕业后的择业、就业、工作担当、社会奉献等有重要影响。新时代的大学生只有具备良好的劳动素养，才能成为全面发展的社会主义事业的建设者和接班人，因此，劳动教育的切入点是劳动价值观。

劳动价值观教育应当以马克思劳动价值观为基础，马克思指出了劳动是一切价值的创造者。高校开展劳动价值观教育，首先应该让大学生理解劳动的价值，劳动不仅创造了物质与精神财富，还创造了人与社会，让大学生由衷地认可劳动、尊重劳动。马克思基于人类社会发展的一般规律和资本主义社会发展的特殊规律，在正确把握劳动的社会属性、价值、作用、目的、范畴及智育与生产劳动关系的基础上形成了马克思主义劳动观。劳动观念教育便是要教育大学生牢固地树立马克思主义劳动观。马克思在分析劳动对人类社会发展所发挥作用的基础上，指出劳动是人类社会产生、存在、持续发展的自然必然性，是包括物质财富和价值财富在内的一切财富的源泉。尽管劳动形式多样，但是依据劳动的具体形态可以将其划分为物质生产劳动和非物质生产劳动；依据劳动能否生产价值和剩余价值又可将其划分为生产劳动和非生产劳动。在不同的社会形态中，劳动的社会属性会随着社会关系的变化而变化。马克思首先肯定了劳动是一切人类社会所共有的存在方式，随后指出劳动会受社会关系的影响而在具体的社会关系中呈现出不同的社会属性。物质生产劳动在奴隶社会和封建社会中受到满足人类自身生存需要的自然必然性和政治依附关系的双重限制；在资本主义社会中又沦为雇佣劳动，受制于生产剩余价值的外在目的支配的经济依附关系；在社会主义社会中则摆脱了生产剩余价值的经济依附，成为满足个体生存发展需要的基本方式，劳动分配方式也随之转化为依据个体劳动多少而进行的按劳分配；在共产主义社会中，随着生产力的快速发展，作为生存手段的劳动必将在摆脱自然必然性、政治必然性、经济必然性之后上升为目的本身，转化为个体生活的内在需要，必将成为个体追求进而实现全面发展。随着剥削制度的废除，劳动在社会主义社会中的目的不再是攫取剩余价值，而是转变为不断消弭不平衡、不充分的发展以满足人民日益增长的美好生活需要。马克思肯定了脑力劳动的劳动属性，进一步丰富了劳动内涵，强调体力劳动和脑力劳动都是劳动形式，物质财富和价值财富的生产劳动、商业劳动与自主劳动的非生产劳动都属于劳动的不同形态。劳动与智育的关系也更为密切。马克思批判了资本主义社会将智育垄断在少数人手里而导致智力与劳动相分离，指出："生产劳动同智育和体育相结合，它不仅是提高社会生产的一种方法，而且是造就全面发展的人的唯一方法。"劳动与教育相结合是社会主义社会教育区别于包括资本主义在内的以往所有社会形态教育的重要指导方针，劳动观教育旨在通过开展生产劳动教育和非生产劳动教育，教育大学生正确认识社会主义社会中劳动属性发生的一系列变化，引导大学生在不同社会形态下区别劳动的特殊属性，正确认识社会主义社会劳动属性，进而形成尊重劳动、热爱劳动、崇尚劳动的正确认知，从而弘扬劳动精神，塑造劳动品格，磨砺意志，使大学生在对比分析中自觉确立马克思主义劳动观。其次，结合习近平总书记关于劳动和劳动教育的重要论述，使大学生树立"劳动最光荣、劳动最伟大"的观念，培养大学生"崇尚劳动"的情感、"诚实劳动"的品德和"主动劳动"的意识。让大学生充分认识到体力劳动与脑力劳动的价值平等性，消除轻视体力劳动的错误观念，树立正确的劳动价值观，进而引导他们形成良好的劳动行为与习惯。

大学生要树立"四最"价值观，让"四最"价值观深入人心。即便现如今许多物质财富看似是由机器所制造出来的，但是往前层层递推最终都会发现这一切归功于人的劳动，因此，劳动是社会进步不可或缺的要素。新时代的大学生仍要进行劳动，树立"四最"价值观。懂得劳动最光荣，要求学生认同劳动促进了社会的进步与人的发展，从内心深处尊重辛勤劳动。懂得劳动最崇高，要求学生明白劳动的意义早已从谋生的手段上升为生活的需要，由衷认为劳动是神圣的。懂得劳动最伟大，要求学生体会每一个平凡劳动者背后所蕴藏的伟大，向所有的劳动者致敬。懂得劳动最美丽，要求学生发现是劳动成就了梦想，劳动让生活更美丽。学生只有先树立正确的劳动价值观才能依据价值判断对劳动价值做出正确的选择。正确的劳动价值观要求学生能够纠正不思进取、坐享其成等错误观念。

"劳动最光荣、最崇高、最伟大、最美丽"是对劳动所持的心理倾向和情感表达，是对劳动更深层面的认可，彰显了劳动的价值与意义。要理解和掌握劳动"四最"的道理，需要我们进一步思考，劳动何以最光荣、最崇高、最伟大、最美丽。对于这一问题，可以从以下两个方面来回答。一方面，劳动成就了人，是人的本质力量的彰显；另一方面，劳动开创了人类历史，推动了社会的进步。恩格斯说过，劳动既创造了人本身，又促进了人的全面发展，是劳动成就了人。马克思说过，整个世界历史是通过人的劳动才诞生的，也就是说，劳动创造了历史，同时劳动形态的变化带来了社会形态的变化。因此，劳动对于个人和社会而言都发挥着不容忽视的作用。目前我国取得的一切成就及创造的一系列奇迹，无一不是广大劳动人民奋斗的结果。无论是我们取得的成就还是创造的奇迹，其中都凝聚了无数劳动人民的心血。作为社会主义建设的接班人，新时代大学生必须理解，通过劳动我们才创造了辉煌的历史，同样劳动也将带来美好的未来，这是劳动之所以最光荣、最崇高、最伟大、最美丽的原因。

劳动"四最"表现在以下两个方面。其一，就劳动本身而言，劳动最光荣、最崇高、最伟大、最美丽。不仅人的全面发展依靠劳动，社会的进步同样依靠劳动。对于个体而言，劳动既可以强身健体，又可以满足自身的精神追求；对于国家和社会而言，劳动既可以促进社会进步，同时能够提升国际地位，带来社会安定。其二，就劳动者而言，劳动者最光荣、最崇高、最伟大、最美丽。劳动者通过劳动创造了物质财富和精神财富，既满足了人们的物质需求和精神需求，又为社会的发展提供了保障，因此，劳动者是最光荣、最崇高、最伟大、最美丽的。

通过劳动，人们将自然界中存在的事物转化为人类生活所必需的元素，从而创造出社会财富和文明价值。无论在任何时代，劳动都体现出了价值和意义。对于生长在新时代的大学生而言，现如今更需要通过他们积极的劳动实践来实现国家的富强和民族的振兴，因此，他们应当充分理解劳动的意义，为具备正确的劳动取向奠定良好的思想基础。

我国的经济已经进入高质量发展阶段，社会分工的精细化使劳动形式越来越多样化，脑力劳动尤其是创造性脑力劳动的兴盛更使社会对高素质劳动和技术人才的需求日益增长。大学生作为即将踏入社会的直接劳动预备军，已经形成一定的自主劳动意识并掌握一些劳动技能，思辨能力和自我意识都得到了很大提升，但与已经踏入社会的人相比仍然缺乏一定的社会阅历，易被外界影响自我价值观的判断与选择。因此，在对大学生进行劳动教育时要更加重视技能培训与价值引导，面对社会上的一些职业歧视现象，大学生必须在思想上进一步确立正确的劳动观，在实践中树立正确的就业观，懂劳动之义、明劳动之理，学会在劳动实践中磨砺意志、提升社会责任感，在劳动创新中体会幸福，共同营造和谐的社会劳动氛围与构建平等的劳动关系。

二、形成积极的劳动态度和劳动精神

劳动态度是指人们对劳动的一种心理倾向，由关于劳动的认知、劳动情感和劳动意向三种成分构成。对劳动的认知决定了人们劳动的对象，劳动情感是人们对劳动喜爱或厌恶的心理体验，劳动意向影响着人们对劳动的反应倾向。劳动精神是人们在劳动中所表现出来的积极精神状态和对劳动的一种热爱态度。劳动精神是在劳动过程中所折射出的人文精神，反映的是一个民族崇尚劳动、尊重劳动、热爱劳动、辛勤劳动、诚实劳动、创造性劳动的精神风貌和价值指向。劳动精神教育是向民族下一代人阐发劳动精神、弘扬劳动精神、传承劳动精神，确保民族永远以昂扬的精神姿态走在时代前列的必然举措。新时代大学生劳动精神教育就是要在大学生中弘扬劳动精神，教育引导学生崇尚劳动、尊重劳动，懂得劳动最光荣、劳动最崇高、劳动最伟大、劳动最美丽的道理，长大后能够辛勤劳动、诚实劳动、创造性劳动。劳动态度和劳动精神直接影响劳动行为和劳动习惯，而劳动教育的目的包含了培养受教育者热爱劳动、积极主动劳动的自觉性行为和养成良好的劳动习惯，为了促进劳动行为和劳动习惯更好养成，开展劳动态度与劳动精神教育具有必要性。加之劳动态度和劳动精神具有后天习得性和持久性，因此，

大学生劳动教育理论与实践指导研究

劳动态度与劳动精神教育是劳动教育的题中应有之义。

积极的劳动态度包括尊重劳动、崇尚劳动、热爱劳动与珍惜劳动成果。崇尚劳动、尊重劳动是指对劳动的伦理认知与德性态度。崇尚劳动、尊重劳动源于劳动既创造了人类社会历史又促进了人的自由全面发展。对待劳动应该怀有崇尚和尊重的态度，这是因为劳动对人和社会的起源与发展都起着不容忽视的作用。劳动使人和动物区分开来，使人类社会从野蛮状态走向文明状态，劳动因此而伟大和崇高。崇尚劳动、尊重劳动是指全社会要尊重和保护一切有益于人民和社会的劳动。自古以来，我国就有崇尚劳动、尊重劳动的情感倾向，无论是在中国神话还是古代典籍中都有所体现。我们十分清楚，无论是个人生活的改善还是社会整体的进步，都离不开艰辛的劳动。在中华民族数千年的发展历程中，每一次跨越前进，都离不开劳动者的聪明才智。回望历史，正是因为有无数代劳动人民的无私奉献，才有国家的兴盛与富强。因此，新时代大学生要端正对待劳动的态度，做到发自内心的崇尚劳动、尊重劳动。崇尚劳动、尊重劳动表现为崇尚和尊重劳动本身、崇尚和尊重劳动者、崇尚和尊重劳动成果三个方面。首先，崇尚和尊重劳动是指崇尚和尊重劳动本身。按照不同的形式来划分，劳动可以分为体力劳动与脑力劳动、简单劳动与复杂劳动等多种类型，但无论何种类型的劳动，只要是有利于国家和人民发展的劳动，都值得崇尚和尊重。其次，崇尚和尊重劳动是指崇尚和尊重劳动者。根据分工、地域、身体状况等不同的标准划分，劳动者也有不同的类型，如体力劳动者和脑力劳动者、本地劳动者和外地劳动者、健康劳动者与残疾劳动者等。崇尚和尊重劳动是指平等看待各种类型的劳动者，不歧视任何劳动者，尊重他们的人格、劳动行为和劳动成果。最后，崇尚和尊重劳动是指崇尚和尊重劳动成果。劳动成果可分为脑力劳动成果和体力劳动成果，对科技发明、文学创作等脑力劳动成果的崇尚和尊重体现在保护其知识产权上，不剽窃、不盗用他人劳动成果。对通过体力劳动获得劳动成果的崇尚和尊重体现在勤俭节约上，不浪费、不挥霍劳动成果。以上就是崇尚劳动、尊重劳动的表现。立足当前，我国之所以能取得如此快速的发展，与广大劳动人民的辛勤劳动密不可分。有利于国家和人民发展的劳动值得每一个人崇尚和尊重，辛勤工作的劳动者及其创造的劳动成果更值得每一个人尊重。新时代大学生只有充分崇尚劳动、尊重劳动，才能激发工作热情，激发创造力，创造幸福生活，才能为早日实现中国梦贡献力量。尊重劳动是尊重劳动者、体贴劳动过程、节约劳动资料的一种对待劳动的根本姿态。与尊重劳动相反的词汇是轻视劳动，特别是对体力劳动的轻视。在周恩来看来，他与环卫工人都是社会的服务者，尊重劳动首先要从尊重每一位普通劳动者开始。崇尚劳动是认同劳动创造的价值是有大小之分的，但是劳动性质是无高级与低级之分的，世界上具有价值的东西都需要通过人类辛勤地劳动来获得。崇尚劳动不仅体现了学生的劳动态度，还体现了一个社会的劳动文化水平。热爱劳动是从小事做起的一种劳动情感，学生要以劳模为榜样，争做时代的劳动楷模。珍惜劳动成果是要学生明白"奢靡之始，危亡之渐"的道理，把勤俭节约的传统继续传承下去，从"光盘行动"开始，珍惜别人的劳动成果。

艰苦奋斗是中华儿女历来拥有的劳动精神，热爱劳动是中华民族的传统美德，也是我国教育历来坚持培养的劳动态度。我国之所以能取得现在的成就，离不开一代代热爱劳动并艰苦奋斗的劳动人民。新时代是催人奋进的时代，新时代的使命是实现中华民族的伟大复兴，新使命的实现需要一批德智体美劳全面发展的新青年。大学生是担此重任的主力军，时代要求大学生应当是德智体美劳全面发展的新青年，然而新时代的大学生从小生活条件优越，没有体会过生活的艰辛。因此，加强培养大学生"热爱劳动、辛勤劳动"的积极劳动态度和"艰苦奋斗、创造劳动"的劳动精神是新时代高校劳动教育的必然要求。

首先，教育引导大学生正确把握劳动精神的内涵。中华民族劳动精神有着特定的内涵，具体包括崇尚劳动、尊重劳动、热爱劳动、辛勤劳动、诚实劳动、创造性劳动。其中，"崇尚劳动"是指在马克思主义劳动观指导下，拥有正确的劳动态度，对劳动与劳动人民有着深厚的崇敬之情；"热爱劳动"是指认识到劳动是个体生存发展的内在需要，自觉养成良好的劳动习惯，坚定"劳动最光荣、劳动最崇高、劳动最伟大、劳动最美丽"的劳动观念；"辛勤劳动"是指能够凭借积极的心态在劳动过程中自觉遵循劳动的客观规律，能够积极面对、主动付出因必要的劳动过程和劳动强度所需要的汗水与心血；"诚实劳动"是指在劳动过程中要实事求是、真抓实干，恪守劳动品德；"创造性劳动"是指在劳动过程中自觉总结劳动经验，充分利用劳动规律，改进劳动方式，不断提高劳动效率与质量。辛勤劳动是对应该如何劳动的正确回答。辛勤劳动强调的是，劳动者能发自内心的埋头苦干，勤勤恳恳做好自己的本职工作。现如今，有太多的人轻视实干，认为巧干才是成功的捷径，但习近平总书记多次指出，实干才能梦想成真。实干体现的实质是脚踏实地、任劳任怨、艰苦奋斗。诚实劳动是对如何劳动的另一个回答。诚实劳动是每一个劳动者在劳动过程中应该秉持的基本原则。诚实使劳动闪耀出最辉煌、最高尚的光辉。遵守劳动标准、职业道德、法律法规，自觉实事求是，这些是劳动者在劳动过程中应该遵守的劳动准则，是诚实劳动的体现。只有真实、诚信的工作，才能使我们踏踏实实地收获劳动成果，虚假劳动只能在短时间内蒙蔽自己，无法真正解决问题，因此，新时代大学生必须诚实劳动。创造性劳动是对如何劳动的再一个回答。创造性劳动是指劳动者要充分利用科技知识开展创新劳动，以此提高劳动效率和劳动质量。创造性劳动不仅仅需要体力劳动，通常还需要非比寻常的体力和脑力的结合，在劳动过程中要不断思考。新时代大学生进行创造性劳动的关键是，要避免循规蹈矩、要敢于打破老一套的方法和模式，创造新的劳动方式。放眼世界发展的潮流，影响人类历史进程的三次科技革命无一不是创造性劳动的结果，毫不夸张地说，创造性劳动改变了人类的生产生活方式。国家的发展需要创造性劳动，作为社会主义事业的继承者，新时代大学生必须树立起创造性劳动的意识。辛勤劳动表现为脚踏实地，奋发干事。回溯历史，我们取得的任何成就无一不是依靠辛勤劳动创造出来的。未来更需要我们脚踏实地、勤勉劳动。新时代大学生要学会抵制一切与"辛勤劳动"背道而驰的思想，不贪图不付出任何努力就能获得收获的生活，不满足于现状。新时代大学生要在最应该奋斗的时期，充分释放自己的精力、思想和创造力。俗话说，"三百六十行，行行出状元"，新时代大学生只要愿意拼搏，敢于付出，勤于工作，在各行各业都能实现自己的梦想。为了实现美好的梦想，过上自己期待的生活，每个人都必须努力工作、辛勤劳动。诚实劳动表现在实干与诚信两个方面。实干强调的是"宁拙毋巧"的劳动选择，即尊重劳动规律，不投机取巧、不急功近利。实干首先就是要脚踏实地劳动，只有实干才能让梦想成真。诚信强调的是劳动者秉持诚实劳动的理念，在日常经营中，不以次充好、不造假售假；在工作时，不偷懒、不投机取巧。无论是平凡的一线劳动者还是行业翘楚，无论身处何种岗位，从事何种劳动，都要以诚信劳动为指南，这才是劳动的应有之义和应然模样。作为新时代大学生，在校期间应该率先在学业上做到诚实守信，树立起诚实劳动的意识，以便日后能够诚实劳动。创造性劳动表现在劳动工具的创新、劳动技术的创新和劳动理念的创新三个方面。首先，如果在人类进化过程中，人类没有对劳动工具进行创新改造，人类可能仍处于猿猴状态，也就无法创造现如今文明的社会。创新劳动工具一方面能够解放人类，另一方面能够极大地提高劳动效率。其次，劳动技术的创新对于现代社会而言至关重要。目前，我国仍在由"制造大国"向"创造大国"转变的进程中，要早日实现"创造大国"的目标，离不开劳动技术的创新。最后，劳动理念的创新是实现创造性劳动的根本。只有率先具备创新的理念，才能指导劳动者开展创造性的劳动，同时在进行创造性劳动的过程中，劳动者的劳动理念又能不断得到强化。面对国家发展的需要和社会就业环境的严峻形势，新时代大学生既要提高辛勤劳动的自觉性，又要增强诚实劳动的意识，还要具备勇于创新的时代品质，争做全能型的劳动者，为自身发展蓄力，为国家进步贡献力量。

其次，教育引导大学生树立、巩固劳动精神。高校应根据低年级阶段、中年级阶段、高年级阶段大学生不同学段的特点，有针对性地帮助大学生树立、巩固劳动精神。对于低年级阶段大学生，高校应着重开展"崇尚劳动、尊重劳动、热爱劳动、辛勤劳动、诚实劳动、创造性劳动"等专题教育，帮助该阶段大学生树立劳动精神。对于中年级阶段大学生，高校应通过劳动课、劳动周、劳动月、寒暑假的集体劳动，引导大学生在劳动实践中体悟劳动精神，践履劳动精神；对于高年级阶段大学生，高校应该开展与大学生所学专业、择业方向与创业意愿密切相关的实训劳动，确保高年级阶段大学生能够根据自身实际需要多元化选择劳动实践活动，能够更主动、积极、认真地参与额外劳动；同时，鼓励、引导大学生在辛勤劳动、诚实劳动、创造性劳动中增强诚实劳动意识，培育艰苦奋斗精神、主动作为的奉献精神与公共服务意识，积累职业经验，创造性地解决实际问题，提升就业创业能力，从而将劳动精神内化为大学生积极参加劳动实践的源泉活水。

最后，全社会要加强对劳动精神的宣传推广。大学生的价值判断、行为选择在很大程度上会受到社会风气的影响，大学生树立起来的劳动精神能否持久也与社会是否尊崇劳动、是否尊崇劳动精神密切相关。全社会要广泛宣传推广劳动经验、劳动模范、劳动精神，要主动宣传全社会不同群体在重大灾难中涌现出来的劳动模范及其先进事迹，广泛宣传劳动模范身上所折射出来的勇于担当、不畏艰险、百折不挠、敢为人先的高尚品格。同时，全社会要鼓励、支持、宣发讴歌新时代普通劳动者"辛勤劳动、诚实劳动、创造性劳动"精神风貌的优秀文艺作品，奏响"劳动最光荣、劳动最伟大、劳动最美丽"的社会主义主旋律，反映不劳而获、坐吃山空、拜金主义、享乐主义、轻视劳动等错误观念，精心为大学生营造出全社会关心、支持新时代劳动精神教育的良好氛围，助力大学生巩固劳动精神。

三、养成良好的劳动习惯

劳动习惯是人们经过长期性的劳动练习或重复而被巩固下来的，并且成为个人需要的一种劳动行为方式。劳动习惯是后天养成的，并且具有一定的稳定性，通过教育培养劳动习惯具有很强的可行性。劳动习惯是一个人劳动态度和劳动精神的外在体现，养成良好的劳动习惯是劳动教育的重要目标。劳动习惯是人们在日常劳动实践中逐渐养成的劳动方式。作为新时代的大学生，大部分是00后，他们中大多数人都是家里的"独苗"，受到了家庭过多的关爱，家中大小事务由家长包揽，很少参与劳动，没有养成良好的劳动习惯。而新时代的大学生是社会发展的有力助推者，也是实现国家富强、民族复兴、社会和谐和人民幸福的中坚力量。大学作为教育新时代大学生的重要基地，需要在如何培养新时代大学生的劳动习惯方面加大研究力度。一方面可以在专业课讲授中平衡理论知识和实践锻炼的比重，加强大学生专业实践锻炼；另一方面可以丰富大学生社会实践方式，如提供勤工助学岗位，组织志愿服务和公益活动，开展暑期社会实践等。

劳动习惯是个体在马克思主义劳动观指导下，在经常性参与的实际劳动过程中秉持正确的劳动态度，从而逐渐养成的一种自觉需要劳动的自动化、稳定化行为模式。培育良好的劳动习惯是做好新时代大学生劳动教育的重要任务之一，对弘扬劳模精神和工匠精神、提升大学生劳动技能都大有裨益。大学生在追求知识的同时也应该养成劳动习惯，这既是我国教育方针的一贯要求，也是大学生维持自身生存和更好学习的内在要求。但是，随着生活条件的改善，部分大学生在步入高校前由于忙于学业，其生活起居多由父母照顾，缺乏劳动意识和劳动机会。进入大学以后，在更加自主的大学生活中，更有部分大学生盲目攀比，轻视劳动，良好的劳动习惯尚未养成。这显然与新时代中国特色社会主义现代化建设的伟大实践对大学生应具备的劳动习惯的内在要求尚有一定差距。为了有效改变这一现状，亟须加强新时代大学生的劳动习惯教育。首先，高校要守土有责、守土尽责，充分发挥在大学生劳动习惯教育中的主导作用。大学生的大部分时间都在高校度过，高校要切实承担劳动习惯教育的主体责任，将劳动素养有机融入大学生综合素质测评体系，结合大学生的学科和专业开展日常生活劳动、生产劳动、服务性劳动等相关主题劳动，引导大学生在参加劳动的过程中丰富劳动知识、增强劳动意识，从而确保大学生养成良好的劳动习惯。其次，家庭要正面引导子女，支持学校教育，充分发挥在大学生劳动习惯教育中的基础作用。家庭要树立崇尚劳动、自立自强的良好家风，要利用大学生假期在家期间，教育引导子女自觉参与生产劳动，放手鼓励子女参与各类社会劳动，从而在培育其基本劳动技能的过程中，使其自觉养成热爱劳动的良好习惯。再次，社会要积极参与劳动习惯教育，充分发挥对劳动习惯教育的支持作用。全社会要营造劳动光荣、劳动伟大，崇尚劳模、崇尚劳动精神的良好风气；各类企业要加强企校合作，主动为大学生提供劳动实践场所。最后，各级政府、群团组织要协调、调动各类资源为大学生参与生产劳动和非生产劳动提供必要保障，健全劳动、劳模奖励机制，从而为加强劳动习惯教育搭建形式多样的活动平台。

新时代大学生从小生活条件优越，备受家庭宠爱，学习以外的事情都由家长帮忙打理。在这种环境下长大的大学生，缺乏基本的生活自理能力，进入大学后个人的基本生活都存在一定困难，会给自己和同寝室的同学带来困扰和负担。除此之外，这些大学生还存在生活散漫、做事没有毅力、浪费公共资源等问题，在学习上就表现为平时不刻苦学习，以上行为都违背了上大学的初心和使命。因此，新时代高校劳动教育应当重视培养大学生良好的劳动习惯，使他们能够从不自觉到主动参与劳动，形成固定的、自动化的行为倾向。大学生养成良好的劳动习惯，不仅有利于提高自身生活和学习质量，而且能促进自身全面发展。

四、培养优良的劳动品德

劳动品德是指人们依据自己的劳动行为准则在劳动实践中所表现出来的稳固的倾向和特征，从本质上讲，它是人们劳动价值观中的主要内容。在现阶段，社会的稳定发展离不开高校开展的诚信劳动活动，这体现了我国社会主义的要求，是增加社会价值的根本手段，是评价劳动者个人具有什么样的道德价值的决定性标准，是培养良好道德品质的重要途径。诚实劳动必须要做到：第一，要立足本职工作，在劳动中发挥主动性和创造性，提高劳动的社会效益；第二，要做到心中有劳动的标准，规范自身行为；第三，要主动担任志愿者，积极为社会贡献力量；第四，要提倡勤劳致富；第五，要拥有共产主义劳动态度。

新时代劳动品德的内涵可以概括为辛勤劳动、诚实劳动、创新劳动、养成劳动习惯。"一勤天下无难事"，辛勤劳动是中华民族的优良品德，所有人应当继承和弘扬这个优良品德。但在物质条件相对富足的今天，有的大学生明显缺少辛勤劳动的意识，在这样的背景下，需要通过劳动教育让学生树立辛勤劳动的意识。"人而无信，不知其可也"，诚实劳动要求学生能够在日常的学习中杜绝考试作弊，在职场中能够遵守劳动纪律。创新劳动是我国由"制造"走向"智造"的关键，埋头苦干的体力劳动已然不能满足时代的需求。因此，作为国家发展主力军的新时代大学生必须牢牢掌握专业的前沿劳动知识，经常性地参加创新小组，为今后的创造性劳动打下基础。"少若成天性，习惯如自然"，劳动习惯是个体在反复劳动的过程中形成的，并升华为一种自觉劳动的行为方式。良好劳动习惯的养成需要学生十年如一日地保持劳动习惯，不能在家在校两个样，因此家庭和学校要密切配合，协同教育。

五、掌握新型的劳动知识与技能

劳动知识技能是指人们从事一定劳动所必须具备的知识、技术、技巧及综合运用这些知识、技术、技巧的能力。大学中开设不同专业的课程就是有针对性地让大学生学习劳动知识，开展的与专业相关的实践活动就是对劳动技能的训练，如见习、实习。部分大学生在经过四年的系统性学习之后，到毕业时，仍然会面临毕业就失业的尴尬境地。之所以会出现这样的现象，除了一些经济、社会方面的客观原因，究其根本是因为他们的专业知识技能还不够扎实。另一方面，随着我国社会主义发展进入新时代，现代产业对所需劳动者的要求提高了，新时代的劳动者不仅要具备扎实的专业知识，还要具备熟练运用这些知识解决实际问题的操作能力。因此，新时代高校劳动教育应加强劳动知识技能的教育。

作为未来劳动者的新时代大学生要乐于学习新知识与勤于学习新技术。新型的劳动知识和技能要求学生能够理解和接受新业态，以开放的心态体会新业态的价值，能敏锐地察觉时代行业的变迁。新型劳动知识包括劳动法律法规知识、职业启蒙知识、劳动关系知识及能够从事创造性劳动的知识。新型劳动技能是指大学生应当掌握的能够适应社会发展的技能，尤其是创造性技能。创造性技能的培养应当先从学生基本的劳动能力开始，"不知稼穑之艰难，乃逸乃谚"，没有体会过劳动的人，没有挥洒过汗水的人，是无法体会到劳动的乐趣的，更不能从普通劳动的实践中寻求到创造性劳动的灵感。

高校劳动教育应构建一套系统的、严密的、专业的知识技能体系，充分利用课上课下、校内校外多渠道开展劳动知识技能教育。通过系统的培育引导培养掌握专业的劳动知识，奠定劳动实践的理论基础；让学生亲身体会劳动过程，在过程中遵循劳动规范与章程，培养自律性；让学生学习和使用专业的劳动工具，提升使用工具的熟练度；在群体劳动中训练学生处理人际关系的能力；让学生通过具体实践活动，练习和掌握劳动技能，最终促进劳动知识技能的提升。

劳动技能教育是指对大学生开展理论学习和劳动实践劳动，促使其掌握生产技术知识和技能，为社会提供优质劳动人才，这是促进大学生全面发展的措施之一。劳动技能教育的主要目的是让大学生在进入工作岗位前掌握一些专业知识和生产技能以满足应聘岗位的需求。在学校所习得的专业知识，大部分大学生认为很难将其很好地运用到现实生活中。因此，想要提高新时代大学生的综合就业能力，必须不断夯实大学生的理论基础和实践操作能力。劳动技能教育主要由劳动技能的理论课教育与实践课教育两部分构成。当前，我国高校所展开的劳动技能教育主要通过社会公益、实习等劳动实践活动促进大学生劳动技能的提升，然而这种形式单一，实践成效不高。新时代，我们应打破劳动技能教育的单调性和机械性，注重将理论知识与实际操作相结合，着力提升大学生的实践操作能力。

劳动技能教育是在引导个体形成劳动观念、养成劳动习惯、树立劳动精神的基础上帮助其初步掌握基本的劳动技术知识和技能的教育。列宁指出："没有年轻一代的教育和生产劳动的结合，未来社会的理想是不能想象的；无论是脱离生产劳动的教学和教育，或是没有同时进行教学和教育的生产劳动，都不能达到现代技术水平和科学知识现状所要求的高度。"新时代大学生是民族的未来和希望，对其加强劳动技能教育，是让其掌握现代技术和科学知识的必然选择，也是注重劳动教育实效，实现大学生知行合一的内在要求。

首先，教育引导大学生掌握满足自身生存发展所需要的基本劳动技能。随着我国特色社会主义进入新时代，我国社会主要矛盾的变化使得人才素质对必备劳动技能的要求也发生了一定的变化。具备基本劳动技能是大学生顺利步入社会，在实现自身价值的基础上奉献社会的首要条件。高校需要充分调研社会需求和大学生实际技能掌握情况，结合当前产业新业态、劳动新形态，不断培育、提升大学生的基本劳动技能。高校要结合人才培养方向，在树立大学生爱岗敬业的劳动态度和培育大学生精益求精的工匠精神中提升大学生专业技能水平，增强大学生专业自豪感与相应职业自豪感，使其熟练掌握与所学专业相关的基本劳动技能。

其次，教育引导大学生掌握专业劳动技能，提升就业创业能力。当大学生初步具备一定的基本劳动技能，明白劳动创造价值后，高校要立足国内劳动技能需求最新形势，主动围绕"万众创新、大众创业"，结合大学生所学专业和毕业设计引导其提高应用新知识、运用新技术、采用新工艺、使用新方法的主动性和能动性，在丰富大学生的劳动技能体验中培育其解决实际问题的专业劳动技能。

再次，在强化校企合作中为大学生提供施展劳动技能的广阔平台。一方面，高校应通过多种渠道与当地高新企业加强合作，建立较为稳定的劳动教育基地、劳动实践基地和劳动实训基地，鼓励高新企业为大学生提供现代科技条件下的、劳动实践所要求的高级劳动技能的平台和机会，使大学生在参与一线生产劳动中弥补、提升劳动技能。另一方面，企业应主动承担社会责任，在追求经济效益的同时兼顾社会效益，联合群团组织建立劳动教育基地，提升大数据管理劳动基地效能，从而为大学生提供更加多元化的实习岗位和技能培训。

最后，就劳动能力而言，虽有部分大学生通过校内各类实习、兼职等实践活动锻炼了生产劳动能力和服务性劳动能力，但多数大学生通常都缺乏熟练运用知识进行实操的能力，还有许多大学生不熟悉劳动工具的使用方法、不善于在劳动合作中与同事和领导沟通、不擅长调节和缓解劳动情绪与劳动压力等一系列问题。因此，为提升大学生劳动能力，必须将生产劳动与教育真正结合，让学科教育与劳动教育走出课堂，深入真正的劳动生产生活之中，针对学生不同的未来职业发展需求，开设专门的"劳动+"实践课程，让学生在体验中巩固所学，在锻炼中实现所想，实现劳动教育教、学、做的统一。在新时代新经济下，科技的迅速发展使劳动效率大大提升，劳动形式也愈加多样化、个性化，智力劳动地位的提高使人才成为第一竞争力，为适应新时代的劳动发展，要注重培养大学生运用新技术、新工艺的能力，鼓励大学生参加学科竞赛、专业技能大赛、"挑战杯"等创新创业竞赛，提高大学生的综合实践应用能力，增强就业竞争力。

六、劳动法律法规教育

除通过专业课建立的较为系统的、具有较强的职业性劳动知识体系以外，大学生还应掌握基本的劳动伦理知识，自觉选择有尊严的、公平的、自由的劳动，提高劳动意识，体验劳动带来的愉悦；掌握劳动法律知识，强化劳动权利意识，学习《劳动法》等基准法，了解我国对劳动者工作时间、休息、休假、工资等方面的法律规定，学习《中华人民共和国劳动合同法》（以下简称《劳动合同法》）、《中华人民共和国劳动争议调解仲裁法》，掌握劳动合同的签订形式、内容、试用期、解除等方面内容，以及与用人单位产生劳动争议时可采取的调节方法和仲裁程序，依法保护自身合法权益；掌握劳动心理健康知识，利用气质类型测试并选择适合自己的工作，根据心理健康标准判断自身的职业心理状态以预防职场心理疾病，运用心理学知识缓解工作压力、调整工作状态，利用心理效应提高工作效率等方式维护自身劳动心理健康。

劳动法律法规教育是新时代大学生劳动教育的重要组成部分，但是在新时代大学在劳动教育中却是常常被忽视的一部分，现有的大学教材仅有公共课"思想道德修养与法律基础"，这门课对《劳动法》进行了简单的介绍。现实中，由于大学生对劳动法律法规不了解，导致大学生时常在签订就业劳动合同时出现问题，其合法劳动权益容易受到侵害。大学生劳动法律法规教育应该以《劳动合同法》为教学重点，引导大学生了解和学习相关法律知识，构建劳动法律法规知识结构，使大学生在遇到自身权益不能很好维护的情况时，懂得借助法律的力量来帮助自己。

七、实现劳动创造幸福的目的

习近平总书记指出，人世间的一切幸福都需要靠辛勤的劳动来创造。"劳动目的"回答的是人为什么劳动的问题，"劳动创造幸福"是对这一问题的正确回答。现如今,由于生活和工作的诸多压力,许多人在幸福是什么的问题上,出现了一些错误的想法。有不少人认为,幸福是不用劳动就能满足自己的物质生活需要。但真正的幸福并不是不劳而获,马克思指出,真正的幸福是劳动幸福。只有劳动才能给人带来长久且真实的幸福感,才能让人真正幸福。对个人来说,人之所以劳动,是因为劳动能给人带来幸福生活。幸福的实现与个人需要的满足有紧密联系。通过劳动,人既创造了自身生存和发展所必需的物质财富又创造了精神财富,满足了人多方面的需要。对社会来说,人的劳动能够推动社会的发展和进步,能够给予他人幸福生活的保障。

目前,人们普遍承受着诸多的外部压力,导致许多人体悟不到劳动创造幸福的道理。为此,剖析劳动创造幸福是如何体现的就显得十分重要。劳动创造幸福主要表现为3个方面。其一,劳动主体通过劳动获得生理层面的幸福。生理需求是人最基本的需求,通过劳动,人们获得用以满足生理层面的物质资料,体会到初步的幸福。其二,劳动主体通过劳动获得精神层面的幸福。通过劳动人不但创造了丰富的物质财富,还创造了包括语言、文字、艺术等在内的精神财富,从而获得身心的愉悦,进一步体悟到幸福的感觉。其三,劳动主体通过与他人的联系获得社会幸福。现实中的人无法单独存在于社会,总要与他人发生联系,劳动产品的交换是人与人之间发生联系的媒介。人的需求是多方面的,人们需要通过劳动产品的交换来实现自身多样化的需求,劳动创造出来的价值也需要依靠他人体现。

现如今,国家的发展处于新的历史方位,我们正向着第二个百年奋斗目标进军,新时代大学生肩负着民族复兴的重任,更应当明白劳动创造幸福的道理,树立正确的劳动目的观,为了个人幸福和民族振兴而劳动。

第二节 大学生劳动教育的原则

一、学生本位原则

开展大学生劳动教育要结合学生本身的基础差异,以因材施教、循循善诱的方式推进劳动教育。要依据大学生生理和心理的接受能力,分步、分类地组织有关劳动教育的课程具体实施。始终坚持以学生为本的原则,立足学生本身,建立符合实际情况的、具备可行性的劳动评价标准。在开展劳动教育的过程中,要注

大学生劳动教育理论与实践指导研究

重发挥学生的主观能动性，积极调动学生的主体责任，引导学生形成自知自觉的劳动态度。大学生劳动教育必须以学生为本，坚持学生本位的原则。

二、时代性原则

劳动教育作为教育的重要一环，拥有深刻的历史渊源和革新条件，高校要深刻把握和正确认识当前劳动教育中的"变"与"不变"。

一方面，要正确认识劳动活动的本质没有变。人类的本质体现在其社会性的表达之中，而社会性产生的根源就是人的劳动，劳动在改造人类自身的同时也深刻改变着自然界并创造着世界。即使在现代社会，人类的部分体力或脑力劳动已经被人工智能所代替，但国家的繁荣昌盛、社会的长治久安依然离不开"中国制造"这一硬实力的支撑，离不开每个劳动者默默奉献，各尽所能的辛勤劳动、诚实劳动、创造性劳动。习近平总书记指出，"劳动是人类的本质活动，劳动光荣、创造伟大是对人类文明进步规律的重要诠释"，"人民创造历史，劳动开创未来"，"劳动是财富的源泉，也是幸福的源泉"，这一系列重要论述深刻表明了马克思主义劳动本质论在新时代所变现出的顽强生命力与深刻真理性。高校作为劳动教育开展的主体，在新时代就必须以更生动、更接地气、更丰富的表现形式，将这些关于劳动本质永远都不会发生变化的真理性认识说深、讲透、变活，使其进入每一个学生的心中。

另一方面，要及时认识到新时代劳动形式的变化。高校在新时代劳动教育的开展、研究中要充分认识到新时代劳动形态的丰富性，不能只把体力劳动或简单劳动看成劳动。在当前社会分工越来越明确的生产环境中，无论是脑力、体力劳动，还是盈利、非盈利的劳动，抑或群体、个体劳动及生产、非生产领域的劳动，都应被看成劳动。不能想当然地判断微观的某一种劳动就是宏观的全部劳动，也不能因为一种劳动形式的落后就否认与之相关联的另一种劳动。要真正认同不论是体力劳动还是脑力劳动，不论是简单劳动还是复杂劳动，一切为我国社会主义现代化建设做出贡献的劳动，都是光荣的，都应该得到承认和尊重的道理。要让劳动教育成为促进学生全面发展的重要手段，加强对大学生职业生涯规划的培养，使大学生确立正确的人生目标，深刻认识到新时代劳动形式为自身发展所创造的有利条件，引导大学生根据自身才能、爱好、兴趣进行自主创新创业，真正让劳动成为每个大学生实现自身价值的内在动力。

随着生产力水平的迅速提升，劳动的形式和方法也发生了翻天覆地的变化。劳动教育以劳动为载体，新时期的大学生劳动教育也要立足新时代的劳动本身，突出劳动教育内容的时代性特征,及时调整、适时扩充大学劳动教育的内容。根据新时代社会生产力的需求,提供符合时代需要的劳动人才。新时代劳动教育的开展,为新时代社会发展培养了知识性、技术型、智慧性劳动大军。尤其是在劳动教育的过程中,充分利用互联网技术、科技智能技术等具有时代特征的现代化基础设施,为大学生劳动教育质量与效率的提升助力。另外,新时代大学生劳动教育要积极融入现代信息技术,创新劳动教育的形式和方法。利用现代技术优势,对劳动教育课程的专用系统进行研发,使劳动教育线上教学与线下实践更好衔接。大学生劳动教育要立足当下、着眼未来,坚持与时俱进的原则,促进大学生劳动教育长远发展。

要坚持与时俱进,贴合新时代劳动教育的特点。要明白劳动的"变"与"不变"。劳动的"变"体现在随着时代的改变,劳动形式也在改变;劳动的"不变"表现为劳动的本质必然不会改变。智能科技的日趋普及,在一定程度上确实可以代替人类进行可替代性的事务,但是俗话说得好,"科技以人为本",智能绝不是偷懒的理由,对高素质的劳动者来说,它既是机遇又是挑战。因此,新时代对劳动者提出了更高的要求,劳动教育在这智能时代能够帮助人们立足社会的根基。坚持与时俱进表现为在劳动教育内容上,高校要结合社会发展的要求和学生成长的需要,将创新劳动、休闲劳动、劳动关系等纳入劳动教育内容,为大学生劳动教育注入新的血液,如在课堂上讲授劳动法律、劳动伦理等知识。在劳动教育方法上,高校与社会要迎合新时代大学生"网络原住民"的特点,创新劳动教育方法,充分利用网络等现代化手段开展劳动教育,如大学生可以在信息平台观看他人劳动成果,在观摩中对劳动实践进行反思,提升自己的劳动素养。教师还可以利用慕课、直播互动等新形式,将劳动教育课讲好讲活,增加劳动教育的趣味性、互动性与时效性。在劳动形态上,知识劳动、管理劳动与虚拟劳动等的出现启示人们,劳动的外延已经扩展到抽象劳动、非物质劳动等,劳动的形式更加多元化。劳动者面临的选择更多,要求新时代的劳动教育要更加关注新的劳动形态,引导劳动者正确认识新的劳动形态,学习劳动新方式。时代性原则要求劳动教育要抓住新时代、新业态、新经济的特征,引导新时代大学生掌握新知识、新工艺、新技术。

三、体系化原则

劳动在人类社会中的作用从不是单独发挥的,往往需要借助人与人、人与物的配合才能产生价值。劳动所具有的这一属性决定了劳动教育必须与其他四育相结合，构建起自身完整的知识体系，只有这样才能使其本身的教育价值得到充分发挥。教育的任务就是让劳动渗入我们所教育的人的精神生活中，渗入集体生活中，让劳动在他的少年早期和青年早期就成为重要兴趣之一，因此，我们应当充分关注劳动教育和人才培养之间的关系，在人才培养的过程中落实好劳动教育的任务，发挥好劳动教育的作用。

由于劳动教育是一种直接面向劳动岗位的教育，因此可以说高等教育中所有的专业都是劳动教育的拓展延伸。高校应注意将劳动教育和本校内的专业教育相互结合、有机融合、协同发展，同时也要将劳动教育积极融入社会各项生产实践，依托高校思想政治教育，以立德树人为价值理念，是全体师生乃至社会各界人士的共同价值追求和行为准则。

但现实所存在的问题也让我们认识到，只单纯强调劳动教育的融入工作对劳动教育的弱化、软化、淡化并不会有实质上的帮助，只有在融入过程中给予劳动教育一定的独立地位，才可能保障大学生劳动教育的可持续发展，也只有在劳动教育系统融入与独立运作之间搭起互通的桥梁，构筑起新时代劳动教育体系，才能使大学生劳动教育取得更好的发展。

四、创新性原则

进入新时代，大学生劳动教育在以尊重劳动本质、坚守党的教育路线为原则的基础上，取得了许多值得称赞的新成绩，做出了许多具有开创性的新实践。我们也只有从更深层次的角度领悟和挖掘新时代大学生劳动教育继承与创新的定位，警惕新时代大学生劳动教育中所出现的新问题，对高校大学生劳动教育的内容进行革新。新时代大学生出现的新问题、表现的新特点、面临的新情况呼唤劳动教育的思路革新、手段创新。

当前，高校学生大部分是伴随互联网成长起来的"00后"，是"网络成长陪跑者"，也是"网络原住民"。这类群体对传统劳动的重视程度和实践频率明显较低，显著缺乏参与劳动的主动性，对劳动的认识也多来源于"外卖小哥""滴滴司机"等群体，"不尊重劳动群体，不珍惜劳动成果，不熟练劳动技能"的问题比上一代人、上两代人更加突出。针对大学生的种种新特点，高校在利用传统劳动教育方式对大学生的劳动价值观、劳动伦理观、劳动思想观进行教育，运用实训实习提高其劳动技能的同时，也要积极运用好互联网时代的一切有效载体，使用网络信息、实景模拟、情景再现等先进科技手段来拓宽劳动教育方式。各高校要利用好已有的新媒体手段为劳动教育助力，如对"慕课"、在线课堂、反转课堂、手机课堂、微课堂的应用,通过其及时互通的特点讲好新时代劳动教育课,给劳动教育课程讲授增加互动性、及时性、趣味性。

结合校内外纸质传媒占领并巩固新媒体阵地,创造出大学生喜闻乐见的课堂表现形式,如短视频、情境短剧、动画科普、情景连续剧,轻量化、可视性高、互动性强的新媒体宣传作品,不论在具传播效果还是传播效率上,都可以比以往更上一层楼。根据新时代大学生的网络接触特点、接触习惯,以平等的视角、平等的态度进行劳动教育传播,以网络为载体,让劳动教育变得"好玩""生动""实用",切实提升劳动教育的实际效果。

纵观古今,历史上很多关于劳动教育的思想和实践经验都值得我们参考借鉴。新时代,国际形势瞬息万变,人们的劳动观在多种因素的影响下更加多元化,新的劳动问题日益凸显。在新形势下,想要解决劳动教育所面临的问题,仅仅靠继承传统是远远不够的,只有使继承与创新相融合,即一方面尊重传统的劳动思想,另一方面大胆创新,使劳动教育思想顺应时代的发展潮流,才能寻得解决新时代劳动教育问题的方法。

针对劳动思想的继承与创新可以从以下3个方面着手。第一,大学生劳动教育目标的继承与创新。科技的发展与人工智能产品的普及,让简单的体力劳动逐渐被脑力劳动所取代,大学生在日常生活中参加体力劳动的机会越来越少。加强劳动教育应积极引导大学生进行创新,开展创造性劳动,改变以往只依靠体力进行劳动的形式,将创造性劳动作为劳动教育的新目标。第二,大学生劳动教育内容的继承与创新。大学生劳动教育要紧跟时代的脚步,及时对内容进行更新和创新,使其能够满足社会发展的需求。大学生劳动教育应将劳动法规教育等新内容纳入其教育体系。第三,大学生劳动教育方式的继承与创新。如今,我国的劳动教育主要是通过理论课和实践课这两种途径来进行的。教育工作者在开展劳动教育时要善于运用新方式和新途径,如借助互联网,通过快手、抖音等短视频平台传播劳动知识,使大学生可以通过多种途径接受劳动教育。

五、协同化原则

劳动教育是连贯、全方位、全过程的教育,开展劳动教育不仅要抓住学校这一主渠道,还要看到家庭和社会的协同作用与大学生自身接受劳动教育的主动性。

大学生劳动教育必须正确认识好社会、学校、家庭三者之间的关系,在以学校为主战场的同时也要发挥出社会、家庭的协同教育作用。

一方面,要充分挖掘出家庭在大学生劳动教育中所能发挥出的作用。习近平总书记指出，家庭在人生成长中扮演着重要角色，家庭组织是人生的第一所学校，家庭成员是人生的第一任教师。人生发展如何，"第一粒扣子"起到至关重要的作用，因此，家长要充分重视起自己在"人生第一课"中所扮演的重要角色。当前劳动教育所出现的问题除社会、学校的因素外，很大程度上源于家长对子女的期待过高，轻视劳动教育和对子女过分溺爱。家庭教育的主体是家长，为此，各级行政主管部门和团委、共青团、妇联等群团组织要充分发挥自身优势，协同学校对家长进行劳动教育相关知识的培训和劳动教育相关技能的演示。进一步加强学校与家庭之间的了解互信，构建起以学校为理论教育主体，家庭为自我服务劳动场所的实践场所。学校与家庭合力培养大学生良好的择业就业观，从观念上解决好大学生当前存在的问题，对开展劳动教育效果显著的家庭应给予表彰。

另一方面，要充分展现社会在大学生劳动教育中的重要作用。要做好大学生在社会中的实践活动安排，组织大学生走进社区、农村、部队，切身感受我国社会的风土、人情、文化，在改革开放和中国特色社会主义建设的大熔炉中感知我国大地，体验发展成就；在现实这所大学校里，掌握真实本领，磨炼耐劳意志；在社会这个大舞台上，展现个人风采，回馈社会、报效国家。

同时，学校、社会要协同培养师资团队，把劳动模范组织起来，为学生提供案例教学，现场讲解。要积极向当地政府争取政策支持，例如，为大学生劳动教育提供便利的单位可减收部分征税或向其拨付企业教育基金，对已经和学校建立了稳定合作关系的企业予以奖励，这对有合作意向还未做出行动的企业也可起到吸引其加入大学生劳动教育培养的作用。

六、内容与形式相结合的原则

只有确立正确的劳动教育原则，保证其内容与教育目标具有一致性，引导教育者运用正确的方法开展劳动教育，才能够保障劳动教育顺利、有效地开展，实现劳动教育育人的目的。

大学生劳动教育要坚持教育内容与教育形式相结合的原则，内容是指事物内在矛盾、性质、运动过程和发展趋势的总和，形式是指内容诸要素的结构和组织形式。同一事物，其内容和形式是相互联系的，二者相互作用。不同的内容决定了事物有不同的表现形式。大学生劳动教育内容的丰富性，取决于它拥有多样化的表现形式。大学生的劳动教育既要重视劳动教育的内容，又要注重劳动教育的形式，要坚持内容与形式相结合的原则。加强大学生劳动教育的目的，不仅是为了提高他们的劳动能力，更重要的是培育他们良好的劳动品质，为国家发展贡献更大力量。然而，我国许多高校存在劳动教育内容与目标不一致、教育的内容与形式相脱离的现象。教育者在开展劳动教育时，无法准确把握劳动教育内容，授课形式单一，不能有效调动大学生的学习积极性，致使大学生难以真正理解劳动的实质，于是劳动教育流于形式，无法达到劳动教育的真正目的。要解决上述问题，就要将内容与形式相结合的原则贯穿于大学生劳动教育的始终。教育者要深入挖掘劳动教育的内容，并综合运用多种劳动教育形式，如此才能最大化实现劳动教育的育人功能。

七、集中与分散相结合的原则

大学生劳动教育要坚持集中与分散相结合的原则，在集中训练和分散指导共同作用的基础上开展，凸显劳动教育的育人成效。教育者要将大学生组织起来，以集体授课的方式进行劳动教育，向其传授劳动知识。同时，教育者还可让大学生在课堂上进行小组讨论，分享各自的劳动心得及对劳动的认识。大学生在交流中可以丰富自己的劳动知识，学习劳动理论，并逐步树立正确的劳动观。教育者要积极鼓励大学生参加集体劳动，让其在集体劳动中学会相互配合，形成集体意识。集中教育有助于大学生团队精神的培育，对大学生形成良好的合作意识也有着积极影响。

除了要坚持集中原则，也要注重分散指导在大学生劳动教育中的作用。分散的劳动教育可以借助互联网进行，通过手机、电脑等终端向大学生传播劳动知识，营造良好的网络氛围，在日常生活中潜移默化的影响大学生的劳动观念。同时，教育者在劳动教育的过程中也要依据不同大学生的性格特点，有针对性地开展劳动教育，因材施教。为不同性格的大学生组织不同类型的劳动实践，调动大学生参加劳动的热情，全面提高大学生的劳动能力。

八、理论与实践相结合的原则

马克思和恩格斯从哲学的角度出发，对理论与实践相结合的重要意义进行了深入阐述。马克思指出，理论的最主要目的，就是为行动做指引。他认为，在向大学生灌输理论知识的同时，也要注重引导其参与实践活动，只要做到理论与实践相统一，无论是何种教育都能发挥其应有的成效。我国的传统文化中对教育理论与实践相结合的思想十分重视，如传统文化中的"知行观"，再如儒家所倡导的"读万卷书，行万里路"，都是在理论与实践相互促进、相互影响的基础上，提倡将理论与实践相统一。

教育者在对大学生进行劳动教育的过程中，既要重视对其进行劳动知识的培养，也要积极引导他们将所学知识应用于劳动实践，做到理论联系实际。扎实的劳动理论知识可以指导大学生的劳动实践，在劳动实践中积累的经验又会推动大学生巩固已学的劳动理论知识，二者相互促进、相辅相成。因此，坚持理论与实践相结合的原则，就是要求教育者在劳动教育中，以劳动理论指导学生开展劳动实践活动，并鼓励学生通过劳动实践创新劳动理论。

新时期的劳动教育要注意避免劳教分离的传统教育模式，建立起满足时代需求、全面育人的新时代大学生劳动教育新模式。在劳动教育的过程中，既要夯实劳动理论基础，又要注重开展劳动实践活动。理论与实践并行并举，才是新时期开展劳动教育的科学模式。缺乏理论认识的劳动实践或缺少劳动实践的理论学习都是片面的、不完整的劳动教育。理论教育与实践教育互为补充、相辅相成，从书本到行动、从理论到实践才是劳动教育的根本。总之，新时代大学生劳动教育要始终坚持理论与实践相结合的原则。

第五章 大学生劳动教育的内容与功能

新时代劳动教育体现了党对教育的新要求。劳动教育在人才培养体系中具有不可替代的关键作用。因此，在大学生劳动教育中，我们有必要了解与掌握劳动教育的内容与功能，以促进我国优秀人才的培养。本章分为大学生劳动教育的内容、大学生劳动教育的功能两个部分。

第一节 大学生劳动教育的内容

一、大学生生产劳动教育

生产劳动直接创造物质财富，满足人类物质需求的产品就是由生产劳动创造出来的。生产劳动教育就是要以体力劳动为主，让学生学工、学农，学习劳动工具的使用与相关技术的应用，在亲历工农业生产的过程中了解劳动人民的辛苦，增进对劳动人民的感情，体会平凡劳动的伟大。

生产劳动教育可以划分为农业生产劳动教育与工业生产劳动教育，这两方面的内容都与工农业生产实践密不可分。由于条件限制，各高校、各专业均组织开展工农业生产实践活动并不现实，应当结合实际，宜工则工、宜农则农，农林牧渔等都是开展大学生生产劳动教育的良好素材。一是工业生产劳动教育。各高校，甚至是各高校中的各个学院可根据实际情况，与当地工业企业建立工业生产劳动教育基地，让大学生走进工厂车间，真真切切地参与到工业生产当中，在实践中提升工业生产技能水平；高校也可以邀请当地知名传统工艺艺人作为校外导师到学校开设相关课程，如木雕、刺绣、铸剑、陶瓷烧制、花灯制作等，这样不仅能提高大学生的工艺技术水平，还能够宣传中华优秀传统文化。二是农业生产劳动教育。高校可在校内设置专门的劳动教育试验田，组织大学生到田间地头进行农业生产劳动，通过种植作物了解种植流程，体会劳动价值。

这样的生产劳动教育有助于参与劳动的大学生切身体会劳动价值；有助于

大学生树立正确的就业观，到祖国和社会最需要的地方奉献青春；有助于大学生重视生产劳动实践，最终达到能够在生产实践当中发现问题和创造性解决问题的目的。

二、大学生生态劳动教育

所谓生态劳动，简单地说，就是能够实现利用自然与保护自然本质统一的活动。生态劳动理念蕴含了人与自然和谐共存的劳动理念。劳动促成了人与自然界之间的物质转换，分析马克思、恩格斯关于劳动的论述，我们发现劳动范畴具有生态性。马克思和恩格斯揭示了在资本主义条件下劳动与自然相互对立，劳动成为反自然的活动。为了获得利润，资本家无节制地向自然索取资源，推崇消费至上的理念，造成不必要的资源浪费，导致资源枯竭、生态破坏、环境污染，而这一切的根源在于资本主义私有制。社会主义公有制摒除了资本主义私有制的资本逻辑，对恢复劳动的生态性具有决定性的意义。但在建设社会主义生态文明的过程中，需要加强人们的生态劳动理念教育，使生态劳动理念深入人心，逐步实现人与自然的和谐共生。

随着科技的加速发展，人类对自然资源的开发日渐过度，环境遭到破坏，人类所面临的环境问题日益危及人类的生存。生态文明成为人们关注的焦点，生态文明建设关系着人民的福祉与民族的未来，只有实现了生态文明才能实现人民的幸福生活。生态文明建设离不开生态劳动，而生态劳动实现的条件之一就是生态劳动者必须具备生态劳动理念。作为新时代的大学生，未来的高素质劳动者，为了增强其生态劳动理念，高校教育应将生态劳动理念教育纳入大学生劳动观的培养内容之中。

生态劳动理念教育主要包括以下两个方面的内容。

一是生态化生产方式理念的教育。生态化生产方式即循环式地利用自然资源进行生产，最大化实现废弃物的再利用。人与自然界之间的物质交换过程需要劳动，生态劳动的本质是物质变换以生态劳动的方式来规范人的生产，就是以物质变换的伦理原则来规范人的生产，形成生态化生产方式。将物质变换设定为社会生产方式的伦理原则，即将人与自然的关系定义为一种整体的、友好的、可永续发展的关系。传统工业化生产的方式可以表述为通过大量的物质与能量资源的投入，生产出大量的产品，同时产生大量的废弃物。这样的生产方式是粗放式的、线性的，造成了大量的资源浪费。传统工业化生产所带来的严重环境污染与资源枯竭的问题严重地威胁着人类的生存与发展，要解决这些问题必须改变传统工业化生产方式，减少废弃物的排放，发展高效节能的生产方式。教育大学生具备生态化生产方式理念，就是要教育大学生将人与自然视为一个整体，革新传统工业化生产理念，用物质变换的理念规范生产，实现自然资源在生产中的循环再利用，扬弃大量生产、大量消费与大量废弃式的生产消费模式，使自然资源得到最大化利用，将生产中所产生的废弃物变废为宝。生态化生产方式是对传统生产方式的改造，减少环境污染与资源的过度消耗，将产生的废弃物循环利用，达到降低自然资源消耗、减少废弃物的排放、降低污染的目的。大学生只有建立起生态化生产方式的理念，才能在实际的生产劳动中不断革新生产技术、管理方式，大力发展生态经济，实现经济发展方式从粗放型向集约型转变，促进经济又快又好的发展，促进生态文明建设，实现人与自然的和谐共处。

二是绿色生活方式理念的教育。生态劳动不仅与生产劳动、生产方式相关，也与人们的生活方式相关，因为生活方式直接影响着人们的消费方式，而对商品的消费又直接影响着生产的规模与自然资源的消耗。生态劳动的理念反映在生活领域，需要倡导绿色生活方式。绿色生活方式是指以和谐共生为价值理念，以保护环境为行为准则，形成的自然、节约、环保、健康、可持续的日常实践和生活模式。在物质丰富的现代社会，部分人对物质的追求超过了必要的范围，达到了奢侈与无节制浪费的程度，甚至演变为消费主义，将奢侈与浪费视为发展的动力，在这种消费理念的影响下，必然造成对自然资源的无情掠夺与自然环境的毁灭性破坏。改变消费主义，既要改变资本逻辑，也要改变人们对自然的误解，真正理解生活的真谛。教育大学生形成绿色生活方式理念，鼓励大学生追求适度的消费，秉持消费自然资源的价值合理性与道德正当性理念。这种理念既要保证个人生存和发展所需要的吃、穿、住、用等基本合理消费，也要保证人类生命的延续，这是对人类存续与发展的道德体现。因此，大学生应当树立"绿水青山就是金山银山"、人与自然和谐共生的生态劳动理念，摒弃人定胜天的观念。大学生在日常生活中应坚持勤俭节约，助力"光盘行动"、坚持"垃圾分类"，减少不必要的消费，反对铺张浪费的消费理念，用实际行动维护生态环境，实现绿色生活方式。

三、大学生日常生活劳动教育

大学生的生活场景主要是学校生活与家庭生活，因此日常生活劳动教育可围绕大学生的学校生活和家庭生活展开。日常生活劳动教育与大学生的衣食住行密切相关，将劳动教育与他们的日常生活关联起来。高校可通过制定劳动学分制，对大学生应参与劳动的时间等相关事项做出具体规定，使大学生自觉做好宿舍的卫生保洁，积极参加勤工助学活动，并将其纳入学生日常管理工作。一是了解常见的劳动工具的功能与使用方法，并能够熟练地运用这些劳动工具，例如，扫把的握法、科学的扫地方法，拖把的清洗与使用，簸箕的功能与使用，等等；二是知道室内、走廊、公共卫生间、广场、绿化带等场所的保洁内容、标准、步骤，并能够独立或协作完成以上场所的清洁工作；三是掌握洗衣、熨烫、收纳等实用技巧；四是学习家常菜的烹饪技能；五是了解垃圾分类标准与垃圾投放要求，懂得垃圾分类操作；六是掌握家居日常维修技能，即能够解决家用电器、家具等出现的常见问题；七是掌握基础的日常备药技能，如常见的内服药、外用药、用药辅助用品等。日常生活劳动教育有助于提高大学生独立处理个人生活事务的能力，对当今大学生的生活实际具有明确的现实指向性。

四、大学生服务性劳动教育

劳动这一概念具有发展性，在每一历史时期的含义以及具体内容均有所不同。从体力劳动和脑力劳动区分的角度来说，农业社会中以体力劳动为主，工业社会中体力劳动与脑力劳动的区分明显化，后工业社会的脑力劳动更为重要。近代以来，工业革命和科技革命加速向前，服务性劳动日益增多。不同历史时期劳动含义、内容等的不同，体现出社会发展水平对劳动发展的需求及限制。服务性劳动主要指带有明显的公益性、利他性的劳动。

服务性劳动教育让学生利用知识、技能等为他人和社会提供服务，在服务性岗位上见习实习，树立服务意识，实践服务技能；在公益劳动、志愿服务中强化社会责任感，如参与敬老院探望老人活动、为小学生提供志愿课堂、参与校园保洁活动、参与大学生志愿服务西部计划、"三下乡"、"三支一扶"等公益活动，有助于在活动中了解社会百态与人生百态，有助于提高自身的服务意识与服务能力，有助于培养自身的责任担当与面临重大挑战时的奉献精神，有助于了解个人价值所在，树立服务社会、回馈社会的志向。

大学阶段是学生步入社会前的最后一个阶段，大学生要在大学校园认真研习专业知识，做到求真学问、练真本领、真学真懂、真知真会，学到真处、干在实处。大学生要提升大局观念和社会责任感，将个人发展和国家、社会的发展相联系，在国家需要、个人发展、专业匹配方面找到最佳的平衡点，促进个人价值的实现与社会的需要之间的有机结合。

五、大学生创新创业教育

创造性是劳动的本质特征，正如马克思所指出的那样，"最蹩脚的建筑师从一开始就比最灵巧的蜜蜂高明的地方，是他在用蜂蜡建筑蜂房以前，已经在自己的头脑中把它建成了"。进入 21 世纪以来，科学技术和产业不断发生着巨大的变革，新时代的科技发展朝大数据、人工智能、生物工程等方向发展，创新带来的竞争性优势越来越大。改革开放 40 年以来，我国取得了非凡的成就，经济总量跃居世界第二，成为世界第二大经济体，但是我们必须认识到，随着人口红利的消失、自然资源和环境的约束、改革红利等因素的消失和减退，我国必须转变经济增长方式，实现从要素驱动到创新驱动的发展之路。新时代是由创新引领的时代，培养大学生创新劳动精神有助于大学生成长为创新型高素质人才，也有助于我国进行创新型国家建设，而培养大学生创新劳动精神需要加强创新创业教育。

2014 年 9 月，李克强总理在夏季达沃斯论坛上提出"大众创业、万众创新"的理念，随后在冬季达沃斯论坛上又将"大众创业、万众创新"视为新常态下中国经济腾飞的动力之源。大学生是实施创新驱动战略及推动"大众创业、万众创新"的后备力量和主力军，大学生创新创业的能力将决定全民族创新创业的水平。当前，根据国家要求，各高校普遍开设了创新创业课程，举办了形式多样的创新创业竞赛，极大地激发了大学生的创新创业热情。但在实践中，仍有一些高校存在创新创业教育流于形式的情况，导致大学生创新劳动精神缺乏，创新劳动能力不强。因此，新时代大学生劳动观培养应把创新创业教育作为重要的教育内容。

创新创业教育主要包括以下四个方面的内容。

一是教育大学生明确创新创业教育的内涵与意义。当前，部分大学生，甚至包括一部分教师对创新创业教育的理解存在偏差。部分大学生片面地认为创新创业教育只是教授学生创办公司，或者为了开展第二课堂及社会实践的需要，更有甚者认为创新创业教育只是学校和社会为了解决就业、缓解就业压力而开展的教育活动。另外，受传统观念的影响，很多大学生仍然将大学视为封闭的象牙塔，在学校期间抱着"两耳不闻窗外事，一心只读圣贤书"的心态读书，期盼毕业后找到一份稳定、高薪、轻松的工作。所有这些误解都源于大学生没有真正理解创新创业教育的内涵与意义，导致部分大学生创新创业意识淡薄，创新创业知识储备不够，创新创业能力不足，遇事容易妥协，缺乏奋斗与持之以恒的精神。创新创业教育是中国人的理论创造。创新创业教育是两个独立的概念，是为了适应社会经济发展和国家战略发展而被提出的概念。教育大学生理解创新创业教育的内涵，就是引导大学生理解创新创业教育不是"创业教育"与"创新教育"的简单叠加，其核心价值取向是培养大学生的创新精神、创新意识与创新能力，旨在培养高素质创新型人才。创新创业教育在大学生成才以及走向社会的过程中起着至关重要的作用，在高等教育已经"普及化"的今天，大学生就业难的表面原因是供给过剩，深层次原因是不具备满足用人单位和社会发展所需要的能力。而创新创业教育坚持以问题为导向，以社会需求为导向，培养大学生的创新意识、创新思维及创新能力，有助于培养大学生的综合素质，使大学生适应就业市场的需求，提高大学生创业就业的能力。

二是教育大学生理解劳动与创新创业之间的关系。创新创业与劳动之间存在着密切的关系，无论是创新还是创业，要想取得成功都需要艰苦的奋斗。但仅凭激情、蛮干也不能取得良好的效果，只有建立在实干基础上的巧干才能取得事半功倍的效果，这就需要运用创新思维实现巧干。因此，创新创业的实现是以辛勤劳动、诚实劳动为基础，以创新劳动思维为前提的。部分大学生不能认识到创新创业的艰巨性，不能承受失败的风险与压力，便不能实现真正的创新创业。因此，教育大学生理解劳动与创新创业之间的关系，有助于培养大学生的社会责任感，树立正确的劳动观，提升创新意识和创业能力，促进大学生积极主动就业，依靠辛勤劳动、诚实劳动、创造性劳动创造财富，更好地实现自身价值与精神追求。

三是教育大学生了解创新创业相关政策。大学生只有全面了解党和政府关于创新创业的相关政策，才能更好地进行创新创业活动，有利于增强大学生对创新劳动的认识，同时推动大学生形成创新的劳动观。通过对2010年教育部颁布的《关于大力推进高等学校创新创业教育和大学生自主创业工作的意见》进行学习，大学生可以了解创新创业对学生与社会的重要价值与意义。通过对2012年教育部颁发的《教育部关于做好"本科教学工程"国家级大学生创新创业训练计划实施工作的通知》，以及2015年国务院办公厅印发的《关于深化高等学校创新创业教育改革的实施意见》等文件进行学习，大学生可以了解其进行创新创业所能获得的便利条件，包括允许大学生调整学习进度，保留学籍进行创新创业。对这些政策深入了解，可以免除大学生创新创业的后顾之忧，推动大学生创新创业的真正实现。

四是教育大学生形成创新创业意识。教育大学生形成创新创业意识有助于大学生在求职、创新、创业及工作中不断解决新问题、想出新办法，增强学习与工作的实效性。创新创业意识是人们致力于发现新问题、探索新事物，寻求解决问题的新方法的积极心理倾向，是创造性劳动的内在动力。要形成创新创业意识需要教育大学生将所学的知识内化，通过为学生提供更多的实践机会，增加学生的创新创业经验，并且在实践的过程中引导学生积极地构建、理解新知识，促进知识与经验的有机融合，提升大学生创新创业的能力。在知识内化和经验增加的基础上，创新创业教育才能激发大学生创新创业的兴趣，使大学生积极主动地发现新问题，抓住新机遇，增强大学生创新创业的动机，形成为实现中华民族的伟大复兴而不断创造的价值观，进而不断开发创新创业的潜能，培养用于创新的劳动精神。

第二节 大学生劳动教育的功能

一、大学生劳动教育基本功能的内涵界定

（一）大学生劳动教育基本功能的概念

"功能"是由若干要素按照一定结构有机构成的系统在与特定的环境相互作用时产生的结果。《辞海》中"功能"意为有特定结构的事物或系统在内部和外部的联系和关系中表现出来的特性和能力。从哲学的角度来看，"功能"是事物本身就存在、本来就应该发挥作用的范畴，具有客观性的特征。

关于劳动教育功能的研究相对较少，劳动教育从广义上讲，也是德育和思想政治教育的重要内容，理解劳动教育的功能可借鉴德育功能、思想政治教育功能的相关研究。德育功能是德育系统内部诸要素之间，以及系统与环境之间相互作用产生的结果。思想政治教育功能是指思想政治教育对受教育者和社会生活所能发挥的有利作用或影响。可见，关于功能都强调其"有利作用""积极影响""功用"等特性。依据这样的基本观点，劳动教育功能是劳动教育各要素之间，以及与环境之间相互作用产生的结果，突出表现为教育者与受教育者相互作用促进受教育者成长成才。这一功能是劳动教育产生的直接积极功效，对受教育者全面发展具有重要的引导、教育、激励等作用。劳动教育功能就其典型性来看，是通过塑造一定规格的人才来完成对社会发展的影响的。

大学生劳动教育基本功能是指大学生在接受劳动教育的过程中，通过劳动教育各要素之间及与环境之间的相互作用，对大学生思想品德、能力素质提升所具有的积极作用和功效。

（二）大学生劳动教育基本功能的特征

大学生劳动教育基本功能是能够对大学生的思想品德、能力提升产生积极影响，由此推动社会的进步和发展。大学生劳动教育基本功能的特征表现为以下几点。

第一，实效性。突出表现在通过劳动教育达到塑造人、培育人的特定目的和取得明显成效。劳动教育是人类社会中一种重要的教育活动，即使在早期人类还未充分意识到其已经开展了劳动教育并且它在社会生活中会产生重大影响时，劳动教育就已经伴随人类社会的发展而不断发展。我国古代虽未明确提出劳动教育的观念，也没有形成劳动教育的相关体系，但早在《朱子家训》和各种私人学堂中已经出现劳动教育的萌芽，对个人的思想认识、能力发展、品德素质等产生了重要影响。与此同时，劳动教育基本功能的实效性会受到时代发展、客观环境、劳动教育各要素等条件的制约。

中国共产党建党百年来，劳动教育在一定程度上推进了各项事业的发展，但在 20 世纪 60—70 年代，劳动教育改造政治思想的功能被无限放大，畸变为一种惩罚手段，劳动教育发挥基本功能的水平和程度被严重降低，这是其实效性弱化的又一表现。

第二，多样性。劳动教育的基本功能是多种多样的，存在着本体和派生的顺序。既能通过它所展现出来的作用对受教育者的方方面面产生一定的影响，又能通过培养人才来促进社会的发展。劳动教育是以受教育者的发展为本的，基本功能是丰富的。劳动教育坚持理论与实践相结合，使大学生在接受熏陶、动手实践中塑造自己，建设社会，涵盖了思想、认知、情感、能力等多个方面的维度，实现树德、增智、强体、育美全方位的教育效果。大学生劳动教育基本功能内容的不同方面之间具有协同一致性，作为一个系统的整体能够更好地发挥育人作用。

第三，发展性。劳动教育的内容随着时代的发展而不断丰富，基本功能也不是静止不变的，会随着社会及环境的变化而不断发展，突出表现为以下两个方面。首先，劳动教育基本功能的某一方面会得到强化。在社会主义建设时期，为加快祖国的经济发展，主要通过劳动教育培育合格的劳动者来解决当时面临的经济问题，发挥了劳动教育在实现国富民强中的经济功能。在新的时代背景下，劳动教育对大学思想认识的正确引导功能越来越显著，受到了大众的认同。其次，劳动教育在深化发展中出现新的功能。一直以来，体力劳动都被人们看作一种满足人生存的手段。随着时代的发展变化，在当今时代劳动教育中的体力劳动成为愉悦身心、保持良好心理素质的手段，具有振奋人心的作用。

二、大学生劳动教育的功能内容

（一）新时代劳动教育的社会功能

新时代劳动教育的社会功能体现了时代特点，具体指的是劳动教育的实施对我国社会发展所起的重要作用，主要体现在有利于我国坚持和发展新时代中国特色社会主义、有利于我国稳步实现建设现代化教育强国的目标、有利于我国培养创新型劳动者助力中国梦的实现。

1.有利于我国坚持和发展新时代中国特色社会主义

中国特色社会主义，称"具有中国特色社会主义"，包括中国特色社会主义道路、理论、制度、文化。其科学内涵是要求把马克思主义的普遍真理同我国的具体实际结合起来，走适合中国特色的道路。在马克思主义对社会主义国家的阐述中，劳动教育是社会主义国家的应有之义和重要工程；对我国的具体实际来说，新时代我国的发展趋势要求更好地开展劳动教育，彰显其综合功能。结合普遍真理与我国的具体情况，加强劳动教育符合坚持和发展中国特色社会主义的需要。从理论上来说，党的十八大以来，习近平总书记在多次重要讲话中围绕劳动和劳动者及劳模精神等内容进行了精彩阐述，这些论述既继承和发展了马克思主义劳动思想，又勾勒出中国特色社会主义伟大事业的一个重要的实践路径，构建了习近平新时代中国特色社会主义劳动思想理论体系，成为习近平新时代中国特色社会主义思想的重要组成部分。从这个角度来看，劳动教育的实施，是贯彻习近平新时代中国特色社会主义思想中劳动教育观念的要求。从制度上来说，劳动教育是全面贯彻党的教育方针的基本要求。将劳动教育纳入教育方针，既可体现新时代中国特色社会主义的社会发展和经济形势对教育提出的新要求，指明今后一段时期内教育改革发展的方向与重点，又可正面回应和解决当前教育实践中出现的新问题、新矛盾，着力解决重智轻德、片面发展等问题，确保中国特色社会主义教育事业的可持续发展。从文化上来说，我国建设有中国特色社会主义的文化，就是以马克思列宁主义为指导，以培育有理想、有道德、有文化、有纪律的公民为目标，发展面向现代化、面向世界、面向未来的，民族的科学的大众的社会主义文化。劳动教育通过多方面的教育途径，能够培育人的劳动观念，提升劳动技能水平，也有助于提升人的精神境界，这与"四有"公民的价值导向是有较强相关性的。勤奋劳动、诚实劳动、创造性劳动，是社会主义国家劳动者的鲜明特征。

加强劳动教育,是新时代旗帜鲜明地坚持和发展马克思主义的要求,并且有利于我国坚持和发展中国特色社会主义,体现了劳动教育的重要社会功能。

2. 有利于我国稳步实现建设现代化教育强国的目标

党的十九大报告指出:"建设教育强国是中华民族伟大复兴的基础工程,必须把教育事业放在优先位置,加快教育现代化,办好人民满意的教育。"发展好教育事业,最关键的问题是要培养出什么样的人才。我国进入新时代,社会主义现代化教育强国的目标给人才培养提出更高的新要求,要着力培养创新型、应用型、技能型的人才,而开展劳动教育对人才的培养有着重要的作用。劳动教育运用劳动理论学习和劳动实践活动等方式,旨在使人树立正确的劳动价值观,培育其劳动精神,磨炼其劳动技能。这与我国新时代所呼唤的创新型、应用性、技能型人才的培养目标不谋而合。开展劳动教育,培养合格的时代新人,在一定程度上展现了我国教育的现代化成果,能够为我国实现建设社会主义现代化强国的目标添砖加瓦。一个国家如能被称为教育强国,那么它背后必然具备一个科学的、完善的教育体系。在我国教育体系中,"五育并举"一直是一个重要的方针和目标。在德智体美劳这五项教育中,可以说劳动教育是一个短板,相比其他四项还不够成熟和完善。加强新时代劳动教育,能够加快补足这个短板,发挥劳动教育对其他四项教育的全方位引领作用,促进我国教育体系的现代化,进而使我国离现代化教育强国的目标再近一步。因此,加快教育现代化、建设教育强国,必须充分重视和发挥劳动教育的社会功能。

教育是现代化建设的基础,建设社会主义现代化国家,必须率先实现教育现代化。教育现代化是教育整体发展水平的体现,包括教育思想、教育制度、教育体系、教育内容、教育手段和方式方法等方面。其中,教育体系的建设尤为关键,特别是需要建构一个符合新时代需要的"五育并举"的教育体系。在德育、智育、体育、美育、劳育这五育体系中,劳动教育的地位最为特殊,贯穿于其他"四育"之中,其功能不仅体现在促进其他"四育"取得更好成效,还在于培养人的劳动观念、劳动态度、劳动情感、劳动技能和劳动价值观,具有综合性价值。培养"德智体美劳"全方面发展的人才需要重视新时代劳动教育。只有做好劳动教育这项事业,才能让其更好地助力建设现代化教育强国,为加快我国教育现代化不断造就大批高素质、高能力、高技能的人才后备力量,进而实现教育强国战略。

3. 有利于我国培养创新型劳动者助力中国梦的实现

实现中华民族伟大复兴的中国梦,本质上就是要实现"国家富强、民族振兴、人民幸福"。开展新时代劳动教育,对实现这三个层面的目标都能起到一定的促进作用,有利于我国培养出创新型劳动者来支撑和助力中国梦的实现。一方面,劳动教育可以培养出满足国家需要的高素质劳动者,为中国梦提供人才支撑和智力支撑。新时代的高素质人才,除了能够掌握自身相关领域的专业文化知识,还要有理论联系实际的能力,以应对不同的新风险和新挑战。习近平总书记提出,现在是"百年未有之大变局"。时代环境变了,衡量人才的标准也发生了一定的变化,提出了更高的要求。开展劳动教育,不仅仅是为了让学生掌握一定的劳动技能,还要在劳动教育实施的过程中塑造他们的精神观念。在面对新问题时,要以不怕困难、不惧艰辛劳动的态度来解决这些问题。另一方面,劳动教育的开展和大力实施还有助于营造一个尊重劳动、热爱劳动、欣赏劳动者、积极劳动的社会氛围,这样的社会氛围对我国各族人民团结起来共同实现中国梦的目标是大有裨益的。在新时代,劳动教育就是要通过新的教育手段来引领全社会认同劳动最光荣、劳动最崇高、劳动最伟大、劳动最美丽的相关价值理念。"以劳动托起中国梦"是习近平总书记对我国社会发展的清晰判断,只有加强劳动教育才能培养出一大批积极劳动而又擅长劳动的人才,才能符合新时代教育发展的新要求,才能使我国实现民族伟大复兴的中国梦。

(二)新时代劳动教育的个体功能

1. 导向引领功能

导向引领功能指的是在价值认知、情感倾向和价值观确立等方面的传导和引领功能。劳动教育的基础性功能就是导向引领功能。劳动教育主要承担培养学生马克思主义劳动观的主要职责,需要学生正确认知劳动创造价值,培育学生对劳动和劳动人民的情感,进而确立劳动光荣、劳动幸福的价值观,让学生在劳动教育中深化劳动认知、培育劳动情感继而确立劳动价值观。其中劳动创造价值是认知基础,热爱劳动和劳动人民是情感中介,劳动光荣、劳动幸福是价值追求。

(1)认知导向:劳动创造价值

威廉·配第(William Petty)认为,"土地为财富之母,而劳动则为财富之父和能动的要素",强调劳动对于价值创造的决定作用。习近平强调,"人民创造历史,劳动开创未来"。劳动是人类社会发展的根本推动力量。马克思认为,劳动过程就是劳动者和生产资料相结合的过程。"凡要进行生产,就必须使它们结合起来",二者的结合是劳动的前提,也是创造价值的前提。马克思从劳动的二重性出发论证了价值创造的过程。他把劳动分为具体劳动和抽象劳动,具体劳动是指直接生产商品的各种形式和性质的劳动。具体劳动不产生新价值，只是将原来生产资料的旧价值转移、保存到了新产品上。抽象劳动是无差别的人类劳动，是指生产产品的过程中对体力和时间的消耗，赋予了产品新价值。根据生产要求，劳动活动把生产资料的价值转移到产品上，它运动的每时每刻都形成追加价值，形成新价值。

劳动实践的过程就是不断创造价值的过程。学生积极参加生产劳动，通过付出汗水和努力，将自己的体力和智力能力作用于生产资料，创造出具有价值的成果，全过程参与，见证价值创造过程，体验劳动创造的伟大。做家务和参加志愿服务活动，服务性劳动也是创造价值的劳动，付出时间和精力成本，创造出别人可以享用的价值，自己的劳动对他人产生了意义，同样也是很有价值的。劳动创造价值的认知教育是劳动教育开展的基础，也是劳动教育导向引领功能的基础性功能。

（2）情感导向：热爱劳动、尊崇劳动人民

热爱劳动、尊崇劳动人民是社会主义重要情感导向。这主要是因为劳动是价值的来源，是人类社会进步的唯一途径，劳动人民是推动社会发展进步的根本力量。马克思主义认为，劳动通过改变自然环境，确证了自身的本质。人类通过劳动实现自我发展、自我创造，实现自我价值，劳动决定了人类社会存在的全部内容。自由自主的劳动也是实现人自我解放的条件。在资本主义条件下，劳动者处于被奴役、被异化的地位，越劳动越贫困。在共产主义社会，劳动不再是奴役劳动者的工具，而是解放人的手段，是一种实现自我价值的途径。劳动者能够充分发挥自己的智慧潜能，努力创造劳动果实，促进社会发展，自身也在精神和物质上更加富足，热爱劳动、尊崇劳动人民成为国民共识。在市场经济条件下，培养热爱劳动、热爱劳动人民的情感，还存在大量的不利因素。用金钱衡量劳动价值的风气浓厚，不尊重劳动者的现象还很普遍。我们要坚持不懈地引导学生培育热爱劳动、尊崇劳动人民的情感，引领尊崇劳动、尊重劳动者的社会风气。

要培育热爱劳动的感情。对劳动价值的正确认知是产生热爱劳动情感的前提。只有形成正确的劳动认知，才会深刻把握劳动对个人成长发展、国家和民族富强的决定性意义，也才会发自内心地生发出热爱劳动的情感体验。尊崇劳动人民是热爱劳动后衍生出来的情感。热爱劳动，自然也会对劳动实践的主体，产生尊崇的情感。热爱劳动就是对劳动要产生积极情感。在行动上就是要积极参加劳动活动，接受劳动锻炼。热爱劳动者就是要对劳动人民在革命、建设改革进程中做出的伟大贡献有深刻认识，深刻认识劳动人民的主体地位，对劳动人民有敬仰之情。

热爱劳动和尊崇劳动者最基本的要求就是尊重劳动者及其劳动成果。无论是体力劳动还是脑力劳动，都值得尊重和鼓励；一切创造，无论是个人创造还是集体创造，也都值得尊重和鼓励。劳动本来就没有贵贱之分，任何靠合法劳动获得的回报，贡献社会的劳动都值得赞扬。尊崇劳动者更多地还体现在对其劳动成果的尊重。在生活中要珍惜粮食、保护环境、保护公共设施等。尊崇劳动人民最根本的是坚持工人阶级立场，坚持工人阶级的领导地位，保障劳动人民的合法权益。

（3）价值导向：劳动光荣、劳动幸福

劳动光荣和劳动幸福是在深刻理解劳动在人类社会发展进程中的决定性作用的基础之上，产生对劳动和劳动人民的深厚感情，进而确立的重要社会主义价值观念。劳动光荣的价值观念不仅来源于自身对劳动价值的深刻把握和劳动带来的成就感，还来源于集体对个人劳动价值的认可和褒扬。市场经济的深入发展，需要更加强调劳动对个体自身利益的意义，劳动幸福应运而生。

劳动是财富的源泉，也是幸福的源泉。劳动创造了幸福生活的物质基础，劳动实践本身就是幸福的。马克思主义将幸福分为三个层次。第一，劳动创造了幸福的物质基础。满足人们生存和发展的需要是实现幸福生活的基础。马克思认为，满足人们生活需求的生产劳动是最基本的实践活动，人们的幸福生活建立在生活物质基础相对充裕的基础之上。第二，劳动实践本身还能给劳动者带来幸福感。劳动是人的生命存在方式。从这个层面看，劳动权和生命权是同等重要的，劳动不只是手段，更是目的本身。只是把劳动作为获得生活资料的手段，即不会再自主劳动，不会在创造性劳动中获得幸福，劳动也就会失去动力和意义。第三，人与人的层面。劳动不仅有自然属性，还有社会属性，劳动过程不仅生产产品，还生产人与人的社会关系。马克思在《哲学的贫困》中提到，"这些一定的社会关系同麻布、亚麻等一样，也是人们生产出来的"。因此，我们如果想获得更高层次的幸福，就需要用自己的劳动更好地满足他人的需要，为人民服务。正如马克思在选择职业时认为，为自己而劳动只会成为行业专家，而成为不了伟大人物。只有为共同目标而劳动的人才会成为伟大人物，为大多数人带来幸福的人是最幸福的人。

2.情感培养功能

劳动教育的育人导向要更加注重大学生精神世界的塑造，培养其积极的劳动情感，鼓励大学生积极参与到各项事业中去。

（1）厚植大学生热爱劳动的情感，使其自觉做到崇尚劳动

热爱劳动是中华民族的优良品质，正是凭借辛勤劳动，人类祖先走出了丛林蛮荒，开辟了农业时代，到处都是劳动者埋头劳作的身影，谱写了彪炳史册的辉煌历史。中国共产党始终强调热爱劳动的重要性。延安时期，党号召青年们积极投入生产劳动，展现生产劳动对人的思想和精神改造的价值，培养他们热爱劳动的情怀。新中国成立伊始，爱劳动就成为公民公德之一。习近平总书记指出，将劳动教育纳入人才培养的全过程，培养热爱劳动的高素质劳动者。这些贯穿古今的热爱劳动的思想成为新时代劳动教育情感培育的沃土。

劳动教育肯定了劳动的作用和伟大意义。从国家发展来看，劳动是将中国梦变为现实的根本支撑；从社会发展来看，劳动是推动社会车轮滚滚前进的根本动力；从个人发展来看，劳动是促进人身心不断完善的重要途径。正如习近平总书记所倡导的，人类是劳动创造的，社会是劳动创造的。劳动教育引导学生在理论和实践中切实感受到劳动的崇高，激发学生热爱劳动的内生动力，使学生产生热爱劳动的情感。在大学阶段，学生学习的过程就是劳动的过程，热爱劳动与热爱学习也是统一的，有利于大学生形成自学的良好习惯。

（2）教育大学生立志报效国家，用实际行动奉献社会

大学生劳动教育旨在通过理论教育和实践活动引导学生意识到自身价值对集体的意义，进而以自己的劳动实践来促进集体和社会的发展进步。日常生活是与大学生密切联系的现实领域，劳动教育突出表现为注重大学生良好卫生习惯的培养，一方面提高大学生在公共区域保持洁净的自觉意识，寝室、教室和图书馆是大家共同生活和学习的场所，自觉做好宿舍和教室的卫生保洁既是对自己负责的表现，也是对他人负责的表现。另一方面，从日常小事中强化了大学生个人的责任与担当，证实了个体的劳动行为可以为集体的团结协作带来正能量，是大学生成长成才、服务社会、奉献国家的基础。大学生生产劳动教育是日常生活劳动教育的延伸。这一环节要求大学生学以致用，创造劳动价值。一方面，生产劳动教育有助于大学生实践能力和素质的提升，在职业生涯中获得更好的发展，提高个人收入和家庭的生活水平。另一方面，大学生确实从劳动过程中体会到劳动的快乐，以及自己的劳动成果对社会的重要价值，更能清晰地认识到国家与个人价值的相互关系，以更高的积极性用劳动托举中华民族伟大复兴的中国梦。服务性劳动教育是引导大学生将个人价值追求融入社会需求和国家发展的直接途径。在各类志愿服务活动、假期公益实践活动中，大学生用自己所学的知识和技能去帮助他人，感受奉献的快乐，满足自身对更丰盈的人生的向往，把服务人民和为社会

和祖国奉献作为人生的最高追求,用自己的实际行动为社会进步和国家发展尽绵薄之力。

3. 品德涵育功能

劳动教育作为思想政治教育的一种形式,具有品德涵育功能。劳动教育既是一种思想教育,又是一种品德教育。劳动本身孕育了优良品德,劳动教育必定也会促使大学生学习、内化优良品德,即具有一种内在的品德涵育功能。

（1）引导大学生继承中华民族优良传统,形成吃苦耐劳的品德

习近平总书记曾经说过:"劳动创造了中华民族,造就了中华民族的辉煌历史,也必将创造出中华民族的光明未来。"劳动是中华民族的优良传统,中华儿女在农业劳动中开创了中华文明,我国传统的神话传说、文学典籍中都不乏对农业劳动者的赞美,赞扬中华民族热爱劳动的优良品质。

中国古代先贤们把劳动作为修身、齐家、治国的重要途径。孟子有云,"天将降大任于斯人也,必先苦其心志,劳其筋骨……",可见加强自身修养必须通过劳动来锻炼身体,坚定意志,涵养自己高尚的德性,使身心达到和合的境界。著名的《朱子家训》开篇就是"黎明即起,洒扫庭除",彰显了劳动教育是管理好家庭的重要手段,在家庭教育中占据重要地位。《左传·宣公十二年》提到,"民生在勤,勤则不匮",意谓民众辛勤劳作生活就不会贫穷,物资就不会匮乏。历史上的统治者始终将农业生产放到最重要的位置,鼓励劳动人民积极参与农耕劳作,促进国家的繁荣昌盛。

劳动教育继承了中华传统文化中的优良劳动传统,在新时代继续发挥着育人作用。激励当代大学生秉持辛勤劳动的传统美德,通过劳动实践活动提升个人综合素质,做好家庭教育,为实现中华民族伟大复兴、创造美好幸福的生活而艰苦奋斗。

（2）培养大学生形成勤俭节约、珍惜劳动果实的美好品德

"勤俭"二字不可分割,意味着辛勤劳动和珍惜劳动果实是密不可分的。第一,尊重他人的劳动成果,树立正确的节约观。古人有云"一粥一饭,当思来处不易;半丝半缕,恒念物力维艰。"说明人应该经常想起所用的衣食之中凝聚着劳动人民的汗水和心血,珍惜劳动果实的来之不易。习近平总书记针对餐饮浪费现象要求"大力弘扬中华民族勤俭节约的优秀传统,大力宣传节约光荣、浪费可耻的思想观念。"号召全社会节约粮食,培养节约精神。第二,尊重自己的劳动成果,形成正确的消费观。劳动教育的内容不能仅局限在作为生产的劳动,更要关注作为消费的劳动。通过劳动得到的财富充满艰辛和不易,要懂得量入为出,

适度消费。大学生在亲身体验获得劳动成果的辛苦中，一方面能够推己及人，感悟他人劳动成果的来之不易，形成节约的意识和观念；另一方面完成劳动任务后得到相应的报酬有利于大学生体悟到自己的财富不是不劳而获的，减少浪费现象和懂得节约用与依靠自己的劳动创造财富，形成既珍惜他人劳动成果，又珍视自己劳动成果的情感。

（3）培养大学生弘扬劳模精神、劳动精神、工匠精神的精神品格

第一，培育劳动精神。劳动精神是指劳动者在劳动实践过程中展现出的品格特质，是成为一名合格劳动者的必备品质。习近平总书记在接见劳动模范和先进工作者、先进人物代表时首次提出劳动精神，提出"全体社会成员弘扬劳动精神"的重要论断。他要求劳动模范和先进人物要身体力行向全社会传播劳动精神和劳动观念。广大党员、干部要带头弘扬劳动精神。习近平总书记将劳动精神内涵界定为"崇尚劳动、热爱劳动、辛勤劳动、诚实劳动"。

习近平总书记关于劳动精神的系列论述为我们正确认识和弘扬劳动精神提供了根本遵循。对于劳动精神的内涵，可以从价值观要求和实践要求两个方面理解和把握。在价值观层面，要崇尚劳动和热爱劳动，两者是内外关系。崇尚有推重提倡、重视尊重之义，是一种外显性的价值取向。而热爱劳动是自发性的价值观念，也是对自我的实践要求。在行为要求层面，要辛勤劳动和诚实劳动。辛勤劳动就是要靠自己的苦干实干获取幸福生活。这既要求我们不断提高专业技能水平、增强劳动本领，又要发扬求真务实、干在实处的优良品质。劳动活动是人们投入时间成本和体力智力成本获得劳动果实的过程，这个过程的显著特征就是投入和产出呈正比例关系。那种想要不劳而获、投少得多的想法是错误的、危险的。空谈误国，实干兴邦。劳动活动的特性要求我们遵循生产规律，立足现实，稳扎稳打。作为社会主义的建设者，我们还要充分发挥工人阶级的先进性，讲大局，讲奉献，在服务国家和人民的过程中，实现个人价值。诚实劳动就是要求我们的劳动行为必须合乎道德规范和法律准则。我们赞扬合法劳动和诚实劳动，坚决反对通过非法手段获得非法收入的行为，以保障社会和谐有序和公平正义。严厉打击坑蒙拐骗、投机倒把、敲诈勒索等非法行为，提倡辛勤劳动和诚实劳动。

劳动教育以劳动实践为载体，以宣扬劳动精神为核心内容。在高校教育中，劳动教育活动是专门培养学生正确劳动价值观念、提升劳动技能水平的活动，更应成为宣扬劳动精神的主阵地。弘扬劳动精神必须通过劳动实践。反过来讲，弘扬劳动精神，也是精神转化为物质的过程。这既是劳动精神自带特质，也是弘扬劳动精神的巨大意义。因此，培育劳动精神必须牢牢坚持劳动实践教育这个主渠

道，引导大学生在劳动实践中感悟劳动精神的现实内涵，深化体验劳动精神的伟大力量，提高自己弘扬践行劳动精神的积极性和主动性，丰富精神世界。

第二，弘扬劳模精神。劳动模范是劳动者大军中的优秀代表，是对国家经济和社会建设做出了突出贡献的劳动者代表。习近平总书记评价劳动模范是"坚持中国道路、弘扬中国精神、凝聚中国力量的楷模"。我们要学习他们拥有责任感、卓越的劳动创造能力和拼搏奉献的精神。

劳模精神是指劳动模范群体展现的精神特质，也是劳动模范群体获得成就的经验总结。劳模精神是民族精神和时代精神的集中体现，是社会主义核心价值观的生动展现，具有丰富的现实涵义。习近平总书记将劳模精神的内涵定义为"爱岗敬业、争创一流，艰苦奋斗、勇于创新，淡泊名利、甘于奉献"。二十四个字分为三个层次，"爱岗敬业、争创一流"是劳动模范群体成为模范的基础，也是劳动模范业绩突出的"硬实力"。"艰苦奋斗、勇于创新"是劳动模范群体的作风和特质，也是他们获得成功的作风保证。"淡泊名利、甘于奉献"是社会主义劳模的精神境界，也是其先进性的显著标志。习近平总书记强调，劳模精神是社会主义核心价值观的现实诠释，是我们的宝贵精神财富和强大精神动力，具有重要现实意义和时代价值。

劳模精神和劳动精神都是劳动教育的核心内容，但两种精神的展现主体各有侧重。劳动精神是全体社会劳动者所展现的精神价值，也是每一个合格劳动者都应具备的品质特征。劳模精神是特指劳动者大军中的劳动模范群体表现出的精神品质，具有更强的先进性，是广大劳动者不断前进的标杆和方向。在现实实践中，践行两种精神有层次区别，是有前后顺序的。只有先做一个合格的劳动者，才有可能成为劳动模范。劳动模范作为劳动者大军的先进群体，是全社会人民都应该学习的榜样，他们展现的劳模精神也必须得到弘扬和践行。劳动教育应该重视先进榜样的激励作用。积极开展劳动模范进校园活动，促使大学生近距离接触劳动模范，了解劳模的优秀事迹，真实感受劳模精神的强大力量，营造学先进、做先进的良好环境。

第三，涵养工匠精神。工匠精神是指工匠群体在生产实践中逐渐形成的一种精神品质，是其精神风貌和技艺水平的集中展现。在新时代，我国正处于加快发展现代产业体系，坚定不移地推进制造强国和质量强国建设，实现高质量发展的重要时期。弘扬工匠精神是培养新时代高素质劳动者大军的重要举措，有利于为全面建设社会主义现代化国家注入精神动力和提供智力支持。工匠精神是优秀劳动者在平凡的岗位上不断超越，追求极致表现出的工作精神状态和价值追求。工匠精神具有以下几个特点。第一，工匠精神的主体是不甘平庸的劳动者。只有不甘平庸、勇于进取才能在工作技艺上不断超越，不仅是超越别人，更要超越自己，不断追求极致。第二，工匠精神是劳动者发轫于内、自我超越的精神品质。劳动者沉下心，甘于寂寞，不断苦练技艺，勇攀技术高峰，最后树立科技标杆，展现了不断进取的精神。这种精神主要是劳动者自我追求的产物。第三，工匠精神体现了劳动者追求极致的价值取向。工匠不甘人后，开拓创新，不仅仅要超越他人，更要不断超越自我，追求技术上的不断创新。工匠精神是以工匠群体为主体展现的精神品质。不是每一个劳动者都是工匠，但是每一个劳动者都需要工匠精神。

工匠精神作为劳动教育的核心内容之一，在深入推进高质量发展，全面建设社会主义现代化国家的时期具有重要的历史和现实意义。弘扬工匠精神彰显了一个民族尊重知识、劳动和创造的鲜明导向。弘扬工匠精神对于民族进步、企业发展和个人成长具有重要的意义。工匠精神为个人职业发展、企业发展和民族进步提供精神动力和价值指引。在新时代，弘扬工匠精神要充分发掘传统文化基因，深入挖掘、宣传工匠精神的深刻内涵；要深入挖掘和宣传杰出工匠的优秀事迹，讲好工匠故事，在全社会形成尊重工匠、关爱工匠、传承工匠精神的良好氛围。

4. 能力提升功能

大学生劳动教育的终极目标是大学生将正确的劳动观念付诸实践，做出正确的劳动行为。形成正确的劳动观念需要在实践活动中进行，需要实践的检验，最终服务于实践。大学生劳动技能和劳动能力的提升是劳动教育效果的检验标准。大学时期是从校园走向社会的过渡时期，劳动教育在促进劳动观内化为精神追求的同时，也在提升大学生的实践能力。

（1）促使大学生掌握劳动技能

具有必备的劳动能力是劳动教育的总体目标之一。作为衡量劳动能力的重要指标，扎实的劳动技能是满足个体在社会中生存的前提条件。第一，日常生活劳动技能是大学生基本生活能力的表现，是关于生活的知识，既包括管理好个人内务的生活自理能力，也体现为积极应对日常生活的良好心态。第二，生产劳动教育技能是大学生在劳动实践中动脑思考和动手操作相结合的结果，一方面是在各种生产一线过程中掌握各种工具的使用方法。另一方面，大学生产劳动实践技能具有专业性的特征，根据不同学科的专业需要，大学生的专业技能水平有不同的侧重。第三，服务性劳动教育技能是大学生深入社会、了解社会，在服务人民和社会的过程中形成的。除了日常工作的操作能力，还需要良好的沟通和团结协作能力。

大学生劳动教育最基本的功能就是锻炼学生的劳动技能。劳动教育秉持理论和实践相结合的理念有利于大学生获得扎实的劳动技能,通过加强劳动知识教育,以系统地学习或培训的方式引导学生掌握关于日常劳动、生产劳动、服务性劳动的知识,奠定深厚的理论基础。此外,以实践活动为依托加强劳动技能教育,在具体的劳动过程中培育学生的实际操作能力,把书本知识用到实际的过程不仅有利于理解理论知识,也有利于促进知识的应用转化和提升劳动者的劳动技能,提高生产效率和质量。

（2）提升大学生创新创造能力

习近平总书记指出"国际竞争新优势越来越体现在创新能力上,谁在创新上先行一步,谁就能拥有引领发展的主动权。"可见,创新对国家和民族高质量发展的重要性愈加明显。大学生提高创新创造本领是顺应时代的创新大潮,满足中国特色社会主义事业发展的需要。

劳动教育向大学生传递了新技术、新行业的发展动态和基本知识,丰富了其学识,是实现创新创造的前提。实践与创新是密不可分的,劳动教育的实践为大学生提供"做中学,学中做"的平台,在手脑并用中促进大学生的智力发展和动手操作能力。面对在实践中遇到的问题,大学生进行高度的智力投入,利用已有经验无法解决问题时,就形成了创新的驱动力,不断生成创新因素,促进创新创造能力的生成。除此之外,在劳动教育过程中鼓励大学生以现有的知识和技能为基础,结合对劳动过程的思考,积极提出新观点、新创意,不断激发创新创造的潜能。

（3）增强大学生心理调适能力

心理健康是大学生学好科学文化知识的保障,同时,良好的心理状态是影响身体健康的重要因素,现代医学已经表明,心理问题会影响人的睡眠、食欲,造成神经紧张、记忆力减退等不良现象,使人萎靡不振。《关于加强学生心理健康管理工作的通知》中明确提出,充分发挥劳动教育来促进学生心理健康的发展。

在日常生活劳动中,劳动教育主要以处理个人事务的形式出现。由于体力劳动与体育锻炼对提高人的身体素质有同等重要的作用,所以日常生活劳动能够缓解大学生在学习上的压力,大学生在劳动中可以提高人际交往的能力,充分体验人情温暖和安全感,有利于个人在面对各种挫折时克服焦虑和恐惧。在生产劳动教育中,大学生基于专业基础知识,能够真正在劳动实践中做到手脑结合,把直接经验和间接经验联系起来,创造出劳动成果。一方面,让大学生在艰辛中调整心态,提前适应生产过程中的严格要求,提高了职业适应能力和职业竞争力。另一方面，劳动产品是劳动者动手操作能力、思维创造能力和个人审美的结晶，用自己的双手创造出的劳动成果给人的内心带来极大的满足感和成就感，能够陶冶人的心灵。在服务性劳动教育中，大学生服务社会和他人后，收获了来自个体自我认同和社会认同的高层次精神享受，体会到服务社会、奉献自我的快乐，有利于大大提升自我效能感、成就感。

5.政治认同功能

政治认同是指社会成员在一定政治生活中生发的情感倾向和归属感。政治认同是社会成员对当权者和政府所具有的情感和心理的确认，社会成员的归属感、责任意识、使命感是政治认同的主要内容和目标追求。由于劳动在马克思主义理论中占据基础地位，以及在此指导下建立的制度体系渗透在国家制度文化等各个方面，因此进行劳动教育具有促进政治认同的重要功能。有相关学者认为，劳动教育应该强调的重点之一是"社会制度正义"，即"反对和逐步消除劳动异化，鼓励受教育者追求'按劳分配'等社会主义分配原则与社会制度正义"。因此，劳动教育具有促进政治认同的功能，其突出表现在促进制度认同和理论认同。

（1）制度认同

制度认同是指人们在一定时期内对制度的一种积极的认知评价、价值认同、情感体验和现实行动的总和。劳动教育对政治认同的意义体现在对政治制度和经济制度的促进作用。

在政治制度方面，《宪法》规定，我国是工人阶级领导的，以工农联盟为基础的人民民主专政的社会主义国家。这一规定体现出以工人和农民为主体的社会主义劳动者大军在我国国家政权中的重要地位。坚持这一规定，最重要的就是坚持劳动人民的主体地位，坚持工人阶级的领导地位。人民创造历史，劳动开创未来。工人阶级是我国的领导阶级，代表着先进生产力和生产关系，是我们党执政的阶级基础。在全面建设现代化国家、实现民族复兴的过程中，以工人阶级为主体的劳动者发挥着主力军的作用。我国工人阶级有光荣的历史文化传统。在我们党的领导下，以工人和农民为主体的劳动者在革命、建设、改革各个历史时期做出了重大贡献。在新时代，工人阶级和广大劳动群众在我们党的领导下，继承光荣传统，继续在国家社会发展和民族团结进步中发挥主力军作用。不论时代如何进步，也不论科技如何进步，我们都不能忘记全心全意依靠工人阶级的根本方针，不能动摇工人阶级地位和作用，继续坚持全心全意为劳动人民服务的宗旨。

坚持劳动人民的主体地位不仅体现在认识上，而且体现在行动上，保障劳动人民的合法权益，充分调动人民群众从事劳动生产的积极性、主动性、创造性。我们要积极营造热爱劳动、尊崇劳动者的良好风尚，教育人们积极劳动，创造幸福生活，实现民族复兴，成为一名优秀的劳动者，这些也正是劳动教育的价值和本质。

在经济制度方面，我们坚持以公有制为主体、多种所有制经济共同发展的基本经济制度。与此对应，在分配制度上坚持按劳分配为主体、多种分配方式并存。这继承了"不劳动者不得食"的原则要求，成为中国特色社会主义市场经济的显著标志，构成了我国经济方面的顶层制度。在剥削阶级社会里，由于以私有制为经济基础，劳动分工是非自愿和强制性的，劳动对人本身的活动来说，是与之对立的力量。产品不断增值的同时人在不断贬值，劳动和劳动者相异化。我国建立以公有制为主体的基本经济制度和按劳分配的分配制度，坚持效率和公平的辩证统一，充分发挥了劳动者的积极性。我国一直以来都认识到劳动和劳动者的重要作用，尊崇和弘扬劳动精神，强调劳动光荣，营造良好的社会风气，努力保障劳动者的合法权益，致力于和谐劳动关系的构建。这既是我国社会主义制度的本质要求和鲜明特色，也体现出我们致力于构建有经济制度保障的和谐的劳动关系。

劳动教育通过强调劳动在社会经济发展中的重要作用，使学生了解劳动人民是推动社会发展的决定力量，是一切财富的创造者。教育学生理解和坚持劳动人民在社会主义社会的崇高地位，在国家政治经济领域的主体地位。这有利于我们坚持社会主义发展道路，增强对中国特色社会主义制度的认同。

（2）理论认同

马克思主义劳动学说是马克思主义理论体系的基石。马克思以劳动解说唯物史观，以劳动构建剩余价值，以劳动奠基人的解放学说思想，从而形成丰富的劳动思想。

劳动价值论是理解马克思主义政治经济学的钥匙。马克思从劳动的二重性出发解释了商品的二重性，进而发现价值产生的秘密，提出了科学的劳动价值论。以劳动价值论为基础，马克思发现剩余价值规律。马克思揭示了资本主义的经济运行规律，阐明资本主义剥削的本质，进而论证了资本主义产生、发展、灭亡的历史进程，为社会主义建设提供了现实路径。

劳动是人类生存发展的基础。习近平总书记指出，"人类是劳动创造的，社会是劳动创造的"。马克思认为，人类从生产满足生存需要的物质起步。而劳动正是生产满足这一需要的物质活动。劳动不断地调节人与自然、人与人的关系，在此过程中，人和动物才区别开来，劳动理论是唯物史观的出发点。马克思认为，人类历史就是劳动诞生的历史。因此，马克思认为考察人类历史应该从生产活动出发，进而考察市民社会，再以市民社会为基础，理解人的意识。

马克思主义异化劳动思想为人类解放指明方向。私有制的存在导致人的异化。劳动者和劳动产品相异化。劳动者生产的效率越高，他反而越贫困。人和自己的生命活动相异化。劳动不再是人自由自主的生命活动，而变成了被强迫、给自己带来痛苦的活动。人和自己的类本质相异化。作为有意识的自由活动的劳动者，是人和动物相区别的根本标志。异化的劳动者和自己的身体相异化，也使人和自然界相异化。人类的生活变成了维持肉体存在的手段。人和人相异化。劳动产品和生命活动都不能被劳动者本人自由支配，而是由他人占有。资本家不参与劳动，但却占有劳动者的劳动和产品，与劳动者对立存在。对异化劳动进行批判是实现有意识的劳动、实现劳动复归的必由之路。人类解放就是要扬弃异化劳动，要实现人对自己类本质的真正占有，实现人与人、人与自然的和谐。习近平总书记提出的劳动幸福的思想就是从这一理论出发的。

马克思主义劳动学说既是劳动教育的根本遵循，又是劳动教育的核心内容。新时代开展劳动教育要坚持马克思主义劳动学说的指导地位。通过课堂，使受教育者系统学习马克思主义劳动思想，促进对马克思主义理论的理解和认同。通过劳动的实践、锻炼、强化，使受教育者感受马克思主义劳动学说的真理性，强化对马克思主义理论的认同。

第六章　大学生劳动教育的实践指导

劳动教育作为"五育"的重要组成部分之一，受到党中央、国务院的高度重视，充分彰显了劳动教育的重要作用与价值，而劳动教育在大学的实践中同样具有深远意义。因此，高校教师在对大学生进行劳动教育的过程中，给予学生一定的实践指导是十分必要的。本章分为生活劳动实践、生产劳动实践、服务性劳动实践三个部分。

第一节　生活劳动实践

一、生活技能型

"一室之不治，何以天下家国为"，落实劳动教育，也需要重建"打扫卫生"的劳动课程。校园是我们生活、学习、休息的重要场所，干净整洁的校园环境体现了师生的精神面貌与个人素质，直接关系到广大师生的身心健康。学会宿舍、教室、餐厅等生活环境的整理技能，有利于规范学生作息，使之形成良好的习惯，有利于学校将创建文明与养成教育和学风建设相结合，为大学生营造舒适、整洁的学习和生活环境。

（一）宿舍卫生

随着高校宿舍条件的不断改善，大学生在宿舍的时间越来越长，宿舍已成为他们日常生活、学习的重要场所。以宿舍为阵地开展大学生劳动教育具有一定的基础优势。然而，目前多数高校的宿舍管理仍停留在"看管式"管理模式，对培养学生的个人劳动素养并不能发挥出最大功效。劳动教育将学生融入宿舍阵地，充分调动了学生的劳动积极性，营造出了健康的宿舍氛围与环境。

（二）教室卫生

教室是高校传播知识的重要场所，一个文明的课堂有利于学生获得知识。良好的学风，文明的课堂，离不开每一位同学的自觉维护。

1. 文明教室倡议书

不把食物带进教室，主动清理抽屉垃圾；以爱护教室环境为己任，自觉维护教室的清洁卫生，做好值日工作；保持教室安静，不喧哗、嬉戏或高声朗读妨碍他人学习；不在教室内吸烟、随地吐痰；上课前，确认讲台、黑板是干净整洁的，给教师一个舒适的上课环境；进入教室后，将手机关机或调为振动状态，轻声走路，轻声就座；节约用电，离开教室时，关闭门窗、电灯等设施；尊重管理人员的劳动，并服从他们的管理。

2. 教室卫生要求

保持室内清洁，定期清理，擦拭地面、桌面、门窗、玻璃和黑板，保持室内空气新鲜；地面每日拖扫干净，保持光亮、清洁、无尘。教室内无痰迹、水果皮、瓜子皮、纸屑等；教室内的桌椅无刻画涂写现象，并摆放整齐，不践踏、损坏桌椅，爱护多媒体设备、灯具、暖气片；墙上无蜘蛛网、无乱贴乱挂、乱涂乱画现象，无脚印、墨迹、颜料等污迹。教室内无乱拉电线等现象；教室内清扫工具整齐地统一堆放于一角。

3. 教室卫生自查标准

教室卫生按地面为40分，桌椅卫生及摆放为25分，墙壁、风扇、黑板为15分，门窗为15分，卫生洁具为5分，进行评分，共计100分。

①教室地面（共计40分）：地面清理不干净的，减5～10分；有碎纸和其他废弃物的，减5～20分；垃圾未倒的，减10分；未打扫的，减40分。

②教室桌椅卫生及摆放（共计25分）：抽屉内有废弃物的，减3～15分；桌椅摆放不整齐的，减10～15分；计分减完为止。

③墙壁、风扇、黑板（共计15分）：电风扇有灰尘的，减2分；内墙壁有污迹或表面有蜘蛛网的，每处减2分，最多减4分；讲台未擦干净的，减2分；黑板未擦干净的，减3分；黑板未擦的，减5分；计分减完为止。

④教室门窗（共计15分）：教室大门（包括前后门）未擦干净的，减2分；教室大门未擦的，减5分；一个窗户不清洁的，减1分；一个窗台未擦干净的，减1分。

⑤卫生洁具摆放不整齐、位置不固定的，减2分；卫生洁具不齐全的，减3分。

（三）食堂督导

食堂是学生重要的就餐场所，食堂卫生状况与校园生活品质息息相关，加强食堂卫生督导，可以为学生提供一个相对客观的卫生参考标准，增强学生的自主管理意识。

1. 食堂卫生标准

地面、桌面、坐凳、电器设备、窗、墙壁等保持整齐、清洁；餐厅通风好、光线好，就餐环境舒适；防蝇、防尘设备齐全，餐厅内无乱贴乱挂现象；餐具、盛具清洁卫生，售饭台清洁卫生，洗碗池清洁通畅，门帘及时清洗；卫生工具存放统一整齐，窗台及墙角不随便摆放杂物；周围环境卫生区无杂草、杂物，无卫生死角；周围墙壁无乱贴乱画和乱搭乱挂现象；操作台干净卫生，各种炊具摆放整齐；生熟食品分开存放，并有明显标记；用过的餐具一洗、二刷、三冲、四消毒、五保洁；冰箱、冰柜、消毒柜由专人管理，冰箱、冰柜每周定期除霜，柜内无异味；生菜上架，摆放整齐；水池保持清洁，素池、荤池分开，上下水道畅通，排水沟无垃圾、无异味。

2. 食堂卫生督导行为规范

①检查前：检查时间由小组成员共同商定，并避开食堂就餐高峰期；组长在检查前一天领取检查表、工作证和小红帽；检查人员严格对待每次检查，原则上不允许请假。若确实在时间上有冲突，可以与其他检查人员换班。

②检查时：检查人员必须佩戴工作证和小红帽；检查人员要着装整齐，不可穿拖鞋，不可披头散发；检查人员必须态度端正，恪尽职守，熟知相关检查项目和要求，严格按照检查表进行评分；发现违规行为，必须拍照取证，保留第一手资料；检查时尽量避免与商家发生冲突，若遇到食堂人员不配合等情况，尽量要求食堂管理员协调处理，对不配合的商家据实记录并反馈给学院；若有商家贿赂或威胁等，需立即将情况告知相应食堂管理员。

③检查后：对检查时发现的违规行为（已拍照取证的违规行为）进行扣分。评分时只记满分与 0 分；组长按照样板整理好扣分项目及照片，在指定的时间内将文件发送给相应的管理部门。

生活技能型劳动教育的价值在于使学生具有更好的决策力，提高其参与劳动的积极性和取得个人成就的能力。青年成长是一个心理、生理和情感成长的过程，在这个非常重要的时期，教师、家长等有责任通过指导，帮助学生获得良好的生活技能，使之在学习、生活和未来的工作中取得成功。

二、绿色环保型

生态保护是建设美丽中国的必然要求，也是实现生态文明的必由之路。绿色环保型劳动技能教育，有利于构建优美的校园环境，形成良好的教育氛围。大学生要有环境保护的责任感和紧迫感，要将保护环境的道德观念内化为自觉行动，养成自觉保护环境的习惯，并积极主动地宣传环境保护和可持续发展的思想。

（一）垃圾分类

随着时代和社会的变化，新时代大学生也有了更鲜明的特点。首先，由于网络的普及，新时代大学生能够接触到更多的新鲜事物，并且对新鲜事物的接受能力更强。但是由于阅历不足和经验缺乏，大学生对庞杂的信息难以进行正确的价值判断和价值选择，在多元的价值观冲击下，容易受其影响。其次，他们的思想独立、个性鲜明、主观能动性强，但动力不足。新时代大学生生活在物质充足的时代，更加追求美好的生活，但缺少发展的动力，不愿脚踏实地，逃避困难。我国进入新时代，国家和社会对新时代大学生提出了更高的要求，不仅要夯实学业，还要提高个人素质，因此，制定道德规范对新时代大学生形成正确的价值观念尤为重要。大学生垃圾分类道德是"道"和"德"的统一。首先，大学生垃圾分类道德具有自律性。从主体角度上看，大学生垃圾分类道德是大学生对自身德性的道德性评价。实践是在意识的指导下进行的，大学生垃圾分类道德有助于指导大学生树立正确的意识，培养良好的态度，内化为大学生自身的环境素养和道德品质，养成意识自觉。其次，大学生垃圾分类道德具有他律性。大学生垃圾分类道德对大学生的道德意识与道德行为具有引导和约束的作用。从规范层面上看，大学生垃圾分类道德是大学生自觉且必须遵守并执行的行动过程，将其外化成具体的行为规范，以此规范来促使大学生养成良好的行为习惯。最后，大学生垃圾分类道德是自律与他律的统一。大学生垃圾分类道德的最终落脚点在于主体层面和规范层面在具体实践过程中的相互融合和主客体统一，目的在于引导大学生在日常生活中养成实践自觉。因此，大学生垃圾分类道德是大学生在垃圾分类过程中所要遵循的原则和规范，并以此为评价依据，评判大学生在垃圾分类过程中的行为是否合乎正当性。培养大学生垃圾分类道德有助于提升大学生生态文明素养，加强大学生公民道德建设，提高大学生道德水平。培养大学生垃圾分类道德，需要社会各界的共同努力，强制性和道德性的相互配合，并给予高度关注。

（二）无烟校园

高校学生吸烟不仅有损自身的健康和高校的校风、学风建设，还会带来许多不良风气，影响文明社会建设。为了保护师生群体的身心健康，树立健康的生活理念和生活方式，提高广大师生对吸烟危害健康的认识，引导师生积极主动参与控烟、戒烟活动，努力营造健康、文明、优美、和谐的育人环境，高校需要进一步加强控烟治理工作。

无烟校园建设的目标问题，即如何治标与治本的问题。要以"预防为主，教育引领，标本兼治"为原则，以"防控有力，意识提高，环境整洁，校园安全"为目标，认真落实校园安全管理的各项措施，不断加强防烟、控烟工作的基础建设，全面落实安全管理的工作责任，扎实做好高校控烟治理工作。

（三）低碳生活

低碳生活是指在低能耗、低污染、低排放生活理念的引导下，减少衣、食、住、行过程中碳排放量的一种生活方式。这是一种新型、绿色的生活方式；是一种既能保证经济社会正常发展，又能保护环境，实现人与自然和谐发展的生活方式；是一场涉及人类生产方式、生活方式和价值观念的全球性革命。低碳生活的本质是简约适度，主张"合理消费，杜绝浪费"。践行低碳生活要求我们转变传统消费观念，摒弃生活中不合理的习惯。人人践行低碳生活是我国生态文明建设与持续发展的基础。

低碳生活在全球环境、气候问题日益严重的今天无疑有着至关重要的地位和意义。大学生理应争做低碳生活的先行者，学校则需要充分认识影响学生践行低碳生活的各种因素，并采取针对性的解决策略，帮助学生牢固树立尊重自然、爱护自然的环保意识和生态意识，切实履行简约适度、绿色低碳的生活方式，拒绝奢华浪费，为国家生态文明建设及人类的可持续发展做出重要贡献。

三、学风建设型

学风是高等学校全面贯彻党的教育方针，实现立德树人培养目标的重要条件，是高等学校衡量办学水平的重要标志。良好的学风是一般巨大而无形的精神力量，时时刻刻熏陶和感染着学生，激励他们奋发努力、健康成长。学风对大学生的行为方式、思想认识和精神面貌都有重要影响。开展学风建设型劳动教育，是增强大学德育实效、提高教育质量、优化校园风气、促进大学生健康成长的需要，具有丰富的理论意义和迫切的现实意义。

（一）学风督导

1. 课内学风督查

课堂是学校发挥立德树人的教育功能、培养学生创新意识和能力、提高学生专业素养的主要阵地，同时也是创建优良学风的主要阵地。课堂教学的好坏，将会直接影响到学校学风的建设，继而影响到学校人才培养的质量。

（1）目的与意义

课内检查对规范学院正常教学秩序，引导学生形成良好的学习习惯，营造良好的学习氛围有重要作用。课内检查的主要目的是了解学生课堂出勤及上课情况，督促学生走进课堂，从而养成良好学风。

（2）课内检查联动机制

秉承着"统筹安排、部门联动、全员参与"的学风建设工作思路。学生处、教学督导组、任课教师、班级学习委员作为考勤人员，要将课内考勤数据汇总到学生管理部门。学生管理部门对数据进行汇总后，将各班达到一定缺勤次数的学生情况（包括将要被处分的学生）反馈给辅导员或班主任。辅导员或班主任确认后，学生管理部门将已达到处分指标的学生名单及缺课情况上报到教务处，教务处将名单转交到学生奖惩助贷服务部门进行处分通报。

2. 晚自修检查

晚自修检查是学风建设基础性工作内容之一，在加强学生管理、营造良好学习氛围方面发挥着重要作用。

（1）目的与意义

新生晚自修制度可以帮助新生逐步适应大学学习和大学生活，有助于新生在大学开始阶段养成良好的学习习惯，为大学中后期学习，甚至踏上社会后的终身学习做好铺垫。晚自修检查的目的就是让新生走进晚自习教室，学会自学，并为营造良好学风打下扎实基础。

（2）检查流程

晚自修检查由学生党员、学生志愿者等组成，采取突击检查的形式；晚自修检查前，负责检查的人员提前10分钟到达值班室领取工作证与检查表；晚自习开始一小时内，进行第一轮缺勤检查，缺勤学生的学号将被登记在晚自修检查表中；第一轮检查完毕，督导组成员可根据实际情况进行巡视，对纪律较差、学生人数减少明显的班级进行第二轮检查，具体要求与第一轮检查相同；晚自习结束前半小时，所有督导组成员分批进行巡视，对有早退意向的班级进行提醒，若提醒后仍有早退则记录早退情况，反馈给组长，如实在晚自修检查记录表中进行登记，对于给予提醒仍不配合的学生，在晚自修检查记录表中如实登记其学号；检查结束后，做好汇总统计，第二天将前一天晚自修检查情况上传到网上办公系统，辅导员或班主任可登录查看具体情况。

（二）校园文明岗

为了进一步推动大学生形成优良学风，让广大学生在文明和谐的校园中学好专业知识、受到熏陶、养成习惯、取得成绩，高校应专门成立校园文明督导组，对校园文明进行检查，对迟到早退及不文明行为进行督导。

1. 目的及意义

校园文明岗检查能够及时发现校园中存在的不文明行为，对营造良好的校园文明氛围、建立具有时代特征的文明校园有重要意义。校园文明岗检查可以帮助学生养成良好的文明习惯，减少校园不文明现象。

2. 文明岗检查内容

上课和晚自修不迟到，不早退，不旷课，早上第一节课提前 10 分钟到教室；保持教学区清洁，不随地吐痰，不将食品带进教学区；服装整洁大方，不穿拖鞋、背心进入教学区；不在教学区大声喧哗，进入教学区时将移动电话调到静音状态。

3. 校园文明岗督导流程

值班当天，督导组成员到达指定区域领取工作证上岗；值班期间，主要检查校园文明行为：对带早饭的学生，劝其吃完再进入教学区，或将早饭暂时放在指定点，等课后再领回；对穿拖鞋或者背心的学生，责令其回宿舍更换；每日将督查结果汇总给学生管理部门。

四、勤工助学型

勤工助学是指学生在学校统一组织下，利用课余时间，通过劳动取得合法报酬，用于改善学习和生活条件的社会实践活动。在我国，勤工助学是贯彻教育与生产劳动相结合的一种教育经济活动，勤工助学对推动素质教育、构建新型人才培养模式、促进学生成长成才有着重要意义。最初的勤工助学源于"济困"，学生通过俭学来达到完成学业的目的。随着社会进步和对人才需求的标准提升，学校的勤工助学工作已由"济困"为主的阶段过渡到"济困与成才相结合的"社会实践阶段，越来越多的学生把勤工助学作为主动适应社会、参与社会实践、提升自身综合素质和能力的有效手段，勤工助学的内涵也越来越丰富、越来越充实。

（一）勤工助学内涵的发展

功能上由单纯解困向助困育人发展。随着社会主义市场经济的发展和高等教育体制的改革，社会对复合型人才的需求不断扩大，学生价值观念和社会取向也在发生变化，成才意识日渐增强。勤工助学活动作为一项特殊的社会实践活动，其功能、内涵和作用不断得到拓展和延伸，育人功能更加突出。

对象上由家庭贫困学生向全体学生发展。随着勤工助学活动的深入发展，学生对勤工助学活动的多重功能有了更深入的理解，逐渐认同。一些非贫困学生从实践锻炼的角度出发，主动加入勤工助学活动，参加勤工助学的学生也逐渐由贫困学生和非贫困学生共同组成。

类型上由普通型向专业型发展。学校在开展勤工助学活动的过程中，更加注重开发学生智力，发挥专业特色和优势，提高人才培养质量，学生参加勤工助学活动由主要从事劳务型、服务型、事务型工作岗位逐渐向从事专业型、技术型、管理型工作岗位转变，实现了专业学习、能力培养和经济资助三者的有机统一。

形式上由个体向集体组织发展。过去学生参加勤工助学活动往往呈现出自发性、分散性特点，存在一定的安全隐患，合法权益容易受到侵害。当前，绝大多数学校都建立了统一的管理和服务机构，制定了详细的管理规定和运行机制，同时注重勤工助学基地建设，积极拓展勤工助学市场，使勤工助学有了更加广阔的发展空间，为学生创造了良好的勤工助学环境。

（二）勤工助学的意义

第一，实现"济困"功能。目前，大学生在校期间有相当一部分时间是由自己支配的，勤工助学能够让贫困学生在业余时间发挥其特长，通过自己的劳动来获取报酬，缓解经济压力。

第二，锻炼学生思想品格。当下，部分大学生害怕吃苦，责任心不强，缺乏服务精神和团队意识。勤工助学实践活动能够让他们感受到生活的艰辛，懂得责任和担当，明白感恩和奉献，有利于他们树立自信心，形成劳动光荣的观念，进而形成正确的世界观、人生观、价值观；还能在激烈的竞争环境中，提高个人心理承受能力，培养危机意识，这些都将成为他们成才道路上的宝贵财富。

第三，提高学生能力素质。通过勤工助学实践活动，学生的学习能力、社会能力及内省能力都能得到进一步提高。从校内岗位到校外岗位,从懵懂跟从到独立选择,从忐忑上岗到独当一面,他们的实践能力、创新意识和独立分析问题、解决问题的能力都会得到明显提升;他们提前接触社会,了解社会需求,调整自己的预期,改进自身不足,团队意识、自律能力、心理素质、社会适应能力也会显著提高。另外,通过勤工助学,学生能把学到的专业知识很好地运用到实践中,边学习边实践,不仅可以让自己的专业知识更扎实稳健,还可以发展相应的专业特长。

第四,增强学生创新创业与就业能力。勤工助学实践活动能够引导学生开阔视野,从创新的角度重新审视身边的各种资源,寻求资源的最佳配置,谋求自身更大的发展。学生在勤工助学实践活动过程中容易迸发出创新想法和创业激情,达到将所学所思转化为所为的新境界。同时,勤工助学实践活动能够不断提升学生的管理组织能力和待人处事能力,使他们的职业素质和职业能力得到全方位提升,帮助他们储备优质就业和自主创业所需要的身心素质和综合技能。

第二节 生产劳动实践

一、实习实训型

实习实训是高校实践教学工作的重要组成部分,也是大学生参加劳动实践的重要方式。实习实训作为高校课堂教学的延伸,是让学生把专业知识技能从"知道"转化为"运用",并帮助学生掌握劳动技能、提升劳动能力的重要手段。因此,高校可以依托实习实训环节组织大学生参加专业实践活动。

(一)实习实训型劳动的教育准备

1. 劳动目标设定

实习实训型劳动目标一般是由校企双方根据实际需求来确定的。不同的劳动环境,其劳动的特点不同,因此目标也不尽相同。这就要求学校在编制实习实训型劳动目标时,一定要和岗位提供方开展广泛的论证,以确保目标的可行性。

2. 劳动工具认知

学生参加实习实训型劳动,必须将对劳动工具的认知贯穿在实习实训环节的前期,要熟悉专业所在行业领域的生产加工劳动现场,了解操作一线的基本劳动工具。例如,对于手工劳动工具,学生必须熟悉工具的属性、作用和要点等;对

大学生劳动教育理论与实践指导研究

于机械化劳动工具,学生要能熟练操作机械工具的旋转按钮及控制开关等;对于自动化乃至智能化劳动工具,学生要增加操作界面、程序系统、生产管理程序等方面的知识储备,真正做到运用所学的专业理论知识进行生产实践设计,完善自身知识结构,提升专业基本技能。

3.劳动操作规范

规范实习实训型劳动操作,能够有效降低劳动过程中的操作风险。因此,建立完善的实习实训型劳动操作培训体系,对有效降低劳动操作风险很有必要。

一方面,在专业课程教学过程中要有意识地强化对业务操作常识的学习。比如,将行业操作章程、技术指标文件、加工精度要求等方面的知识引进课堂,帮助学生熟悉实习实训环节的劳动操作章程。另一方面,要加大校内实训力度,给学生提供大量的劳动操作训练机会,让学生有机会在校内实训环节中试错并积累劳动经验。同时,引导教师着力培养学生的实践能力,将劳动技能作为专业实践课程考核的内容之一,促进学生在实训环节中树立劳动观念,提升自身业务操作技能。

总之,在实习实训型劳动操作中要做到按章操作、守规办理,以熟练的业务技能,合理运用科学知识,有效降低因操作失误导致的操作风险。

(二)校内实训劳动

校内实训是劳动教育实践的重要平台。根据专业特点,校内实训要尽可能为学生提供劳动教育的实践机会。目前,掌握一项劳动技能已成为满足人们生存需求的基本手段,精进、专业化劳动技能更能成为人们提升生活质量、追求美好生活的有效路径。下面以文科专业为例,介绍相关实训劳动实践。

文科专业实训劳动,要求在熟练掌握常用办公软件的基础上,帮助学生训练整理文档材料的技能、技巧,磨炼工作意志,巩固和深化所学理论知识,培养文字处理、管理沟通、分析总结等基本技能。以档案学专业"档案馆实务"课程实训为例,其实训环节可以做如下安排。

①学生通过正确分析用户档案需求、档案利用与服务的类型、查档利用的制度与程序,熟悉档案用户接待和档案咨询技巧。

②学生通过了解档案整理与著录的相关概念、档案整理的流程、档案著录的注意事项,逐渐掌握文书档案整理与著录技巧。

③学生通过整理工程基建档案、AutoCAD图纸,逐渐掌握工程档案分卷与整理技巧。

④学生通过了解纸质档案数字化的目的，熟悉档案扫描设备，如打印机、复印机、扫描仪等工具的使用，熟悉图像处理软件，如 AutoCAD 等工具的使用，逐渐掌握档案扫描与图像处理技巧。

⑤学生通过了解档案检索系统操作、库房馆藏结构解析、各类档案装具操作使用方法、档案进馆上架流程，逐渐掌握档案检索与库房管理技巧。

⑥学生通过大量参与档案文献编研、地方档案史志编研、机构沿革大事记编写、档案展览，熟悉档案编研技巧和要点。

（三）校外实训劳动

校企合作是开展校外实训劳动的重要途径。高校通过与企业、社区等开展合作，让学生走进工厂、基层，参加一线生产、一线劳动，帮助他们拓展劳动知识，提升劳动技能，为今后步入社会做好准备。在校外实训劳动过程中，学生能够通过劳动实践更加深刻地认识劳动的价值与意义，具备更正确的劳动态度和劳动价值观。高校要依托校外实践教学资源，与其建立起稳定的合作关系，有计划、有组织地开展校外实训劳动。

二、专业服务型

（一）专业服务

专业服务是指某个组织或个人，应用某方面的专业知识，按照客户的需要和要求，在某一领域内为客户提供的专门服务。根据世界贸易组织的分类，专业服务是职业服务的一部分。

专业服务一般可以分为生产者专业服务和消费者专业服务。大致包括：法律服务，会计、审计和簿记服务，税收服务，咨询服务，管理服务，与计算机相关联的服务，生产技术服务，工程设计服务，集中工程服务，风景建筑服务，城市规划服务，旅游机构服务，公共关系服务，广告设计和媒体代理服务，人才猎头服务，市场调查服务，美容美发服务等。

（二）专业实践

专业实践是指某一专业的实践活动，是学生完成理论学习后，把学到的理论知识运用在实践练习环节的劳动过程。专业实践主要包含以下几个环节。

1. 专业市场调查

专业市场调查是运用科学的方法，有目的地、系统地搜集、记录、整理有关本专业市场信息和资料的劳动实践。其目的是了解专业市场环境、社会需求、专业需求。专业市场调查的主要内容包括市场环境调查、市场经济状况调查、市场需求调查及消费需求、企业产品、生产规模、销售渠道等调查。

市场环境调查主要调查所属行业的发展状况、发展趋势、行业规则及行业管理措施。例如，从事美容美发行业，应该了解该行业在国内及本地区的发展状况、国际国内流行趋势和先进美容美发技术、行业规范和管理制度等。从事服装业，应该了解该行业的发展趋势、流行颜色和流行款式及发展潮流等。

市场经济状况调查主要了解客观经济形势，掌握市场宏观经济状况及影响企业发展的因素。

市场需求调查的目的是对产品进行市场定位。例如，你经销某种家用电器，应先调查一下市场对这种家用电器的需求量，有无相同或相似的产品，市场占有率是多少；对于专业的家庭服务项目，应调查居民对这种项目的了解和需求程度与需求量，有无其他相同服务项目，市场占有率是多少。市场需求调查的另一重要内容是市场需求趋势调查，即了解市场对某种产品或服务项目的长期需求态势。

2. 校内专业实践劳动

校内实践课大部分以模块化实践劳动来完成，通常在理论知识基本学习完之后，利用专业实践课的练习提升专业技术。包括现场讲授、实践演示、学生参考模仿动手、教师指导、视频演示、讨论分析、作业观摩、讲评考核等多种形式。校内专业实践劳动重在培养学生实验操作技能，以及发现、分析和解决问题的能力。

3. 企业认识实习

认识实习是对书本知识的巩固，是对书本知识新的认识和感悟，是到工作岗位实地参观，了解今后将要工作（实习）的环境，增加对所从事职业的初步认识。认识实习主要学习工作岗位的一般要求，熟悉基本工作环境。进行认识实习需要掌握以下三个重要内容。

第一，实习准备阶段需要注意的事项。需要提前了解企业的基本情况，包括企业性质、企业规模、企业的主要产品及产量、企业所在地理位置、企业文化等；了解认识实习的工作内容，准备好记录的笔记本等；端正学习心态；准备好生活用品。

第二，实习过程中的安全意识。大多数学生在实习过程中都要在企业的生产环境中参与各种生产劳动。企业的生产环境、生产过程比校内实习实训场地更为复杂，不可预测性及安全隐患更多。进入实习岗位后，要牢固树立安全意识，将安全意识贯穿到实习的每一个阶段，并严格服从管理、严格遵守安全操作规范。

第三，撰写实习总结报告。认识实习总结报告一般分为两部分，第一部分内容包括实习单位基本情况，如地理位置、成立时间、企业规模、经营范围、管理模式、组织机构、企业文化、经营理念等。第二部分内容包括认识实习所在部门的基本情况、所在岗位的具体工作内容（可按阶段写，也可按几个环节写）、完成情况、实习感受等。要求准确详细，深刻生动。

4.专业实践劳动的意义

通过专业实践，学生能够拓宽知识面，增加感性认识，培养理论联系实际的工作作风和分析、解决实际问题的能力，为后续专业课的学习打下坚实的基础。通过专业实践，学生还能深入了解企业与学校之间的差别，了解社会实际需求，加深对社会的认识，增强对社会的适应性，缩小与企业人员之间在思想和业务能力上的差距，为社会角色的转变打下坚实基础。通过专业实践，学生还能够掌握书本上学不到的知识和技能，培养独立思考、独立工作和独立解决问题的能力。

三、创新创业型

习近平总书记曾经指出："青年是国家和民族的希望，创新是社会进步的灵魂，创业是推动经济社会发展、改善民生的重要途径。青年学生富有想象力和创造力，是创新创业的有生力量。"2015年5月13日，国务院办公厅印发的《关于深化高等学校创新创业教育改革的实施意见》提出，落实立德树人根本任务，坚持创新引领创业，创业带动就业，主动适应经济发展新常态，深化高校创新创业教育改革，强化创新创业实践。

对大学生生产劳动实践来说，学而优则用，学而优则创。高校要搭建校内创新创业平台，开设创新创业课程，组织开展创新创业实践活动，让学生在"学中做"，在"做中学"，努力培养学生的创新精神和创业能力。这是实现大学生劳动教育目标行之有效的重要举措。

（一）创新创业概述

创新是指以现有的思维模式提出有别于常规或常人思路的见解为导向，利用现有的知识和条件，在特定的环境中为满足社会需求而改进或创造新的事物、方法、元素、路径、环境，并能获得一定有益效果的行为。创新是人类特有的认识能力和实践能力，是人类主观能动性的高级表现，是推动经济发展、社会进步的不竭动力。

创新创业是指基于技术创新、产品创新、品牌创新、服务创新、商业模式创新、管理创新、组织创新、市场创新、渠道创新等方面的某一点或几点而进行的创业活动。创新是创新创业的特质，创业是创新创业的目标。创新强调的是开拓性与原创性，而创业强调的是通过实际行动获取利益的行为。因此，在创新创业这一概念中，创新是创业的基础和前提，创业是创新的体现和延伸。

创新精神和创新能力深受现代企业推崇，被赋予极高的价值。创新在现代企业的发展中起着至关重要的作用，企业的经营离不开创新，管理也需要创新。那些成功的企业，如华为、腾讯、小米、吉利等，都是通过不断创新，获得了更多的财富和更广阔的发展空间。

新时代是知识经济时代，先进的科学知识成为一个国家经济增长的主要支柱，只有掌握足够多的先进技术、保持较高的技术水平，才能在竞争中立于不败之地。一个人的创新能力不是与生俱来的，而是通过后天的不断学习和训练逐步增强的。因此，应通过积极参与创新创业劳动，培养自己的创新意识和能力。

培养创新精神，树立创业意识，激发劳动创造力。创新精神、创业意识是新时代大学生必须具备的个人素质。学生通过培养创新思维、创业意识，激发自我潜能和劳动创造力，能够更加全面地认识自己，从而创造出更大的劳动价值、个人价值和社会价值，实现人生价值。

大学生在学习期间要积极参加各种创新创业劳动，立足未来岗位，不断地学习新知识、新技能，并利用掌握的知识在劳动中尝试技术革新，提高劳动效率，增强劳动本领。

（二）创新创业的意义

创新创业是发展的动力之源，也是富民之道、公平之计、强国之策。党的十八大明确提出实施创新驱动发展战略，将其作为关系国民经济全局紧迫而重大的战略任务。党的十八届五中全会将创新作为五大发展理念之首，进一步指出，坚持创新发展，必须把创新摆在国家发展全局的核心位置，不断推进理论创新、制度创新、科技创新、文化创新等各方面创新，让创新贯穿党和国家一切工作，让创新在全社会蔚然成风。2015年6月，国务院颁布了《关于大力推进大众创业万众创新若干政策措施的意见》，明确指出推进大众创业、万众创新是培育和催生经济社会发展新动力的必然选择,是扩大就业、实现富民之道的根本举措,是激发全社会创新潜能和创业活力的有效途径,具有重要的意义。

首先,从综合国力角度看,创新创业是我国生存和发展的需要,有利于提高我国的综合实力。当前,全球新一轮科技革命和产业变革蓄势待发,我国经济进入快速变化、结构转型和动力转换的关键时期。面对新的形势,我国必须深入推进大众创业、万众创新,着力营造有利于杰出科学家、技术专家和企业家不断涌现,以及大众创业、万众创新蔚然成风的社会环境和文化氛围,让每一个充满梦想并愿意为之努力的人获得成功,实现经济平稳持续增长、国家强盛、人民富裕和社会公平正义。

其次,从经济转型角度看,创新创业是坚持创新发展、实施创新驱动发展战略的关键实现途径,有利于推进供给侧结构性改革,促进我国经济发展。大众创业、万众创新,既可以大幅度增加有效供给,增强微观经济活力,加速新兴产业发展,又可以扩大就业、增加居民收入,还可以促进社会纵向流动和公平正义,是经济发展的引擎。

最后,从个人发展角度看,创新创业有利于缓解学生就业压力,使其实现个人价值与社会价值。创新创业有利于解决就业难的问题。毕业生通过自主创业,可以把自己的兴趣与职业紧密结合,做自己最感兴趣、最愿意做和最值得做的事情,可在五彩缤纷的社会舞台上大显身手,最大限度地发挥自身才能。同样,创新创业意识和能力的培养也有助于学生不断完善自身的知识和能力结构,更好地完善自我、适应社会,从而实现个人价值与社会价值。

(三)如何提高创新创业能力

1. 构建整体融合的育人机制

高校开展创新创业实践活动,培养学生的创新创业能力,需要构建整体性思维,在育人机制中坚持政治引领、价值引领、文化引领、专业引领相结合,形成整体融合的育人机制。在创新创业教育中,高校可打造学院、教师、平台、团队"四位一体"的创新创业实践服务体系,全方位、全过程地将创新创业教育与德育工作相结合、与实践育人相融合,有效提高学生的创新创业能力,如组织学生参加志愿服务等社会创新实践活动,为他人提供创新创业政策咨询、技术支持、专业培训等,培养学生的"工匠精神"和爱国主义情怀。高校通过营造浓厚的创新创业整体氛围,引导学生在创新创业实践中成长成才。

2. 整合多方互补的优势资源

高校组织开展创新创业实践活动，需要整合多方资源，实现与政府协同、与企业协同、与社会协同。一是与政府协同，制定创新创业教育相关政策。学校需要与政府紧密联系，依托政府提供的优惠政策、资金扶持等，将创新创业教育与大学生思想政治教育紧密结合。二是与企业协同，关注大学生未来的职业发展。学生创新创业实践活动不能只局限于理论、局限于"象牙塔内"，而需要把握市场动态，了解企业需求。只有与企业展开联系与合作，才能促进创新创业活动与社会融合、与市场融合，从而为创新创业教育提供动态的、持续的资源支持。三是与社会协同，注重与社会实践相结合。学校需要结合专业设置、学生特点等情况，加强与不同地区、社区、乡镇等区域资源的协同，为学生提供创新创业劳动实践的机会，以培养素质高、创新创业能力强、具有国际视野和扎实基础的"又红又专"、"顶天立地"的人才。

3. 形成多层递进的教学链条

在创新创业教育中，教学是重要的一环，影响着学生创新创业能力培养的质量。高校在培养学生创新创业能力的过程中，应形成多层递进的教学链条，打通学生、教师、课程、项目之间的关系。一是遵循学生的成长成才规律，打造"基础层—突破层—实战层"的学生成长发展轨迹，多层次、递进式培养学生的创新创业能力。二是发挥教师的引领与指导作用，打造"启蒙型导师—应用型导师—高层次人才导师"的梯度结构，更好地为培养高水平创新创业人才提供教学支撑。

4. 搭建多阶互促的产学研平台

在社会服务实践中培养学生的创新创业能力，可搭建多阶互促的产学研平台，推动产学研紧密结合。一是构建多层次的创新创业竞赛体系，打造校内外联合的赛事平台，致力于培养学生的创新创业能力。二是搭建"N+1+N"一体化的创新创业实践育人平台。第一个"N"是指二级学院创新工作室、大师工作室、教授工作室等，对学生进行创新精神、创业意识和创新创业能力的思维引导教育；"1"是指校内学生创新创业训练与孵化基地；第二个"N"是指协同政府、企业等资源，建立的校外创新创业实践育人平台。三是建设学生创业社团等平台。高校可依托大学生创业社团，为学生提供交流研讨、团队协作及参与创业实践活动的机会，培养学生的创新创业能力；可搭建假期创业实践平台，组织创业经验交流会等，通过寒暑假的创业实践帮助学生培养创业意识，积累创业经验，提升创业技能。

第三节　服务性劳动实践

一、志愿服务型

志愿服务是社会文明进步的重要标志，是培育和践行社会主义核心价值观的有效载体。党的十八大以来，习近平总书记高度重视志愿服务工作，强调要大力弘扬奉献、友爱、互助、进步的志愿精神。中共中央、国务院印发的《关于全面加强新时代大中小学劳动教育的意见》明确提出，支持学生深入城乡社区、福利院和公共场所等参加志愿服务。探索以志愿服务活动推进劳动教育，对培养德、智、体、美、劳全面发展的社会主义建设者和接班人具有重要意义。

（一）学生组织服务

1. 学生组织概述

学生组织是在教育单位内由学生组成的，接受学校党委领导、团委指导的，自我服务、自我提高、自我管理、辅助教学的组织。目前，高校学生已逐渐步入"00后"阶段，多元化和个性化的特点，为传统的学生组织注入了新鲜活力。新形势下，丰富多样的学生组织形态，在一定程度上要求高校在管理、教育、服务工作等方面转变传统的方式方法。通过学生组织发挥积极作用，让他们自我服务、自我管理、自我教育，已成为高校劳动育人工作中的重要内容。

2. 学生组织服务的目的与意义

第一，能够在高校学生管理工作中起到"润滑剂"的作用。学生组织植根于不同的学生中，大部分成员是优秀学生干部，在学生中扮演着"意见领袖"的角色。他们能够及时发现学生中出现的问题，并将"民意""民情"汇总上报给学校行政管理部门，他们发挥着学生工作"晴雨表""润滑剂"的作用，是学校与学生、学生与教师、学生与学生之间相互沟通的纽带。

第二，能够作为高校学生管理工作的延伸和补充。高校行政管理部门在实际工作中，面对学生多元化、多样化的特点往往存在局限性，无法面面俱到地满足学生的诉求。学生组织来自学生群体，贴近学生日常生活，相较于高校行政管理部门更接地气。他们了解学生的所需所想，能够客观、及时地反映学生的诉求。学生组织能够根据学生反映的实事、要事，通过发表意见、提出建议、协商对话等方式，向高校行政管理部门提供建议，帮助学校精准地为学生提供各类服务和指导。因此，学生组织实际是在学校与学生之间搭起了一座沟通的桥梁。

第三，有助于推动高校行政管理部门转变职能。健全、完善的学生组织承接着高校的部分职能，他们在不同层面发挥着组织优势。通过他们，学校行政管理部门可以经常听到学生的呼声；当学校、教师与学生发生矛盾冲突时，他们也能多方协调，起到缓冲剂的作用。事实上，学生组织在学校、教师、学生三个环节实现了良好沟通，融洽了校园氛围，提高了学生对高校的认同感和归属感。从高校层面来看，学生组织能够减少行政管理部门对学生工作的"过度干预"，使得行政管理部门能够从一些烦琐的、重复的、机械的学生事务中解放出来，实现高屋建瓴的宏观管理，将更多的精力投入关心学生成长、成才的教育中。

第四，有助于提高各行政管理部门的工作效率。学生组织作为大学生思想政治教育和高校学生工作的得力助手，具有为学生提供服务、上传下达、规范行为、监督议校等多重作用。学生组织参与高校的管理与服务，能够有效打破各行政管理部门间的工作壁垒，给各行政管理部门适当增压，提高其工作效率。另外，作为管理育人中"看不见的手"，学生组织可以与高校形成管理、服务的合力，成为高校行政管理的有效补充。

（二）大学生志愿服务

1. 大学生志愿服务的概念

大学生是推动社会主义进步的栋梁之材，是正在接受高等教育还没有踏入社会的高质量人才。志愿者是为社会公益服务而不计报酬的人员，是志愿精神的践行者，是帮助他人并敢于承担社会责任的人。志愿者没有国界、年龄、性别、种族等方面的限制。目前，关于志愿者的概念有广义和狭义之分。广义志愿者是能够承担社会责任、具有志愿精神的群体；而狭义志愿者是通过一些组织机构参与社会公益性工作，承担社会责任的人。无论是广义还是狭义，大学生志愿服务精神都体现在无偿、仁爱、自愿、利他、奉献、公益等方面。

志愿服务也称义务工作、志愿工作，是国家发展的重要力量，是在不为任何报酬、不以营利为目的的前提下，自愿利用自己的空余时间、精力和金钱等，为推动社会发展和文明进步，使福利体系更加完善，而贡献自己劳动的服务。大学生志愿服务工作是以校园为主要载体的一个积极探索和创新的志愿服务活动，大学生是志愿服务的主力军，是国家和民族未来的希望。

2. 志愿服务的特征

志愿服务有志愿性、无偿性、公益性和组织性四个基本特征,其特征的精髓是奉献精神。奉献意味着无偿,不计报酬地为他人、为社会服务,具有奉献精神的人通常会自发自愿地参加志愿服务。

(1)志愿性

志愿服务必须是个人自愿参加的。这个自愿是主动的而不是被动的,是自觉的而不是被迫的。相关组织可以通过各种方式动员志愿者,但应该让每个志愿者都在没有任何压力的情况下自愿投入志愿服务。强制参与、强制"奉献"、募集摊派或变相摊派、对志愿者进行单位化管理等,都不符合志愿服务的志愿性原则。

可以想象,如果志愿服务不是每个人都自愿参加的,而是在某些组织或个人的强迫和压力下参加的,其社会意义就会大打折扣。被迫参与到志愿服务之中的人不是真正意义上的志愿者,他们即使参加了志愿服务,也很难持续发挥积极的作用。

(2)无偿性

无偿性是指志愿服务属于无偿行为。志愿服务的提供者从事志愿服务行为,不得向志愿服务对象收取或变相收取报酬,包括金钱、物质交换或礼物馈赠等形式。但是,志愿服务组织为志愿者提供交通补贴和午餐补贴等并不影响志愿服务的无偿性。

(3)公益性

公益性是指志愿服务必须指向公共利益。根据志愿服务的公益性,营利行为不属于志愿服务,偶发的帮助行为、基于家庭或友谊的帮助行为、仅仅针对特定个人的帮助行为和互益互助的行为也不属于志愿服务。

对服务活动的组织者来说,志愿服务不应该被用来实现公益服务以外的目标,如经济目标,否则就会损害志愿服务者的动机。

对志愿服务者而言,在提供志愿服务时应该始终坚持以利他和公益为基本目标,不能私自进行工作计划以外的服务内容。例如,志愿者不得向服务对象做宗教传道的工作,不得在活动时间内宣传与公益活动无关的事物。

(4)组织性

仅凭热情、爱心、体力,我们往往无法回应复杂的社会需求。志愿服务具有组织性,可以采取社会团体、社会服务机构、基金会等组织形式开展志愿服务,可反映行业诉求,推动行业交流,促进志愿服务事业发展。

志愿服务组织的不断涌现对促进志愿服务活动广泛开展,推进精神文明建设、推动社会治理创新、维护社会和谐稳定发挥了重要作用。志愿服务组织已成为现代社会从事志愿服务最重要的主体。

3. 志愿者的权利与义务

①志愿者的权利：参加志愿服务活动；接受相关的志愿服务培训，获得志愿服务活动真实、必要的信息；获得从事志愿服务的必需条件和必要保障；优先获得志愿者组织和其他志愿者提供的服务；对志愿服务工作提出意见和建议；相关法律、法规、政策所赋予的权利；可申请取消志愿者身份。

②志愿者的义务：遵守国家法律法规及团组织、志愿者组织的相关规定；每名注册志愿者根据个人意愿至少选择参加一个志愿服务项目或活动，每年参加志愿服务时间累计不少于 20 个小时；履行志愿服务承诺，完成志愿服务任务，传播志愿服务理念；自觉维护团组织、志愿者组织和志愿者的形象；在志愿者职责范围内，自觉维护服务对象的合法权益；自觉抵制任何以志愿者身份从事的赢利活动或其他违背社会公德的活动(行为)；依法应当承担的其他义务。

4. 参与志愿服务须知

暑假期间，不少大学生会选择参与社会实践，参与志愿服务。

首先，学生应首选社会和学校认可的志愿服务平台，避免上当受骗。

其次，不同的志愿服务项目对志愿者的要求不同。在选择具体的志愿服务项目时，学生应适当结合自己的特长或专业，或者选择那些重视志愿者培训工作的志愿组织，做好充足的心理准备和技能准备。

例如，深入农村的志愿者必须参加组织培训与学习，了解农村的相关法律、法规、习俗和农业知识；到边远地区支教的志愿者必须学习教学方法、沟通技巧，掌握除专业之外的广泛的知识和技能；走入社区提供社区服务的志愿者，不能将自己的服务定格在具体的形式和具体的内容上，必须创造出丰富多彩的服务以满足社区不同人员的需求；向社会弱势群体伸出援手的志愿者，必须了解并熟悉当地的孤儿院、敬老院的情况，到伤残人士、生活有困难的人家中去，必须想其所想，运用自己所掌握的服务技能提供最贴心的服务。

最后，在参与志愿服务的过程中，应秉承志愿者精神，全身心投入志愿服务活动，坚守岗位，认真负责，积极主动，热心、细心、耐心地为服务对象提供服务，为社会贡献自己的力量。

二、社会实践型

社会实践是提升大学生实践能力的重要手段，是提升学生知识综合应用能力的重要途径。在激烈的社会竞争下，国家、企业都对大学生的综合素质提出了更高的要求，依靠社会实践实现对高等教育的优化重建，帮助大学生将专业知识转化为现实技能，高效解决实际问题。

（一）大学生志愿服务西部计划

1. "大学生志愿服务西部计划"的概念

"大学生志愿服务西部计划"是团中央、教育部根据国务院常务会议、《国务院办公厅关于做好2003年普通高等学校毕业生就业工作通知》和2003年全国高校毕业生就业工作电视电话会议精神的要求而实施的，财政部、人事部给予相关政策、资金交持。"大学生志愿服务西部计划"按照公开招募、自愿报名、组织选拔、集中派遣的方式，每年招募一定数量的普通高等学校应届毕业生，到西部贫困县的乡镇从事为期1～3年的教育、卫生、农技、扶贫及青年中心建设和管理等方面的志愿服务工作。"大学生志愿服务西部计划"是国家引导高校毕业生服务西部地区的经济社会发展，促进毕业生就业创业和培养青年人才的重要举措，是中央部门组织实施的四大基层就业项目之一。2011年，"西部计划"被列入国家重大人才工程"高校毕业生基层培养计划"。

2. "大学生志愿服务西部计划"的社会价值

①促进社会经济效益的实现。西部计划志愿者服务本身是一种劳动创造，在运行过程中成本较低、效率较高，能够创造出社会经济效益，其中还不包括公民素质提高、社会事业建设等方面的"产出"，体现一种效益转化，以参加5·12汶川大地震为例，西部计划志愿者积极抗震救灾，提供了优质高效的服务，创造了较好的综合效益。一是合理开发和优化配置人力资源。人力资源是第一资源，由于经济发展的不均衡，我国西部地区出现了人才外流和人才短缺并存的情况，"西部计划"将青年富余人力资源与人才紧缺领地整合，建立人才资源东西互动、城乡互动的人才配置导向。"西部计划"已经成为我国青年人力资源开发的有效形式，大批高学历的有志青年进入西部，充实了西部贫困地区的人才队伍，在一定程度上缓解了受援地区人才短缺的局面，有效改变了这些受援地区的人才结构，有力促进了社会资源的合理配置，这一现实途径使潜在的人才向现实的人才转变。二是促进西部地区社会经济发展。西部地区大多经济社会发展落后，人民生活水平比较低，西部大开发迫切需要智力资源的支持。"西部计划"顺应形势，为西部基层输送了大量教育、卫生、农技等专业人才，给西部的发展提供了智力支持。

广大志愿者立足西部贫困地区的实情，勤勉敬业，结合自身专业知识的优势，积极在自己的服务领域开拓创新，为西部贫困地区人民提供了急需的教育、卫生、农技、扶贫等服务，这不仅有力地推动了西部地区经济、社会的全面发展，也改变着西部基层人民落后的思维和生活方式。

②促进社会和谐建设。西部志愿者本着"奉献、友爱、互助、进步"的志愿精神传递爱心，在实际行动中奉献、帮扶，为西部地区的发展奠定了文化、思想基础，促进了西部人民平等友爱、融洽和谐人际环境的形成，推动社会和谐建设。一是发挥桥梁和媒介作用。"西部计划"具有较强的针对性，西部志愿者在服务中立足西部的实际情况，认真宣传、落实各种惠民政策，把政府、社会的关爱和先进思想、知识文化、生活方式带到西部人民中，让民众切身体会政府的民生用意，同时广泛收集、获取社会公众对国家政策的态度和看法，加以整理分析，形成反馈意见供有关政府部门参考。从这个意义上讲，"西部计划"可以成为国家、政府与公众相互沟通的媒介。二是社会保障功能。西部地区由于历史和现实因素的影响，弱势群体数量庞大，社会保障方面存在很多问题，西部志愿者具有较高的思想道德素质和文化知识技能，他们通过抢险救灾、扶贫开发、照顾生活困难群众等服务形式，给弱势群体提供一定的物质保障和精神慰藉，改善他们的生活状况，强化人文关怀，维护基本权利，从而弥补政府保障在资金和服务人员数量、质量方面的不足，能用创造性的工作理念和方法进行实践服务，在社会转型期我国社保体制创新发展上发挥了重要的作用。

③促进社会精神文明建设。一是传承历史优良文化。我国五千年的悠久历史是一部文明进步史，西部志愿服务的文化基础源于中华民族的传统美德和悠久的文化积淀，西部志愿者在服务活动中扶危济困、助人为乐，追求和发扬"仁""礼""义""信""爱"等中华古老的道德文化精髓，传播了现代文明观念和法制观念，带动了西部地区人民观念、行为的更新，加快了西部落后地区现代文明发展的步伐，促进了社会主义核心价值体系的完善，推进了新时期精神文明建设。二是弘扬当代志愿精神。精神文明建设是社会主义文化建设的重要组成部分，志愿者精神是社会主义时代精神的弘扬和体现，西部计划的实施，可以促进全社会重新确立一种民族兴盛所需要的主导价值观，寻求个人价值实现和公众利益的契合点。西部计划宣传和弘扬的"奉献、友爱、互助、进步"的志愿者精神是一种示范效应，它有助于塑造一种核心价值观，志愿者在大量的卓有成效的实践活动中，以自身的实际行动诠释着志愿者精神，不断传播现代文明和先进

思想，引导了更多的青年参与志愿服务，带动了西部地区人民行为和观念的更新，促进了良好社会风气的形成，极大地推动了社会的发展进步，使奉献、互助等逐渐成为社会的主流价值观。

（二）三支一扶

1. "三支一扶"的概念

"三支一扶"政策，是每年在一定的时间招募一定数量的高校毕业生，到农村基层从事支医、支教、支农、扶贫工作，为促进农村基层卫生、教育、农业、扶贫等社会事业的发展提供人才支撑。招募依据在网上公开计划、大学生自愿报名、组织考试选拔、统一派遣的方式进行，工作的服务期限是两年，到期后，协议自行解除，大学生可以自主择业。

2. 实行"三支一扶"政策的意义

基层政府执行"三支一扶"政策，有利于促进基层农村义务教育、基本医疗、农业现代化与精准扶贫等事业的发展；有利于改善基层农村教师、医生、乡镇工作人员的队伍结构，增添新的活力和青春的气息，促进队伍年轻化，创新性的开展基层工作；有利于大学生树立正确的人生观、世界观、价值观、择业观，拓宽大学毕业生的就业之路，营造奔赴基层农村工作、服务群众的良好氛围；有利于促进我国青年深入地全方位了解我国基本国情，了解基层政府的工作内容，了解普通大众的需求，不断增强问需于民、问计于民、为民服务的责任意识，更好地传承与发扬时代赋予他们的使命感，为共同实现"中国梦"奉献自己的力量。

（三）青年红色筑梦之旅

1. "青年红色筑梦之旅"概述

2017年，第三届中国"互联网+"大学生创新创业大赛新增设"青年红色筑梦之旅"活动。全国150万大学生参加本届大赛，上百支大学生创新创业团队参加了走进延安、服务革命老区的"青年红色筑梦之旅"活动。活动期间，全体队员给习近平总书记写信汇报了收获和体会。2017年8月15日，习近平总书记给参加第三届中国"互联网+"大学生创新创业大赛"青年红色筑梦之旅"活动的大学生回信，深切勉励青年学生。习近平总书记的回信对"青年红色筑梦之旅"活动赋予了特殊含义，对参赛单位与参赛人员产生了深远的影响。广大师生在积极学习和贯彻习近平总书记回信中的精神，实践和传承红色基因的过程中，"青年红色筑梦之旅"精神慢慢形成,简称"红旅精神"。

2."青年红色筑梦之旅"的时代价值

"青年红色筑梦之旅"不仅是大学生创新创业的实践课,也是形式生动的思政课。各地大学生创新创业团队走进延安、井冈山、西柏坡、古田等革命老区,重温革命前辈伟大而艰辛的创业史;走进安徽小岗村、黑龙江大庆、宁夏闽宁等地,感受不畏艰辛、敢为人先的奋斗精神,"青年红色筑梦之旅"构建了高校育人的新模式。

"青年红色筑梦之旅"紧扣国家创新驱动发展、乡村振兴等战略,将高校的智力资源、社会优质资源分配到广大乡村,深入推动创新创业教育与思想政治教育相融合,创新创业实践与乡村振兴战略、精准扶贫脱贫相融合,为乡村振兴注入了新动能,推动了当地经济社会的发展。各地各高校以"青年红色筑梦之旅"活动为抓手,推动科教结合、产教融合、校企合作,加强了教育界与科技界、产业界、投资界的合作,将更多的社会优质资源转化为育人资源,为大学生提供实践平台、指导服务和融资支持,完善了产、学、研、用相结合的新机制。

(四)三下乡

1. 大学生"三下乡"的概念

所谓大学生"三下乡",是指各高校在暑期开展的有关文化、科技、卫生进入农村的社会实践活动。活动成员以志愿者的形式深入农村乡镇,传播先进文化和科技,体验基层民众生活,调研基层社会现状。通过一系列实践项目以提高大学生的社会实践能力和思想认识,同时让他们更多地为基层群众服务。"三下乡"是群众性精神文明创建活动的名牌项目,是对1994年以来开展的全国大学生志愿者扫盲与科技文化服务行动的进一步深化,也是暑期大学生社会实践的拓展和延续。

2. 大学生"三下乡"的社会实践功能

(1)促进高等教育改革和发展

近年来,随着我国高等教育大众化阶段的顺利进行,其规模急剧扩大,教育的质量问题日益受到关注。学生质量的高低直接影响到高等教育质量的高低。因此,衡量高等教育质量的第一标准就是看人才培养水平,核心是明确培养什么人、怎样培养人的教育工作主题。人才培养立德为先、立学为基,既要注重专业教育,又要加强思想品格教育,使学生更好地适应职业选择和社会发展的需要。通过大学生"三下乡"社会实践，高校加强了与社会的联系，有利于突破传统学院封闭式的教学模式，拓宽校内思想政治教育的渠道，深化和改进高校德育工作；通过大学生"三下乡"社会实践，高校能够了解培养目标、专业设置、教学管理是否与社会要求相适应，从而主动进行调整或变革，有利于高校端正办学方向，发挥专业培养优势，提升知名度；通过大学生"三下乡"社会实践，高校将理论应用于实践，充实了教学内容，有利于高校巩固和提高教学、科研、社会服务的成果。

（2）促进经济社会发展

随着信息经济和知识经济的到来，科学技术日新月异，市场环境的快速变化为高等教育的发展提供了机遇，同时也使高等教育面临着来自社会的各种挑战。以美国舒尔茨（Schults）为代表的西方经济学家，提出了人力资本理论。所谓人力资本，是指凝聚在劳动者身上的以知识、技能及其所表现出来的可以影响从事生产性工作的能力。人力资本相对于物质资本而言，它的主要成分是教育资本，能够提高人们的生产能力，是社会经济增长的源泉。而教育资本的形成不仅体现在深厚的理论基础，更体现在实际的工作运用能力，社会倡导通过"在实践中学习"的教育理念来形成专业化的人力资本。因此，很多高校建立了社会实践制度，开发人力资本，提高人才的附加值。大学生"三下乡"社会实践正是在市场经济背景下应运而生的，对日趋活跃的劳动力市场、信息市场、技术市场和金融市场都能产生积极的经济效应。大学生"三下乡"以农村乡镇、基层企业和中小学校为服务地，开展文化、科技、卫生领域的社会实践活动，有利于发挥教育的政治功能。这主要体现在两个方面：一是对广大学生进行政治和意识形态教育，促进学生的政治社会化，使之成为社会所需要的合格公民；二是培养政治人才，以补充社会管理层的需要。同时，大学生"三下乡"社会实践也有利于全社会科学文化知识的普及和先进思想的传播，推动落后地区的精神文明建设。

（3）促进大学生综合素质提高

"素质"一词原本是生理学和心理学领域的概念，是指人与生俱来的在生理解剖上的特点，即遗传素质。但教育学和社会学意义的"素质"，是指个体在先天基础上，经过后天环境的影响、教育训练和主观努力而形成的顺利从事某种活动的基本品质或基础条件。根据教育的目的和"三下乡"社会实践对大学生的影响，本书将其划分为：思想政治素质、道德素质、心理素质和专业文化素质。

①思想政治素质：开展文化、科技、卫生领域的社会实践活动，可以帮助学生深入社会，感知社会，了解我国在改革开放和现代化建设中取得的伟大成就，及时把握国情政策。相对于一般的社会成员，大学生所肩负的期望值更高，实际

上他们往往具备更多的理论知识而缺乏社会经验,容易眼高手低和有过分的优越感。"三下乡"社会实践能够让学生认识到工人、农民在物质生产上的重要地位,加深对人民群众的感情,坚定为人民服务的社会责任感。

②道德素质:大学生"三下乡"社会实践是高校德育的重要组成部分,促进大学生知、情、意、行诸因素的统一发展。德育过程的顺序可以概括为提高道德认识、陶冶品德情操、锻炼品德意志和培养品德行为习惯。大学生"三下乡"社会实践符合"德育影响一致性和连贯性"原则,使得社会上的正面因素和校内教育互相调节整合,以控制和消除德育环境负面因素的冲击。这有利于学生更加生动地接受道德教育,奠定切实的心理体验基础。

③心理素质:从选择社会实践活动的主题、制定方案策划、组建实践团队到正式进入"三下乡"实践过程,每个环节都要求大学生具备良好的心理素质。"三下乡"活动虽然只在暑假维持短短几天,但前期的准备工作会消耗团队成员大量的时间和精力,很可能造成学生在正常学习安排上的冲突,甚至在具体实践时也会不可避免地出现阻碍和困难。团队成员能够在教师的指导下,在彼此的人际交往、协作沟通中分析问题、解决问题,锻炼和提高承受挫折的心理素质。

④专业文化素质:我国存在应试教育的倾向,强调课堂讲授以间接经验为主要内容,导致学生对专业学习缺乏感性认识,教育并没有取得满意的成效,很重要的原因就是理论知识与生活实践相脱节。通过参加"三下乡"社会实践,学生能够从实际中获取直接经验,特别是与所学专业相关的技术经验,有利于专业文化素质的提高。

第七章 大学生劳动教育的体系

大学生劳动教育是新时代高校人才培养的重要使命和责任。构建具有中国特色的劳动教育体系是推进教育现代化和高质量发展的重要载体，也是实现中华民族伟大复兴中国梦的重要支撑。本章分为大学生劳动教育的法律体系、大学生劳动教育的保障体系两部分。

第一节 大学生劳动教育的法律体系

一、劳动法

（一）劳动法产生的社会背景

1802年，英国通过了《学徒健康和道德法》，该法代表着劳动法的产生。在工业革命的社会背景下，英国最早完成从工场手工业向机器化大生产的转变，形成了劳动法得以产生的社会基础——工业劳动的社会化。因此，现代意义的劳动法其实是工业革命的产物。

1. 圈地运动：雇主和雇员形成的前提

任何生产过程的完成都离不开生产力三要素——劳动者、劳动资料和劳动对象。劳动法产生的前提是劳动力和生产资料分别归属于不同的主体。16世纪初，由于美洲大陆的发现以及环球航运的发展，英国的对外贸易迅速增长，刺激了英国羊毛出口业的发展，羊毛价格不断上涨。大封建主强行拆除农民和手工业者的住房，把农民和手工业者从他们自己的土地上赶走，把耕地变成牧羊场，"羊吃人"的"圈地运动"导致农民和手工业者流离失所。

"圈地运动"完成了资本原始积累，使得劳动力和生产资料分别归属于不同的主体，为现代劳动法的产生提供了必要的前提。一方面，大封建主通过"圈地运动"实现了生产资料的原始积累，为工业化大生产奠定了物质基础；另一方面，农民和手工业者失去了生产资料，只有出卖自己的劳动力。此外，"圈地运动"使得原来农业和小商品经济时代的自给自足生产瓦解，建立了资本主义生产方式所需要的国内商品市场。

2. 身份解放：实质平等的需求

"圈地运动"、启蒙运动以及革命运动等使人们逐渐脱离了"政治身份"（隶属于统治者）以及"血缘身份"（隶属于家庭）的束缚，迎来了身份解放，获得了独立的主体地位，能够基于自主意志订立契约，出卖自己的劳动力。因此，英国法学家亨利·詹姆斯·萨姆那·梅因（Henry James Sumner Maine）认为所有进步社会的运动，到此处为止，是一个"从身份到契约"的运动。

然而，基于自由主义的契约制度忽视了个体的差异性，将人从社会现实中抽离，"不参与交易的自由"和"信息对等"的缺失以及"资源的有限性"使得市场失灵，助长了"强者越强、弱者越弱"的马太效应。因而，在个体间形成了一种新的"身份"——强势主体与弱势主体。有学者感叹"契约的死亡"，因为现代契约法中出现了这样一种倾向，即近代社会"从身份到契约"的运动在现代社会中正转变为"从契约到身份"的运动。而对基于经济实力差距形成的强弱"新身份"需要相应地采取"不等者不等之"，即以实质平等的价值为引导的法律调整。

3. 工业革命：社会关系的转变

生产工具的创新往往会引发生产力的大发展，蒸汽机的发明使机器生产替代了手工劳动。18世纪60年代始于英国的工业革命，不仅仅是技术革命，更是一场社会关系的革命。由于机器工业的蓬勃发展，整个欧洲逐步完成了从农业社会向工业社会的转变，社会的基本生产组织由农业社会时代的家庭变为工业社会时代的工厂。前资本主义发展仍然将房屋和院落看作经济单元，这是手工劳动和农业劳动中经济团体的最小细胞。

在共同的经济活动中，男人和女人、父母和孩子分工并结合。资本主义将房屋、院落和家庭这些生产共同体爆破了。更强一些的社会学构造，即新的经济共同体企业，将原本是家庭成员的个别肢体从家庭中拽出来，使他们当中的每一个都成为另外一些经济单元的成员。如果说资本原始积累仅仅为劳动法的产生提供了前提和可能，工业革命则使得这种可能变为现实，作为生产资料所有者的资本家为了实现机器化大生产，需要大量地雇用劳动者；而被迫离开土地的农民和手工业者为了生存，只能出卖自己的劳动力。因此，劳动力所有人与生产资料所有人之间形成了劳动力的买卖关系。

4. 工业劳动社会化的法律调整——劳动法的产生

社会关系决定了法律的产生及调整方式，因此，社会关系是第一性的，而法律仅具有第二性，工业革命使得工业劳动关系社会化，而相应的法律调整却滞后于社会关系的发展，对此种新兴的社会关系的法律调整经历了从传统私法向劳动法转变的过程。罗马法将劳动给付关系置于租赁关系中，当时的租赁关系分为物的租赁、雇佣租赁和承揽租赁。而以自由主义、个人主义为基础的《法国民法典》几乎完全继承了罗马法的规定，将劳动力的租赁分为三类，即约定为他人提供劳务的劳动力租赁、水陆运送旅客的劳动力租赁、依包工或承揽从事工程建筑的劳动力租赁，分别相当于雇佣、运输和承揽。其将工业劳动关系视为简单的劳动力商品交换关系，与通常的商品买卖没有区别。然而，由于劳动关系当事人双方经济实力的差距、劳动力的自然因素和社会因素以及劳动力市场供求的失衡等，资本家为尽量攫取利润，大量雇用童工，要求工人在极差的劳动条件下长时间地劳动。工人在法律上和事实上都是有产阶级即资产阶级的奴隶。他们可以像商品一样地被卖掉，像商品一样地涨跌价。

对资产阶级来说，现在的情况比起旧的奴隶制是无比有利的：他们可以随便在什么时候辞退自己的工人，同时并不因此使投下的资本受到损失，工人劳动的代价无论如何要比奴隶劳动的代价便宜得多。因此，资本家对工人过度地压榨逐渐引发诸多社会问题，如人口素质的下降等。资本家意识到传统私法无法满足工业劳动关系的调整需求，开始积极介入劳动关系，劳动法应运而生。

（二）劳动法的相关定义

1. 劳动的定义

劳动是一个使用范围十分广泛的概念。一般意义的劳动，是指人们在物质生产和精神生产过程中，使用（消费）劳动力，动用劳动资料，改变劳动对象，创造使用价值以满足人们需要的有意识、有目的的活动。它是人类生存的首要和最基本的条件。马克思在《资本论》中对劳动做过精辟的揭示，他认为劳动是制造使用价值的有目的的活动，是人以自身的活动来引起、调整和控制人和自然的物质变换的过程。简言之，劳动是劳动力的使用（消费）。劳动力，人的劳动能力，指为人所具有的并在生产使用价值时运用的体力和脑力的总和。物质资料生产过程是劳动力作用于生产资料的过程。离开劳动力，生产资料本身是不可能创造任何东西的；但是，在物质资料生产过程中，劳动力发挥作用，除了必须具备一定的生产经验和劳动技能或文化科学知识外，还必须具备一定量的生产资料，否则，物质资料生产过程也是不能进行的。

劳动者在生产过程中运用自己的劳动力和生产工具，作用于劳动对象，既可以创造出物质财富，又可以不断提高自己的劳动技能。在不同的社会中，由于生产资料和劳动力结合的方式不同，劳动力的使用状况也不同，可以分为自我使用劳动力的劳动和供他人使用劳动力的劳动。自从有人类以来，人为了生存，劳动力首先是为自己使用。在原始社会，人们共同劳动，剩余产品也完全平均分配。随着社会分工不断发展，生产力水平提高，在原始社会后期有了剩余产品，在私有观念产生后，剩余产品被私人占有。这样一部分人就占有了生产资料，而一部分人逐渐在竞争中失去竞争能力，成为出让劳动力谋生的群体。在生产力水平较低的时候，劳动力的雇佣关系不具有普遍性，劳动力的雇佣关系由民事法律规范进行调整。但当雇佣劳动力成为社会普遍的生产方式和生活方式的时候，劳动力的拥有者和劳动力的使用者之间的关系就出现了不平等，再以民事法律规范调整则产生了不公正，因此，设计保护劳动者利益、向劳动者倾斜的法律制度规范成为必然。劳动力成为商品是私有制发展的结果，劳动法律规范的出现是以劳动力成为商品为前提的。劳动法中的劳动，是劳动力的所有者将其劳动力有偿提供给他人使用，区别于自我使用劳动力的劳动。

2. 劳动法的定义

20世纪30年代我国法学界代表性观点认为劳动法为关系劳动之法，详言之，劳动法为规范劳动关系及其附属，即一切关系之法律制度之全体。成文法代表之一的德国法对劳动法的界定为劳动法是关于劳动生活中处于从属地位者（雇员）的雇佣关系的法律规则的总和。《不列颠百科全书》则将其解释为适用于雇佣、报酬、工作条件、工会及劳资关系的法律总称。我国劳动法是指调整劳动关系以及与劳动关系密切联系的社会关系的法律规范总称。

3. 劳动法的本质

世界各国的发展历史表明，单纯强调契约自由，强调法律平等和程序正义而忽视社会上人与人之间的强弱之分，忽视资本与劳动力之间的不均衡和强弱悬殊的差别，必然会带来各种各样的社会问题。任何一类部门法，都必然保护法律关系主体双方的合理的权益，劳动法亦不例外。但是劳动法立法，无论是从基本目的——解决劳动关系领域制度建立和实施过程中的现实问题，还是从法的社会层面——解决社会矛盾、维护社会公正、促进社会和谐的意义上来讲，必然会考虑到社会各方利益的平衡，即资本与劳动力所有者的平衡。政府追求经济发展与社会全面和谐发展的平衡，企业利润与企业社会责任的平衡，社会公平正义与社会分配（包括初次分配和二次分配）的平衡，社会弱势群体与各种既得利益集团之间利益的平衡。立法在这种平衡之中，必然要体现法律的本质特征和基本价值——追求公平正义和向弱者倾斜。这正是现代意义上社会法的本质特征的体现，通过公权力和社会权利对私权利的干预和强制性规范，预防和解决现实生活中的因表面平等、程序平等所带来的社会问题，以达到社会公正、和谐发展的目的。

劳动法从属于社会法，是私法与公法相互融合的产物。劳动基准法是劳动关系的底线，国家不应越过这一底线。当我们把底线升高，国家的行政执法其实是难以进行的。也就是说，在这种前提下行政执法会面临两难的局面：如果认真执法，将窒息劳动关系；如果不去执行，又会损害国家的法制尊严。社会法的社会法律功能逐渐由被动解决现实社会问题朝着主动预防社会问题的产生的方向发展，并以社会权利平衡和抑制私权利的方式参与国家和社会的民主、政治及经济生活。

（三）劳动法的调整对象

劳动法作为一个独立的法律部门，有特定的调整对象，包括劳动关系以及与劳动关系有密切联系的其他社会关系，其中，劳动关系是最基本的调整对象。

1. 劳动关系

（1）劳动关系的概念

劳动法中的劳动关系是指劳动者在运用劳动能力、实现劳动的过程中，与用人单位之间发生的社会劳动关系。

（2）劳动关系的基本特征

第一，劳动关系的双方当事人分别为劳动者和用人单位。劳动关系双方在维护各自经济利益的过程中有着平等的地位。第二，劳动关系是社会劳动过程中所发生的关系。劳动是这种关系的实质与内容。劳动者在劳动关系存续期间将劳动力使用权让渡于另一方当事人——用人单位，由其根据自己的需要对劳动力的使用进行安排，以不损害劳动者本身及劳动力再生产为限制。同时，用人单位也负有为劳动者提供必要的劳动条件，以及保障劳动力再生产和提高所需要的物质、技术、培训等方面的义务。由于劳动者让渡的仅仅是劳动力的使用权，劳动力的所有权仍然隶属于劳动者本身，故用人单位不得妨碍劳动者在用人单位的劳动时间之外使用劳动力的自由。第三，劳动者作为一方当事人在企业、事业单位、机关、团体中进行劳动，并遵守各用人单位的各种规章制度。主体双方存在着管理和被管理的关系。第四，劳动关系的发生、变更和终止，当事人双方在劳动过程中的权利、义务以及劳动条件都按照国家有关法律法规处理。

（3）劳动关系的属性

第一，人身关系属性与财产关系属性相结合。劳动者利用劳动力以获取用人单位支付的劳动报酬，这体现了劳动关系的财产属性。然而，劳动力与劳动者人身不可分割，故在劳动时间内，其人身也由用人单位所控制，由此体现劳动关系的人身属性。第二，平等性与不平等性相结合。劳动关系建立在双方相互选择、平等协商的基础上，并可以通过协议来延续、变更、暂停、终止劳动关系，这体现了劳动关系平等性的一面。然而，在劳动关系存续期间，劳动者成为用人单位的职工从而隶属于用人单位，由用人单位按照劳动合同进行管理和支配，由此体现劳动关系的不平等性。

2. 与劳动关系有密切联系的其他社会关系

（1）与劳动关系有密切联系的其他社会关系的概念

劳动关系是劳动法调整的主要对象，但劳动关系作为社会关系的一种，并非孤立的社会关系，而是与其他类型的某些社会关系有着广泛的联系，这些社会关系因为与劳动关系有着紧密的联系从而纳入劳动法的调整范畴。

（2）与劳动关系有密切联系的其他社会关系的基本特征

第一，主体一方通常是劳动关系当事人，另一方为劳动关系相关人，即劳动关系当事人以外的与劳动关系运行相关的主体，包括劳动保障行政部门、职业培训机构、职业介绍机构、劳动争议处理机构、社会保险经办机构等。第二，实现劳动关系是其产生的目的。这些关系或者是劳动关系产生的前提条件，例如，劳动人事部门与用人单位在职工招用和职工流动方面发生的社会关系，职业培训机构与劳动者、用人单位之间因就业培训而发生的社会关系，职工介绍机构与劳动者、用人单位之间因职业介绍而发生的社会关系等。或者是为了维护劳动关系的正常运行而附随劳动关系产生，例如，工会与用人单位之间因保护职工合法权益而发生的社会关系，劳动争议仲裁机构因处理职工与用人单位之间的劳动争议而发生的社会关系，劳动监察机构因履行劳动监察职责而与用人单位之间发生的社会关系等。或者是劳动关系的直接后果，例如，社会保险机构与失业人员、离退休人员、死亡职工家属之间在社会保险方面的社会关系等。

（3）与劳动关系有密切联系的其他社会关系的类型

第一，劳动行政管理关系指劳动行政管理机关和经过授权具有行政管理职能的有关机构因执行劳动行政管理职能而与用人单位、劳动者和劳动服务主体之间发生的社会关系。第二，劳动服务关系指劳动服务主体，例如，职业介绍机构、职业培训机构等与用人单位和劳动者间由于为劳动关系运行提供社会服务而发生的社会关系。第三，劳动争议处理关系指劳动争议处理机构与劳动争议当事人或关系人之间因处理劳动争议而发生的社会关系。例如，有关国家机关、人民法院和劳动仲裁机构因调节、仲裁和审理劳动争议而产生的关系。

（四）劳动法的地位

1. 劳动法的独立性

（1）劳动法有自己特定的调整对象划分

劳动法调整特定的劳动关系和与劳动关系密切联系的其他社会关系。这些关系不仅有人身关系和财产关系，也有平等关系与隶属关系。这是其他任何一个法律部门都无法调整和代替的。通过劳动法调整这些关系，合理组织社会劳动，保护劳动者的合法权益，维护和发展稳定和谐的劳动关系，对于提高劳动生产率，促进国民经济的发展和社会的进步具有重要的意义。

（2）劳动法有自己完整的独立体系

从劳动法的构成形式来看，其既有劳动法典，又有单行法规；既有实体法，又有程序法，还有劳动法执行的监督检查法。从劳动法的内容来看，在总则部分规定了劳动法的目的、原则、作用、适用范围及劳动者的基本权利等；在分则部分有促进就业，劳动合同和集体合同、工作时间和休息休假、工资、劳动安全卫生、社会保险和福利、劳动争议等。总则与分则构成了一个完整的法规体系。

（3）司法实践中劳动法早已被确认为一个独立的法律部门

劳动法作为独立的法律部门，并非始于我国，也并非只有社会主义国家才如此。劳动法是从19世纪初开始，为了适应社会经济发展的客观需要，并经过工人阶级的长期斗争，而逐步发展成为一个独立的法律部门的。从19世纪到20世纪初，资本主义国家调整劳动关系的法律有两种类型：一类是民法，按照契约自由原则，调整雇佣劳动关系。这种类型以德国民法的规定最为典型。另一类是工厂法以及其他各种单行劳动法规，其内容包括职业安全与卫生、职业训练、就业、保险、救济、工会组织等诸多方面，这些都是民法典中难以包含的内容。以20世纪20年代法国和苏联着手编撰劳动法典为契机，调整劳动关系的两种法律类型汇集到一起，构成了劳动法这个法律部门。

我国劳动法有自己的发展历史。中国共产党成立后不久，中国劳动组合书记部就提出了劳动立法的四项原则和十九条《劳动法大纲》。1931年土地革命时期，制定了《中华苏维埃共和国劳动法》。抗日战争时期，各个革命根据地都制定了劳动法。解放战争时期，于1948年在哈尔滨召开的第六次全国劳动大会，确定了劳动立法的原则和内容。新中国成立后，根据《中国人民政治协商会议共同纲领》和《宪法》确定的原则，在各个发展阶段制定了一系列劳动法规。随着劳动制度的改革和社会主义市场经济体制的确立，我国于1994年7月5日颁布了《劳动法》，从而最终奠定了劳动法作为一个独立的法律部门的地位。

2. 劳动法与相邻法律门类的关系

劳动法是宪法统领下的一个具体的法律部门，这一法律部门主要是将宪法关于劳动者权利的规定具体化和可操作化。宪法中关于劳动者权利的相关规定是劳动法上的权利规定的基本法理依据。民法奉行的是私有财产权神圣不可侵犯、契约自由和过失责任三大原则，劳动法对民法的三大原则进行了重大修正，即这些原则如果与劳动者的生存权利保障相冲突，则后者处于优先适用的地位。经济法调整的是由于国家干预和纵向管理经济而形成的，以国家为一方主体同其他各方主体之间的特定的经济关系，而且经济法以追求经济发展为目标，劳动法主要是调整劳动者与用人单位之间的劳动关系，以保护劳工为目标。劳动法与社会保障法的关系密切，社会保险是二者交叉的部分。二者立足点都是保护弱势群体，实现社会公平和社会安定，但二者又是相互独立、相互并列的两个法律部门，调整对象和调整方法是不同的。行政法主要是对国家行政机关行政管理予以规范约束，劳动行政是国家行政管理的一个内容，劳动行政法即劳动法与行政法结合的产物。刑法是规定犯罪和刑罚的法律，劳动犯罪和刑罚是刑法的一个内容，劳动刑法即劳动法与刑法结合的产物。

劳动法的独特功能是其他所有的法律部门都不具备的，它在我国法律体系中具有无可替代的地位，其重要性不亚于民法、刑法、行政法、经济法、诉讼法等任何其他法律部门。事实上，在任何成熟的市场经济国家，劳动法都被视为最重要的法律部门之一，一个国家如果忽视劳动法的地位和功能，那么这个国家必将付出沉重的政治、经济和社会代价。因此，从理论上讲，劳动法也是我国最重要的法律部门之一。

劳动法与民法的区别主要有以下几点。首先，调整对象不同。劳动法调整的对象是劳动关系以及与劳动关系有密切联系的其他关系；民法调整的对象是平等主体之间的人身关系以及财产关系。其次，主体不同。劳动法的一方必须是劳动者，另一方为用人单位（劳动使用者），双方之间的关系兼有平等性和不平等性；民事法律关系主体双方可能都是公民、法人，或一方为公民另一方为法人，其主体地位平等。最后，两者的原则及承担的法律责任不同。两者各有独特的原则，劳动法的基本原则包括劳动既是公民权利又是公民义务原则、保护劳动者合法权益原则和劳动力资源合理配置原则等；而民法的基本原则为平等、公平、自愿、诚实信用、禁止权利滥用等。承担的法律责任有所不同：劳动法中的民事责任要求采用某些特殊的责任形式，而民法中则无此要求。

劳动法与行政法的区别主要有以下几点。首先，调整对象不同。行政法调整的对象主要是国家行政机关行使国家行政职能活动中所发生的关系；劳动法主要调整劳动者在参加用人单位劳动过程中所发生的劳动关系。其次，法律关系的主体不同。行政法律关系的主体范围十分广泛，但法律关系主体的一方必定是国家行政机关；劳动法律关系主体的一方必定是公民。最后，法律关系产生的根据不同。行政法律关系是国家行政机关在执行职务活动中产生的，而劳动合同则是基于双方当事人平等自愿和协商一致的原则而产生的。

劳动法与劳动合同法的区别有以下几点。首先，立法背景不同。《劳动法》是国家在计划经济向市场经济过渡时期劳动关系初步紧张的状态下产生的法律，由中华人民共和国全国人民代表大会常务委员会于1994年7月5日通过，于1995年1月1日生效实施；《劳动合同法》则是在我国市场经济发育逐渐成熟时期、劳动关系非常紧张的状态下产生的法律，由中华人民共和国第十届全国人民代表大会常务委员会第二十八次会议于2007年6月29日通过，自2008年1月1日起施行。《劳动法》是20世纪劳动立法的标杆，《劳动合同法》则是20世纪我国劳动关系发展的必然结果，是构建社会主义和谐社会对上层建筑的必然要求。其次，立法宗旨不完全相同。《劳动法》第一条开宗明义，"为了保护劳动者的合法权益，调整劳动关系，建立和维护适应社会主义市场经济的劳动制度，促进经济发展和社会进步，根据宪法，制定本法"，明确把劳动者的权益放在第一位；而《中华人民共和国劳动合同法（草案）》第一次送审稿套用了《劳动法》，即"《中华人民共和国劳动合同法》保护劳动合同双方当事人的合法权益"。草案公布时则改为"为了规范用人单位与劳动者订立和履行劳动合同的行为，保护劳动者的合法权益，促进劳动关系和谐稳定，根据《劳动法》，制定本法"。最终确定为"为了完善劳动合同制度，明确劳动合同双方当事人的权利和义务，保护劳动者的合法权益，构建和发展和谐稳定的劳动关系，制定本法"。前后言辞、次序之变，暗含了立法思路的调整。最后，调整对象不同。劳动法是调整劳动关系以及与劳动关系密切联系的其他社会关系的法律规范的总称。其内容主要包括劳动者的主要权利和义务；劳动就业方针政策及录用职工的规定；劳动合同的订立、变更与解除程序的规定；集体合同的签订与执行办法；工作时间与休息时间制度；劳动报酬制度；劳动卫生和安全技术规程；女职工与未成年工的特殊保护办法；职业培训制度；社会保险与福利制度；劳动争议的解决程序；对执行劳动法的监督、检查制度以及违反劳动法的法律责任等。此外，还包括工会参加协调劳动关系的职权的规定。作为法律部门的劳动合同法是调整劳动合同关系的法律规范的总称。

综上所述，劳动法是我国法律体系中独立的法律部门，是适应我国社会主义经济的发展，满足国家经济职能的需要而产生和发展起来的。

（五）劳动法的特征

1. 反映了劳动法的本质属性

劳动法的本质属性是以维护劳动者的合法权益（既包括生存利益，也包括人格利益）为目的，同时也是劳动立法的基本出发点。从历史看，现代劳动立法是由从前资本主义的"职工立法"以及资本主义早期的"雇佣契约"演变而来的，它对事实上不平等的劳资关系设立基准法，明确用人单位的义务和政府在其中的责任，将劳动者的利益视为一种社会利益，以达到保护劳动者的目的。

2. 明确了劳动法调整的对象

劳动法调整的对象为用人单位和劳动者之间、政府与用人单位之间、政府和劳动者之间的权利和义务关系。这种关系是一个复合体，由一个平等主体关系，即劳动者和用人单位之间形成的劳动关系与两个不平等主体关系，即政府和用人单位之间形成的劳动监察关系、政府和劳动者之间形成的促进就业与职业保障关系构成。

3. 兼有公法和私法的特点

劳动法提出的平等主体之间的关系，主要体现为一种劳动合同关系，它属于私法的范畴；两个不平等主体之间的关系，主要体现为劳动行政管理与法律监督关系，即政府为实现社会劳动过程对平等主体之间所采取的调控、管理、监督等行为，属于公法的范畴。

4. 强制性规范与任意性规范相结合，以强制性规范为主

劳动法大多属于强制性规范，尤其是劳动基准法，它是国家对用人单位设定的义务，用人单位必须严格遵守，不能降低标准，只能在最低标准之上给予劳动者更好的劳动条件和工资福利待遇。即使是调整劳动合同关系的任意性规范，也

与调整一般民事合同关系的任意性规范不同。例如，在劳动合同关系中，合同自由原则既要受法定劳动基准的限制，又要受集体合同的限制，凡是与法律相冲突或低于集体合同标准的条款都无效。

5. 实体法和程序法相统一

实体法是指具有明确法定的权利和义务，制定某个问题的规则，如最低工资是多少。程序法则是指规定如何实现权利和义务，包括辩护、诉讼程序、提供证据、审判、裁决和上诉等方面的规则。

一般而言，实体法和程序法是一种互为依存的关系，有一定的实体法，就有与之对应的程序法，如民法与民事诉讼法、刑法与刑事诉讼法等。劳动法则不然，其本身既有实体性法律规范，又有程序性法律规范，这是由劳动法的特殊性所决定的。由于劳动争议具有复杂性和特殊性，劳动争议的解决程序也有不同于普通民事纠纷和商事仲裁的特点，因此必须专门做出规定，这就使得劳动法既有实体法的内容，又有程序法的内容。

（六）劳动法的原则

1. 倾斜保护劳动者权益与兼顾用人单位利益相结合的原则

保护劳动者的合法权益，而且是倾斜保护劳动者的合法权益，是劳动法的根本宗旨。这也是诞生于19世纪初的劳动法（工厂立法）与此前代表资本家的利益、维护剥削的劳工法规的本质区别。尽管劳动法调整的是劳动者与用人单位双方的关系，对两者的权利和义务安排也要贯彻权利和义务一致性的原则，但是由于劳动者相对于用人单位处于弱势地位，处于强势地位的用人单位或雇主又有着追求利润最大化的天然倾向，因此，便会出现各种损害劳动者合法权益的行为。为了使劳动者和用人单位之间失衡的关系取得相对的平衡，一方面，以维持劳动者的生存和劳动力的再生产，另一方面，不致激化矛盾，引发社会冲突，就需要国家（乃至国际组织）通过具有强制力的法律予以调节。劳动法就是为满足这样的需要而产生的。所以，侧重对劳动者的保护正是劳动法设计者的初衷。

我国劳动法也贯彻了同样的精神。它是劳动者的权利之法，一个个精心设计的法条，字里行间无不透露出对劳动者的呵护。它不仅赋予劳动者相当广泛的权利，为用人单位设定种种义务以保障这种权利，还时常可见那些明显倾斜的保护措施。例如，《劳动法》《中华人民共和国工会法》赋予劳动者组织工会的权利，以克服单个劳动者势单力薄，无法与用人单位相抗衡的弱点，借助工会这种集体的力量去争取和维护权益；《劳动法》和《劳动合同法》对用人单位订立和解除劳动合同的自由做出有利于劳动者的限制，有关无固定期限劳动合同的规定，以及用人单位不得解除劳动合同的情形的规定等都是如此；《中华人民共和国劳动争议调解仲裁法》在举证责任的分配，以及对裁决不服是否可以提起诉讼等方面，对劳动者和用人单位的区别对待，也体现了对劳动者倾斜保护的宗旨。此外，劳动法在倾斜保护劳动者合法权益的同时，也兼顾到用人单位利益的维护。毕竟企业的健康发展，无论对于劳动者还是整个社会都是有益的，雇主的积极性也应当得到保护。这一精神在我国劳动法中得到广泛的体现，例如，在充分赋予劳动者权利的同时，也明确规定了劳动者应当履行的义务，而劳动者的义务往往就是用人单位的权利；我国劳动法也赋予用人单位劳动用工自主权、工资分配自主权，以及劳动合同订立和解除等方面的契约自由。

2. 劳动者平等保护与特殊保护相结合的原则

在人类追求历史进步和社会正义的旗帜上，始终飘扬着"平等"两个大字。自有文字记载的历史以来，所有重大的社会斗争和改革运动都是高举正义大旗反对实在法中某些被认为需要纠正的不平等规定。在近现代以来的民主法治国家，平等已普遍成为一项宪政原则。《宪法》规定：中华人民共和国公民在法律面前一律平等。劳动法中的平等原则正是此宪法原则的具体化。我国劳动法对所有劳动者一视同仁地予以同等的保护，任何劳动者均不因性别、年龄、种族、出身等与劳动无关的事由而受到差别对待。劳动者在劳动法上的法律地位一律平等，劳动法赋予劳动者的各项权利都平等地享有，劳动法所直接规定或要求达到的劳动标准都一律适用。其具体表现在以下三个方面。

一是就业平等。它是指劳动者应该获得平等的就业机会，反对就业歧视。《劳动法》和《中华人民共和国就业促进法》（以下简称《就业促进法》）均贯彻了这一精神。《就业促进法》第三条规定：劳动者依法享有平等就业和自主择业的权利。劳动者就业，不因民族、种族、性别、宗教信仰等不同而受歧视。并在第三章"公平就业"中，具体规定了禁止任何基于性别、民族、残疾、传染病病原携带者、农民工等因素对劳动者进行歧视的行为。

二是待遇平等。待遇平等包括劳动者在职业培训、职务晋升和劳动报酬、劳动保险等方面享有同等的权利，其中主要指报酬平等或同工同酬。《劳动法》第四十六条规定：工资分配应当遵循按劳分配原则，实行同工同酬。根据《关于〈劳动法〉若干条文的说明》（劳办发〔1994〕289号）的解释，同工同酬是指用人单位对于从事相同工作，付出等量劳动且取得相同劳动业绩的劳动者，支付同等的劳动报酬。同工同酬防止分配中的歧视，尤其是性别歧视。

三是劳动条件平等。劳动条件的平等是指劳动者的工作环境以及劳动保护平等，它表现为对于处在相同岗位、从事相同工作的劳动者应该提供相同的劳动条件和劳动保护，让他们得到同等的劳动安全卫生的待遇。劳动法在对劳动者提供平等保护的同时，也对一些特殊劳动者予以特别保护。这体现了人道主义价值，是一种合乎正义的制度安排。美国哲学家、伦理学家约翰·罗尔斯（John Rawls）在其代表作《正义论》中提出，正义的制度要安排得适合于最少受惠者的最大利益。在我们的语境中，就是要向弱势群体倾斜。我国劳动法特殊保护的对象是女职工、未成年工、残疾劳动者、少数民族劳动者及退役军人劳动者等。劳动法律、法规在就业、安全卫生、解除劳动合同等方面对不同的特殊劳动者群体分别做出了不同的保护规定。例如，《就业促进法》第二十八和第二十九条规定，用人单位招用人员，应当依法对少数民族劳动者给予适当照顾；各级人民政府应当对残疾人就业统筹规划，为残疾人创造就业条件。《劳动法》第七章专门规定了对女职工和未成年工的特殊保护。

3.贯彻按劳分配与公平收助相结合的原则

按劳分配是我国经济制度的一项重要内容，也是我国劳动法的一项基本原则。《宪法》第六条第一款规定：社会主义公有制消灭人剥削人的制度，实行各尽所能，按劳分配的原则。《劳动法》第四十六条第一款规定：工资分配应当遵循按劳分配原则，实行同工同酬。

"各尽所能、按劳分配、同工同酬"的基本要求是：每一个具有劳动能力的劳动者，都有平等的权利和义务，都应尽自己的能力为社会劳动；用人单位应以劳动为尺度，按照劳动的数量和质量给劳动者支付劳动报酬，即用人单位通过对职工个人劳动技能、劳动条件、劳动强度、劳动贡献的全面考核，确定对职工个人的工资分配；劳动者不分性别、年龄、民族和种族，等量劳动（包括数量、质量与贡献）应当取得等量报酬。按劳分配与分配上的平均主义是不相容的。平均主义是手工业和小农经济的思想要求，贯彻按劳分配原则，本身就意味着反对在分配上搞平均主义。长期以来，由于计酬标准和管理水平上的一些问题，平均主义思想在分配上表现得较为突出，例如，曾经存在的"吃大锅饭"现象就是平均主义分配思想的反映。因此，在我国分配制度中，真正贯彻按劳分配原则，应当注意做到：要体现奖勤罚懒、奖优罚劣；要体现多劳多得、鼓励多做贡献；要体现效益分配优先，兼顾公平；要体现脑力劳动与体力劳动、复杂劳动和简单劳动之间的差别。此外，在贯彻按劳分配原则时，还要求正确处理生产与生活的关系，也就是在发展生产的基础上，逐步提高劳动报酬和福利待遇。在贯彻按劳分配原则的同时，要求兼顾公平救助原则。

公平救助原则主要体现在社会保险制度上。《宪法》第四十五条第一款规定：中华人民共和国公民在年老、疾病或者丧失劳动能力的情况下，有从国家和社会获得物质帮助的权利。国家发展为公民享受这些权利所需要的社会保险、社会救济和医疗卫生事业。《劳动法》第七十条规定：国家发展社会保险事业，建立社会保险制度，设立社会保险基金，使劳动者在年老、患病、工伤、失业、生育等情况下获得帮助和补偿。物质帮助权是指因劳动暂时或永久丧失劳动能力时，有获得物质帮助的权利，以使劳动者本人及其家属能够获得基本的生活保障。物质帮助权是劳动报酬权的延伸或补充。我国劳动法还规定了劳动者退休养老保险、患病或非因工负伤保险、因工伤残或患职业病保险、失业保险及生育保险的制度。所有的劳动者均可按照法律法规规定的条件和标准享受社会保险待遇。公平救助原则的实现受制于按劳分配原则的贯彻，只有真正贯彻按劳分配原则，调动广大劳动者的劳动积极性，创造出更多、更丰富的物质财富，才能使公平救助原则得到充分的体现。

4. 劳动自由与规则约束相结合的原则

劳动自由原则是《劳动法》的重要原则。劳动自由包括两个方面，即劳动者的劳动自由和用人单位的用工自由。劳动者的劳动自由包括就业的自由和辞职的自由。劳动者有自由选择职业的自由，可以根据自己的爱好、特长等来选择职业，用人单位不能因种族、民族、性别、宗教等歧视劳动者，限制其选择职业的权利。劳动者不但有就业的自由，还有辞职的自由。《劳动法》规定：劳动者解除合同，应当提前三十日以书面形式通知用人单位。此规定明确了劳动者享有辞职的权利。劳动者的就业自由和辞职自由原则可以充分发挥劳动者的劳动积极性和创造性，而且促进了劳动力的合理流动。用人单位的劳动自由主要是指用工自由。

在计划经济体制下，用人单位有权在法律范围内招用适合本单位工作岗位的员工并与之订立合同。用人单位的用工自由，不但有利于吸引优秀人才，而且有利于提高用人单位的劳动效率和稳定用人单位内部的劳动关系。但禁止用人单位在劳动者非自愿的情况下强迫劳动者从事本单位的劳动，这是直接侵犯劳动者劳动自由的权利。但劳动者可以依法与用人单位解除劳动合同。如果用人单位以暴力、威胁或者非法限制人身自由的手段强迫劳动者劳动的，不仅劳动者可以随时与用人单位解除劳动合同，而且公安机关还应对负责人处以十五日以下拘留、罚款或者警告。情节严重、构成犯罪的，司法机关还要依法追究责任人的刑事责任。

与平等一样，自由也是人类永恒的价值追求，是现代文明社会法律制度普遍维护的重要价值之一。劳动自由是法律自由价值在劳动法领域的体现，劳动和劳动关系的人身性特点决定了劳动者劳动自由权利保护的必然性和必要性。"自由"有两种含义，一种指的是不受他人的干预和限制，即排除外部约束，摆脱奴役和束缚；另一种指的是自己依赖自己，自己决定自己，即主体能自主地决定从事符合其能力的有益工作和建设性活动，实现其价值。我国学者把前者称为"消极的自由"（negative liberty），把后者称为"积极的自由"（positive liberty）。

劳动法对劳动自由的保护也突出地表现在这两个方面。一是禁止强迫劳动。强迫劳动是指通过暴力手段，迫使劳动者在非自愿的情况下从事劳动，这是一种直接侵犯劳动者的劳动自由的行为。《劳动法》严厉禁止各种形式的强迫劳动。该法规定，用人单位以暴力、威胁或者非法限制人身自由的手段强迫劳动的，劳动者可以随时通知用人单位解除劳动合同。用人单位以暴力、威胁或者非法限制人身自由的手段强迫劳动的；或者侮辱、体罚、殴打、非法搜查和拘禁劳动者的，由公安机关对责任人员处以十五日以下拘留、罚款或者警告；构成犯罪的，对责任人员依法追究刑事责任。二是契约自由。劳动法领域的契约自由包括两个方面：缔约自由和辞职自由。缔约自由是指劳动者可以自由地选择职业，自由地决定和谁签订劳动合同，以平等的地位自觉自愿地和用人单位协商确定合同的内容等。《劳动法》第十七条规定：订立和变更劳动合同，应当遵循平等自愿、协商一致的原则。《劳动合同法》第三条也规定：订立劳动合同，应当遵循合法、公平、平等自愿、协商一致、诚实信用的原则。辞职自由即解除劳动合同的自由，劳动者与用人单位协商一致，或者提前三十日以书面形式通知用人单位，或者出现其他法定情形，都可以解除劳动合同，终止劳动关系。在强调和保障劳动自由时，必须看到规则约束的重要性。法律是使人的行为服从规则治理的事业。劳动者的劳动自由只有在法律的保障下才有可能得以实现，它有赖于通过立法做出明确、周密的制度安排，包括赋予劳动者尽可能广泛的自由和权利，明确用人单位应尽的义务以及在违反此义务，侵犯了劳动者劳动自由权利时应承担的责任；有赖于用人单位的自觉守法和监督管理机构的监管和制裁。劳动者自身在享受劳动自由时亦应遵守规则，任何法律意义上的自由都是既受保障又受约束的自由。劳动者的行为要遵循权利和义务一致性的原则，在享受自由、行使权利时，也应自觉履行义务，包括法律规定的义务、合同约定的义务以及用人单位依照法定程序制定的，不与法律法规相冲突的规章制度中的义务等。况且，劳动者的劳动自由不同于民法中的契约自由，劳动关系也有别于民商法调整的私法关系，因此，劳动法也不属于纯粹的私法，而是兼有公法和私法双重属性的法律部门。它不像民商法那样以任意性规范为主，把大量事务的决定权留给当事人自己，而是需要国家强制力的干预，所以劳动法中有大量体现国家意志的、不允许当事人自行选择和改变行为模式的法律规范，即强制性规范，例如，劳动法中关于工作时间和休息休假、劳动安全卫生和保护，以及社会保险等方面的规定就是如此。对这些规范。劳动关系双方当事人，特别是用人单位，必须遵照执行。即便在最体现自由的劳动合同领域，人们的自由也是有限的。尽管合同双方的权利、义务是在平等自愿、协商一致的基础上确定的，主要体现了当事人的意志，但由于劳动关系的特殊性，双方当事人在约定权利和义务时，不能违反国家的强行性规定，否则将不能产生预期的法律后果。

5. 双方协商和三方合作相结合的原则

三方合作原则是在社会连带关系理论的基础上产生的。社会连带关系理论认为，由于人们在生活中有不同的需要，每个人贡献出自己的能力在满足别人需要的同时与他人进行交换满足自己的需要，从而实现共同的需要。劳动关系是一种典型的社会连带关系。劳动合同双方当事人之间是互相依赖、合作互助的关系，然而双方利益分配的对立关系需要由国家来进行干预，由此产生了三方合作的劳动关系。三方合作原则最早由国际劳工组织提出，现已被大多数国家接受。按照三方合作原则，国际劳工组织的一切主要机构，包括理事会、地区性会议、产业委员会等，都是由成员国的工人、雇主和政府三方组成的。

三方合作原则在我国《劳动法》中也体现出来。首先，《劳动法》中不仅规定了劳动者和用人单位的权利和义务，当劳动者和用人单位出现纠纷时，对劳动争议仲裁委员会也做了具体的规定。其次，《劳动部、国家计委关于对部分行业、企业实行工资控制线办法的通知》（劳部发〔1996〕198号）中有对工资线的规定：各省、自治区、直辖市及计划单列市劳动行政部门和计划部门，要依照国家宏观调控的要求，结合本地区重点行业、企业的情况，提出并确定本地区工资控制线的实施对象及控制线水平。在《劳动法》中，三方合作原则贯穿其中。由此可见，三方合作原则能够将政府、用人单位和劳动者的利益结合起来。但是，三方合作原则在我国实施《劳动法》的过程中还有很多不足，第三方在用人单位和劳动者之间如何发挥更好的作用有待探讨。

劳动关系兼有对抗性和非对抗性的双重属性，正是这一特点决定了双方协商和三方合作相结合原则的产生。劳动者和用人单位之间利益的一致性，以及在某些领域法律地位的平等性，使得双方有协商、合作的必要和可能，而双方实际上的不平等和利益的内在冲突，使得有必要引入两者之外的第三方，来协调关系、维护劳动者的合法权益，三方合作原则应运而生。双方协商指劳动者和用人单位之间的对话、协商、合作，这里所说的劳动者，实际上是指劳动者一方，既包括劳动者个人，又包括代表劳动者利益的劳动者集体即工会组织。

我国劳动法关于劳动合同、集体合同，以及对劳动争议的调解制度中随处可见劳动者或工会与用人单位的对话、协商机制。如前面所述，三方合作原则最早由国际劳工组织提出。《国际劳工组织章程》规定，出席国际劳工大会的代表应由每个成员国各派四名代表组成，其中两人为政府代表，另外两人分别代表该国的工人和雇主。按照三方合作原则的要求，国际劳工组织的一切主要机构，包括理事会、地区性会议、地区性顾问委员会、产业委员会等，都由成员国的政府、工人和雇主三方代表组成。目前，三方合作原则已被绝大多数国家所接受，成为各国劳动法的一个基本原则。

在我国，三方合作原则也已成为劳动法的一项基本原则。从根本上说，国家通过一系列强制性规范设定劳动标准，规定用人单位的义务，并通过劳动监察制度，监督检查用人单位对劳动法的执行，这本身就体现了国家公权力对劳动关系运行的干预。从更直接的意义上说，我国劳动法的一些具体制度的设计，也贯彻了三方合作原则。例如，根据原劳动部颁发的《企业最低工资规定》第六条，最低工资标准应当由省、自治区、直辖市人民政府劳动行政主管部门会同同级工会、企业家协会研究确定；在劳动争议处理制度中，按照《劳动法》和《中华人民共和国劳动争议调解仲裁法》的规定，劳动争议仲裁委员会是由劳动行政部门代表、同级工会代表和用人单位方面的代表三方面共同组成的，说明劳动争议的解决有赖于三方的精诚合作。

二、社会保障法

（一）社会保障法的历史发展

1. 社会保障法的产生

15世纪的英国，随着圈地运动和自由竞争，产生了大量的失业和贫困问题，到16世纪末期，英国社会处于严重的社会动荡时期，靠传统的教会和慈善收养院的救济已经不能满足失业者和贫困者的需求。为了缓和社会矛盾，为资本主义经济的发展铺平道路，英国女王于 1601 年颁布了《济贫法》，这是世界上最早的社会保障法。该法通过征收济贫税来对无力谋生的贫民发放救济，因此具有慈善性质。这种由政府提供就业保障和财产补贴的做法，开创了社会保障国家化、社会化的先河。1929 年到 1933 年的经济危机使世界经济陷入前所未有的困境，失业和贫困人口急剧增加，社会治安问题日益严峻。为应对危机，美国从 1933 年起实行"新政"，强调国家干预社会经济生活，由国家出面实施社会救济、社会保险和社会福利政策，并于 1935 年通过了《社会保障法》。美国 1935 年的《社会保障法》是世界上第一个全面系统地规定了国家社会保障制度的法律，在社会保障立法史上具有重要的历史意义，是世界社会保障立法发展的主要标志。此后世界范围内开始了大规模社会保障法制化的进程，这标志着社会保障法作为一项新兴的独立法律制度已经形成。

2.社会保障法的成熟和改革

社会保障达到成熟的主要标志是以英国为首的"福利国家"制度的构建。1942 年英国经济学家威廉·贝弗里奇（William Beveridge）发表了《贝弗里奇报告》，强调政府统一管理保障项目的原则；建议政府通过国民收入再分配来实施社会保障措施；提出了一整套对英国公民均适用的福利国家的指导原则，提出国家对于每个公民"从摇篮到坟墓"的全面广泛的社会福利计划。贝弗里奇的报告成为当时英国政府立法的依据。英国政府以实现充分就业和社会福利为纲领，先后通过了一系列重要法律，其中主要有《国家保险法》《国民健康服务法》《家庭津贴法》《工业伤害法》《国民救济法》。

为了缓解经济发展的压力，欧美各国政府，特别是以英国为首的福利国家，对社会保障制度进行了一定程度的改革，主要改革措施为降低社会保障的津贴标准，以减少政府社会保障金的支出；提高社会保险费率，扩大社会保险费的增收面，从而增加社会保障收入；征收社会保障所得税，间接减少一些保障项目的费用开支；在一些特殊保障项目，特别是养老保险项目上推行私营化改革，减少国家的社会保障压力。

3.我国社会保障法的形成与发展

（1）新中国成立前的社会保障法

革命根据地和解放区的社会保障立法是在中国共产党的领导下，由工人阶级自己参与制定的，其内容和项目相当广泛，其中具有代表性的包括 1922 年由中国劳动组合书记部拟定的《劳动法案大纲》，其中明确提出了实行社会保险的各项具体要求。1930年由全国苏维埃区域代表大会通过制定的《劳动保护法》，规定了社会保险、劳动保障与抚恤的内容。1940年，陕甘宁边区政府在制定《陕甘宁边区劳动保护条例》时，规定了对女职工的保障和对因工死亡人员的抚恤办法等。上述列举法律几乎包括了现代意义上的社会保障法的全部内容，并且切实可行。尽管这些社会保障措施只在革命根据地和解放区实施，并未推及全国，但它为新中国的社会保障制度奠定了基础并积累了经验。

（2）新中国成立后至党的十一届三中全会期间的社会保障法

从中华人民共和国成立初期到1957年，是我国社会保障法制的初创时期。我国颁布了一系列法律，初步确立了社会保障的基本制度。1951年2月，政务院公布了《中华人民共和国劳动保险条例》。这一条例使暂时或长期丧失劳动能力的职工在生活上有了基本的保障，对于生、老、病、死、伤、残等情况的保险都有了具体规定。同时，国家机关、事业单位的社会保险制度也以单项法规的形式逐步建立起来。例如，1950年内务部颁布《革命工作人员伤亡褒恤暂行条例》《革命残废军人优待抚恤暂行条例》，1952年6月政务院颁布了《关于各级人民政府、党派、团体及所属事业单位的国家工作人员实行公费医疗的指示》，这些规范性文件共同构成了新中国社会保障的基本制度。1966年至1978年，我国的社会主义法制在一定程度上遭到践踏，立法工作亟待完善。

（3）党的十一届三中全会以来的社会保障法

从1978年党的十一届三中全会确立改革开放的方针开始，我国社会政治经济的发展进入了一个新的局面，社会保障立法也处于恢复、改革与创新时期。这一时期，我国的社会保障立法从社会保障的运行机制、模式类型、项目构成、待遇水平、管理社会化等方面进行了深层次的改革和创新。我国颁布了大量社会保障法律法规，取得了显著的成就。1984年，为适应我国经济体制改革的总体要求，我国开始进行社会保障制度的改革。从1984年至1992年我国颁布了大量的规范性文件，对企业职工的失业保险、养老保险、医疗保险等方面的内容做了具体规定。1994年通过的《劳动法》中，设立了"社会保险与福利"专章，规定了企业职工享有各项社会保险的权利。1996年颁布了《中华人民共和国老年人权益保障法》，1997年国务院颁布了《关于建立统一的企业职工基本养老保险制度的决定》，2003年国务院颁布了《工伤保险条例》。经过四次审议之后，全国人大常委会于2010年10月28日高票通过了《中华人民共和国社会保险法》，这是最高国家立法机关首次就社会保障制度进行立法。

（二）社会保障法的相关定义

1. 社会保障

社会保障，源于英文"Social Security"一词，在英文中含义非常复杂，只有在特定的社会制度下才有更为准确的界定。从其发展历程来看，社会保障最早出现于1935年美国制定的《社会保障法案》中；1938年新西兰通过的社会保障法案中也使用了社会保障一词；此后，1941年在被称为《大西洋宪章》的战时宣言中又被两次使用；1942年国际劳工组织发表了题为"走向社会保障的途径"的报告，在此之后，社会保障一词遂被世界各国普遍使用。

但迄今为止，对社会保障的定义，没有统一的解释，各国学者和有关国际组织给社会保障下的定义不计其数。美国政府官方出版的《社会保障手册》对社会保障的定义是：社会保障是通过社会保障法案和相关法律建立的方案，方案的基本目标是给个人和家庭提供物质需求，保障老年人和伤残者的费用而不用尽他们的储蓄，保证家庭稳定团结，使孩子在健康和安全中成长。英国对社会保障的认定为：社会保障是对一系列相互联系的，旨在保护个人免除因年老、疾病、残疾或失业而遭受损失的法律的总称，它是遵循普遍性原则的一种国民收入再分配的手段。日本对社会保障则是这样理解的：社会保障是对由疾病、负伤、生育、残疾、死亡、失业、多子女及其他原因造成的贫困，从保险方法和国家直接负担上寻求经济保障途径，对陷入生活困境者，通过国家援助，保障其最低限度的生活；同时，谋求公共卫生和社会福利的提高，以便使所有的国民都能过上真正有文化的社会成员生活。国际劳工组织认为，社会通过采取一系列的公共措施来为其成员提供保护，以便与由疾病、生育、工伤、失业、伤残、年老和死亡等造成停薪或大幅度减少工资而引起的经济问题和社会贫困进行斗争，并提供医疗服务和对有子女的家庭实行补贴的法律制度。

上述各种定义虽然侧重点不同，但基本含义是一致的。我们认为，社会保障是国家为了保持经济的发展和社会的安定，通过强制性立法，以国民收入分配和再分配的形式，确保全体社会成员的基本生活需要的制度。在理解社会保障的概念时，最需注意的是对基本生活需要的界定，国内外学者和有关国际组织对此有广义和狭义的解释。狭义的解释是保障基本生活需要就是保障收入，当人们因年老、伤残、疾病、失业、自然灾害等原因造成收入减少或中断时，社会通过物质帮助，保障其基本收入以维持基本生活需要。广义的解释则是除了收入保障外，人们在健康、住房、教育、文化等方面的需要，也是基本生活需要，因此，社会保障还应该包括医疗保障、社会福利、住房福利、教育福利、文化福利等方面。本书所述及的社会保障，采取的是广义的解释，认为社会保障包括社会保险、社会救济、社会福利、社会优抚等多方面内容。

2. 社会保障法

关于社会保障法的概念，主要有以下几种定义：社会保障法是调整社会保障关系的法律规范的总称；社会保障法是国家为维护社会安定和经济稳步发展而制定的，保障社会成员基本生活需要和经济发展享受权的各种法律规范的总和；凡是依据社会政策制定的，用以保护某些特别需要扶助人群的生活安全，或用以促进社会大众福利的立法，就是社会保障法；社会保障法是调整以国家和社会为主体，为保证有困难的劳动者和其他社会成员以及特殊社会成员的基本生活，并逐步提高其生活质量而发生的社会关系的法律规范的总称；社会保障法是调整社会保险、社会救济、社会福利等活动中各种关系的法律规范的总称。

考察以上几种关于社会保障法的定义，所采取的都是属加种差的定义方法，以其属（法律规范）加上各差（调整的社会关系）来定义社会保障法，因而有一定的缺陷。第一种定义的缺陷在于定义项"社会保障关系"本身是一个不太明确的概念，无法用以明确被指定义项，所以很难使人对社会保障法这个概念有一个清晰的把握。第二种定义以社会保障法的功能作为它的种差来定义社会保障法。但在这一定义中，定义项的外延大于被定义项的外延，犯了定义过宽的逻辑错误。

因此"国家为维护社会安定和经济稳步发展而制定的，保障社会成员基本生活需要和经济发展享受权的各种法律规范"不仅包括社会保障法，还包括其他一些法律规范，如民法、经济法甚至刑法中的许多规范同样有此功能。所以，这个定义还是未能揭示概念的本质和内涵。第三、第四种定义同样犯了定义过宽的逻辑错误，社会保障法的主体应包括国家、社会（用人单位）和全体社会成员，而仅"以国家和社会为主体"势必将部分社会保障法律规范排除在外。第五种定义方式以列举形式将社会保障法所包含的内容加以罗列，欠缺概括性描述。

综上所述，我们认为，社会保障法是一个独立的法律部门，任何一个独立的法律部门调整的社会关系都有其独特性，所调整的社会关系的不同，也正是法律部门同其他法律部门的区别所在。那么，对于社会保障法到底调整哪些社会关系，这些社会关系的属性是什么的回答便成为界定社会保障法内涵的关键。基于对社会保障法所调整的社会关系的理解，我们认为社会保障法是调整以国家、社会和全体社会成员为主体，为了保证社会成员的基本生活需要并不断提高其生活水平以及解决某些特殊社会群体的生活困难而发生的经济扶助关系的法律规范的总和。社会保障关系包括国家与社会成员之间的关系，社会保障机构与政府之间的关系，社会保障机构与社会成员之间的关系，社会保障管理机构之间的关系和社会保障监督关系五种。

（三）社会保障法的调整对象

社会保障法的调整对象取决于社会保障的内容和范围。凡因社会保障活动而形成的社会关系，即社会保障关系就是社会保障法的调整对象。

与其他社会关系相比，社会保障关系的一般特征主要表现为以下几点。第一，它只能产生于社会保障活动过程之中，亦即只有在社会保障过程中所引发的社会关系，才能形成社会保障关系。第二，社会保障关系的当事人一方必须是社会保障职能机构，由于社会保障制度的建立都是以政府的直接参与为基础的，故代表国家或政府行使社会保障管理职能的有关机构，总是社会保障关系当事人一方，没有社会保障职能机构的参与，社会保障关系无从产生。第三，社会保障关系主要表现为一种社会连带责任关系，通过社会保障权利与社会保障义务将国家、法人团体、社会成员联系在一起，这样使社会保障关系既不同于当事人地位平等、充分体现当事人意思自治的民事关系，又不同于当事人地位不同、充分体现国家权力的刑事、行政关系，当事人之间由社会保障权利与社会保障义务连接起来形成一种社会连带责任关系。第四，社会保障关系是一种人身关系属性和财产关系属性结合的社会关系，社会保险关系表现得尤为突出。社会保险关系是以劳动关系的存在为基础和前提的，一方面由于劳动力的存在和支出与劳动者的人身密不可分，劳动者向用人单位提供劳动力而与用人单位形成社会保险关系，因而就其本来意义来说是一种人身关系；另一方面，劳动者通过劳动换取生活资料，在年老、伤残、疾病、失业等情况下从企业和国家获得社会保险待遇，就此意义而言，社会保险关系又同时是一种财产关系。

社会保障关系，从不同角度可以做出多种分类。依其内容不同，可以分为社会保险关系、社会救助关系、社会福利关系、社会优抚关系等；依其活动和行为不同，可以分为社会保障管理关系、社会保障资金筹集关系、社会保障项目标准确立关系、社会保障金发放关系、社会保障监督关系、社会保障资金运用关系等；若从社会保障各类主体间的关系来分，社会保障关系可以概括为国家或政府、用人单位、社会成员个人在社会保障活动中所发生的各种社会经济关系。具体而言，包括以下各类。第一，国家与社会成员之间的关系。它是指中央政府、地方各级政府与全体社会成员之间的关系，明确规范国家对社会成员的社会保障职责和社会成员应享受社会保障的权利。第二，社会保障机构与政府之间的关系。社会保障机构作为政府或社会提供社会保障的组织，与政府的关系表现为：一方面，社会保障机构代表政府或社会承担着相应的社会保障职责，必须接受政府的管理、监督和财政补贴；另一方面，社会保障机构又必然要以贯彻国家的社会保障政策和法律为宗旨，以解决全体成员的基本生活保障问题和实现社会稳定发展为目标。第三，社会保障机构与社会成员之间的关系。社会保障机构与社会成员之间既是社会保障基金的筹集与发放的关系，又是社会保障待遇提供者与接受者之间的关系；它既是国家或政府与社会成员之间关系的具体体现，又是社会保障实施中关于项目与内容的一对实践范畴，从而是社会保障法律制度中的重要内容，应该对双方的权利和义务予以明确规范。第四，社会保障管理机构之间的关系。它是指社会保障各职能机构之间及其内部有关职责划分、财务管理、资金分配等方面的关系，如主管部门的确定及其职责、社会保障机构与其他部门的协调、社会保障组织内部机构的职责划分与管理等，均需要社会保障法律制度予以明确规范。

总之，社会保障管理体制在整个社会保障制度中占有核心地位，怎样确立科学的社会保障管理体制，是社会保障法的一个基本内容和任务。第五，社会保障监督关系。对社会保障活动进行必要的监督，是确保社会保障事业顺利发展的有效措施，这种监督有国家权力机关的监督、司法监督、行政监督、社会监督以及社会保障机构的内部监督等。调整社会保障监督关系当属社会保障法中一个不可或缺的内容。此外，还有社会保障机构与企业、事业等用人单位之间的社会保障关系，企业、事业等用人单位与社会成员之间的关系，以及社会保障基金与投资市场之间的关系等，均需要社会保障法予以规范和调整。

（四）社会保障法的地位

1. 社会保障法是一个独立的法律部门

社会保障法的地位首先涉及的问题是：在整个法律体系中社会保障法是否为一个独立的法律部门。对于这个问题，主要有三种不同的观点：一为独立部门说，认为社会保障法是一个不隶属于其他任何法律部门的独立的法律部门；二为经济法分支说，认为社会保障法是经济法的一个组成部门或经济法的子部门法；三为民法分支说，认为社会保障法是民法的一个组成部门，是民法的一个子部门法。

我们认为以上三种观点中，独立部门说是比较可取的。一般的观点认为，社会保障法之所以是一个独立的法律部门是由其独立的调整对象决定的。还有人认为，社会保障法之所以是一个独立的法律部门，除了独立的调整对象外，还有一个基本因素，就是社会保障法具有独特的功能。这些观点都有一定的合理性。但我们认为社会保障法作为独立的法律部门主要是由两方面的因素决定的，一是因为其调整对象的独立性，二是因为其保护社会成员的基本生活安全和社会稳定的价值取向。调整对象决定社会保障法的作用范围，因此，如果调整对象不是一个独立的社会关系，那么社会保障法与其他法律部门就没有一个基本界限。然而，调整对象并不是决定社会保障法独立性的唯一因素，除了调整对象外，还有一个基本因素就是法的基本功能。社会保障法明确的功能是保障社会成员的基本生活需要和社会的稳定，这是其他法律部门所不具有的。从这两层意义出发，社会保障法应是一个独立的法律部门。

2. 社会保障法是一个基本的法律部门

与社会保障法相关的第二个问题是社会保障法在整个法律体系中的等级层次问题。如前所述，有人认为，社会保障法是与民法、行政法、经济法平行的法律部门；有人认为，社会保障法是经济法的子部门；还有人认为，社会保障法是民法的子部门。我们同意第一种观点，社会保障法是直接隶属于宪法的与民法、行政法、经济法平行的基本的法律部门。社会保障法在整个法律体系中的基本法律部门的地位是由现代市场经济结构所决定的。在现代以市场为中介进行生产和生活的社会，社会成员的基本生活安全丧失了天然的保障机制，必须通过法律人为地建立一套新的生活保障体系，以克服因市场化、城市化带来的人类基本生活安全危机，为维持和稳定社会成员的基本生活提供一个牢固的安全保护网。社会保障作为现代社会生活安全的防护系统，覆盖了几乎所有的社会成员，对保障社会成员的生活安全和生活质量以及维护社会秩序发挥着日益重要的作用。作为社会保障体系存在基础和实施工具的社会保障法理应在整个法律体系中获得基本法律部门的地位。

3. 社会保障法是一个重要的法律部门

社会保障法不仅是一个独立的法律部门，而且是一个重要的法律部门。原因有以下几点：第一，社会保障法关系到社会成员的基本人权是否得到实现和获得切实保护。社会保障法如何规定实际上对每一个人都会发生一定的影响，甚至直接决定着一个人的生存和生活质量。第二，社会保障法与经济发展具有密切的联系。社会保障法如何规定直接影响经济秩序的稳定和经济发展的速度和效益。第三，社会保障法是实现社会稳定的基本对策之一。社会保障法的完善与否，直接影响到社会安全和稳定。第四，社会保障法是否存在及其完善程度是衡量一个社会文明和进步程度的重要标志。一个文明的社会应当使每一个社会成员都能够生存并有尊严地生活着。完善的社会保障法，将对一个社会的文明状态和精神面貌产生深刻的影响。

（五）社会保障法的特征

1. 社会保障法为社会法

社会保障法作为矫正市场失灵的一项重要法宝，自19世纪末在德国诞生以来，在全球范围内得以迅速发展，成为与现代市场经济伴生的重要法律制度。它既不属于传统的公法领域，也不属于私法领域，被看作介于公法和私法之间的独立领域，即第三法域，又被称为社会法。由此，出现了公法、私法、社会法并存的三元法律结构。

社会保障法作为典型的社会法，具有以下基本特征：第一，社会保障法以社会利益为本位。所谓社会利益，就是社会全体成员的共同利益。在现代社会，社会利益是"公民对社会文明状态的一种愿望和需要"。它代表了社会大众的普遍需求和社会发展进步的共同价值取向。如果透过法调整不同利益阶层背后的社会关系来分析法的取向，则一般认为，调整国家利益的为公法，调整私人利益的为私法，在国家利益和私人利益之间存在的社会利益，则是公法和私法所无法完全调整的，这需要由社会法来调整。社会保障法以谋求社会利益为己任，其与国民的生活有着密不可分的关系。国家通过立法建立社会保障制度，就是为了谋求国民生活普遍获得安全保障，使国民免于生活资源之匮乏而濒临危险，并实现一种安康的、幸福的生活。社会保障法以社会大众为获利对象，充分体现了其社会利益的本性。第二，社会保障法以社会公平为其价值追求。实现社会公平是建立社会保障制度的基本理念。社会保障是对国民收入进行分配和再分配的一种方式，是社会保障的运作，是国民收入的一种转移，即从高收入者转移到低收入者，从健康者转移到疾病者和残疾者，从家庭负担轻者转移到家庭负担重者等，这种转移建立在社会公平之上。因此，社会保障法是以追求社会公平为其价值目标的，其通过各种社会立法以保障公民的社会安全和经济安全，谋求人类对美好生活期待的实现，既能保障人们在各种意外风险出现时的基本生活，又能保障社会大众共同分享社会发展成果，使人类社会共同迈向文明与进步。第三，社会保障法以强制性为其实施手段。在社会保障法律关系中，既包括国家与个人之间、国家与用人单位之间的关系，包括劳动者与用人单位之间的关系等。在这些关系中，既有个人（包括法人或单位）之间的关系，又有个人与国家之间的关系，但社会保障的实施完全建立在立法强制性的基础上，不允许当事人之间自由设立权利和义务。例如，就社会保险而言，凡依照法律规定必须参加投保的劳动者和用人单位都必须参加保险，当事人没有任意选择的权利，也不能任意退出保险，保险的险种和保险金的缴纳也必须按法律规定执行，不能由当事人自由协商。社会保障法正是通过立法的强制，对涉及的各种关系进行调整和规范，以使其符合大众的利益，实现社会保障制度所追求的目标。

2. 社会保障法为人权法

社会保障是指国家通过制定各种措施，使社会成员在年老、患病、失业、遭遇灾害或丧失劳动能力的情况下，能够获得一定的帮助，以保证社会成员的基本生活需要。由此可见，社会保障这项制度以及规定该项制度的法律规范的总和的社会保障法，是以人为出发点的，其使命在于确定和保障人的基本生活和生存权利，体现对人的关怀。享受社会保障是公民一项应有的权利。《世界人权宣言》等人权公约和国际劳工组织的宣言、公约、建议书中，均规定要求各成员国保证公民享受社会保障的权利。我国《宪法》第四十五条也有类似的规定。鉴于此，社会保障权利已成为人权要领的重要构成内容，它作为一项人权已经得到了国际公认。在马克思主义者看来，人权是人作为人应当享有的、不可无理非法剥夺或转让的权利，是人的各种权利（经济的、政治的、社会的、文化的和人身权利）的有机统一，其中生存权利和人身权利是最低限度的权利或首要权利，是人权的逻辑起点，政治权利是核心权利，经济、社会和文化权利是基础权利。就社会保障权来说，首先，它是一项生存权利。其次，它是一项经济权利，生活困难的社会成员有权利从国家和社会获得物质帮助。最后，它是一项社会权利，所有社会成员尤其是妇女、老人、儿童、残疾人等特殊群体成员，需要获得经济帮助以外的关心。此外，它还具有与社会成员的名誉权、荣誉权密切相关的人身权利的内容。

（六）社会保障法的功能

1. 保障和实现人的生存权及其他人权

中国政府的人权观认为，生存权是中国人民首要的人权，是第一位的人权。1982年《宪法》把生存权视为公民的一项基本权利，其第四十五条规定："中华人民共和国公民在年老、疾病或者丧失劳动能力的情况下，有从国家和社会获得物质帮助的权利。国家发展为公民享受这些权利所需要的社会保险、社会救济和医疗卫生事业。"1991年的《中国的人权状况》白皮书明确指出："对于一个国家或民族来说，人权首先是人民的生存权。没有生存权，其他一切人权均无从谈起。"而新中国成立以后，中国人民和中国政府在争取和维护人权方面取得的历史性成就，就是基本解决了人民的生存权问题。人的生存权包括生存安全权（生存权、健康权和其他人身权利）和生活保障权两个方面。生存权是人按其本质在一个社会和国家中应该享有的维持自己生命存在的最起码的权利，或者说，生存权是在一个社会和国家中人的生命不受非法损害和剥夺以及维护人的生存所必需的生活条件不受任意剥夺的权利。

简而言之，生存权就是人的生命安全和生活保障的权利。生存权是最基本的人权，是享受其他人权的前提。不论是生命安全权，还是生活保障权，都是与现代社会保障制度相关的。早在人类社会把生存上升为一种人权之前，伴随着人文文化或人道观念的出现，初级形态的社会就已形成救助和关怀机制。个人存在生存或生活风险，这在任何社会和时代都是不可避免的。为了应对因各种自然灾害、意外事故、人类自身的生老病残和社会经济运行的客观规律等造成的生存或生活风险，人类逐渐萌生了防备风险、保障生活的思想。例如，在中国古代，思想家就已阐明"国以民为本，民以食为天"的道理，并提出养老、慈幼等社会保障思想，即"大道之行也，天下为公""使老有所终，壮有所用，幼有所长"。据此，形成了家庭自我保护机制，邻里或行业互助等民间性、互助性的救济制度和朝廷的救灾救荒制度。在西方，从16世纪的济贫法到现代的社会保障法的演变，表明了历史的一种巨大进步，即人类从满足最低生活需要发展到对文明、体面生活的追求，并逐步从人的权利的角度诠释社会救济乃至整个社会保障制度。1601年，英国颁布的《济贫法》最先确认了穷人享有获得救济的权利，要求国家承担经济责任，并较为全面、系统地规定救济贫民的措施和方法。19世纪30年代，英国又颁布了新的《济贫法》，进一步明确了国家的救济义务和贫民获得救济的权利。更重要的变化，在于国际人权法对生存权的规定及其发展。1948年，联合国大会通过的《世界人权宣言》第二十二条规定："每个人，作为社会的一员，有权享受社会保障。"第二十五条规定："人人有权享受为维持他本人和家属的健康和福利所需的生活水准，包括食物、衣着、住房、医疗和必要的社会服务；在遭到失业、疾病、残废、守寡、衰老或在其他不能控制的情况下丧失谋生能力时，有权享受保障。"1966年，联合国大会通过的《经济、社会及文化权利国际公约》

也确认了人人免于饥饿的基本权利，承认人人有权为他自己和家庭获得足够的食物、衣着和住房，并能不断改善生活条件，并且承认人人有权享有能达到的最高的体质和心理健康的标准。这些规定和宣言表明，人的生存权正式成为国际社会近年来经常加以强调或予以关注的重要人权。生存权作为一项重要的人权，其充分实现，必须以社会保障法律制度的建立和完善为前提。也可以说，社会保障的概念，实质上是人的生存权利的重要内容。社会需要依靠社会保障法律制度改善人的生活质量。人的生存权，不仅仅在于能简单维持生命的延续，还必然追求生活质量。这要求完善医疗保健制度、社会福利制度和其他保障制度。而且社会保障法律制度还有助于促进个人的全面发展，包括心理、人格和精神的健全。社会的进步和安全，可以防止道德败坏，需要心理、人格和精神健全的社会成员，而生活条件对一个人的心理、人格和精神的发展起着重要作用。那些长期得不到温饱、饱受疲劳和皮肉之苦的人，往往容易出现心理的缺陷、人格的扭曲和精神分裂。从这个角度审视，社会福利事业已超越个人生存的范围，它提供条件与机会去恢复和促进个人的发展。这是现代社会保障法律制度发展及其功能变化的一个新趋势。社会保障法律制度对人权保护的意义，不仅限于保障和实现人的生存权利，还在于通过维护人的生存权利促进其他人权的实现。没有生命的存在和生命的延续，一切其他人权都是没有意义的。这正是生存权作为首要人权的要旨所在。对生存权的保障，一方面为实现其他人权奠定了基础，另一方面也为实现其他人权创造了条件。

2. 是社会公平的调节器

社会公平，是人类社会发展中的一种客观要求。社会公平体现在经济利益方面主要是社会成员之间没有过分悬殊的贫富差别，即所谓"不患贫，患不均"。在市场经济条件下，收入分配机制与竞争机制相联系，必然形成社会成员之间在收入分配方面的不均等，甚至相差悬殊。为了解决这一社会问题，就需要运用政府的力量对社会经济生活进行干预，通过社会保障措施，通过对社会成员的收入进行必要的再分配调节方式，将高收入者的一部分收入适当转移给另一部分缺少收入的社会成员，从而在一定程度上缩小社会成员之间的贫富差距，弥补市场经济的缺陷，缓和社会矛盾，以促进社会公平目标的实现。在这方面，社会保障法起到了对社会成员收入分配进行调节的作用。它以立法的形式，通过税收和强制投保等渠道筹措保障基金，然后由政府进行二次分配，从那些在市场竞争中处于优势的社会成员群体中抽取一部分利益，对那些在市场经济中处于劣势的社会成员群体给予一定的利益补偿,使那些社会上的弱者能分享到社会经济发展的成果,从而减少因分配不公等而产生的社会负面影响。

3. 是维护社会稳定的安全网

没有社会的稳定,就没有经济的发展和社会的进步,而社会保障法则是社会稳定的重要防线。社会保障制度本身就是一种社会安全体系。它通过对没有生活来源者、贫困者、遭遇不幸者和一切工薪劳动者在失去劳动能力或工作岗位后给予救助,满足其基本生活需要,消除社会成员的不安全感,以维护社会稳定。因此,社会保障法又被誉为"社会安全网"和"社会减震器"。

（七）社会保障法的原则

1. 权利与义务对等的原则

权利与义务是一对范畴。权利与义务相一致是指享受权利必须承担相应的义务,而履行了义务就应当享受相应的权利。社会保障法律关系实质上是一种权利与义务关系,享受权利的称为权利主体,承担义务的称为义务主体。当社会成员个人生活遇到困难而获得社会保障金时,他（她）居于权利主体的地位。但社会成员取得权利主体地位有一个先决条件,即必须依照社会保障法的有关规定,缴纳一定数量的社会保障费及履行有关方面的义务,在这时,他（她）则居于义务主体的地位。这就是说,公民在享受社会保障权利的同时,还必须履行法定的社会保障义务。然而,在过去数十年间,中国的社会保障制度讲求国家和企业的单纯责任和社会成员的单纯权利,人们把"免费"享受各种社会保障待遇片面理解为"社会主义制度的优越性",从而既造成了社会保障权利与义务的脱节,又造成了国家的无限责任和社会成员对国家或政府的完全依赖,致使当中国的经济、社会进入新的发展阶段时,社会保障的刚性增长不顺,构成了国家财政和企业发展的沉重负担。社会保障权利与义务关系的脱节和扭曲已被证明是社会保障发展过程中的缺陷。在新的发展时期,改革和重建中国的社会保障法律已成必然趋势,它客观上需要以多方筹资作为国家履行社会保障职责的有效手段,要求受保障者承担一定的缴费义务。这就是说,在社会保障法律关系中,只有先尽缴费义务,然后才能享受社会保障权利。在当前中国经济尚不发达,政府不可能拿出大量资金包揽社会保障事务时,贯彻权利与义务对等的原则尤为重要。值得注意的是,社会保障法虽然贯彻权利与义务对等的原则,但是,就社会成员个人而言,这并不意味着其所享受的权利与应承担的义务恰好相等,也并不意味缴费者必然享受社会保障待遇。事实上，社会保障集中全体社会成员的社会保障费而形成基金，仅对遭受生存风险的少部分社会成员提供帮助，这就是社会保障的共济性特征。与此同时，"权利与义务对等"也只是就整体而言，如果对任何保障项目和保障对象都坚持此原则，那么就会忽视那些先天不具备劳动能力的社会成员维持最低生活需要的权利。因为建立在待遇严格取决于缴纳社会保障费的制度的不利之处，在于它首先排除了那些无收入者，即那些一生下来或未达到劳动年龄之前就有身体或精神上残缺的人。要求这部分社会成员缴费显然是不人道的，其社会保障费应由国家财政支撑，以体现国家或政府对这部分特殊群体应尽的救助责任。

2. 普遍性与选择性相结合的原则

普遍性是指社会保障的实施范围应包括所有社会成员，强调一切社会成员享有社会保障的共同权利，从而制定对全体社会成员普遍适用的相同的社会保障标准。选择性实质上是区别对待，即针对不同类型的社会成员制定不同的适用法规和标准。普遍保障与区别对待相结合，是贝弗里奇勋爵（Beveridge）在《贝弗里奇报告》里首次倡导的。他提议"全面和普遍原则"，即把全体国民均作为社会保障覆盖的对象；"区别对待原则"，即针对不同类型的社会成员制定不同的社会保障标准。

目前世界各国的社会保障立法，或以选择性原则为出发点，从而制定出对不同类型的社会成员适用的不同的社会保障标准；或以普遍性原则为出发点，从而制定出对全体社会成员适用的相同的社会保障标准，如英国和瑞典等国的社会保障立法。我国传统的保障立法，是以"干部、工人、农民"的身份差别为标准加以选择性地区别对待的，也即以选择性原则为出发点。它把整个社会区分为城市和乡村两大社区，把社会成员分为干部、工人和农民三个阶层而区别对待。社会保障覆盖的范围仅限于城市中的干部和工人，而后者又局限于国有企业的工人。集体企业只是参照实施，而在乡镇企业、私营企业、"三资"企业和城市个体经济组织中的就业者，自始至终都没有受法律保护的社会保障权利。在广大农村中，享受社会保障待遇的主要是五保户（保吃、保穿、保医、保住、保葬）和领取部分养老金及优抚救济金者，约占农村劳动力的2%，农村98%的人缺乏最基本的社会保障。

可见，我国传统的社会保障立法是建立在依城乡界限和所有制界限而形成的社会成员身份差别基础上的，由此而造成的严重社会后果是：一方面客观上形成了社会成员之间在社会保障权利方面不平等；另一方面，使社会保障对象单一，覆盖面狭窄，阻碍劳动力的合理流动，并制约了市场体系的完善。正因为我国以选择性原则为出发点的社会保障立法存在着以上缺陷和问题，再加上受国外社会保障立法的影响，所以有学者提出，我国社会保障法应以普遍性为原则，社会保障法应对所有社会成员一视同仁，凡是符合法定保障条件的社会成员，都有权得到保障待遇。这种观点有一定道理，但不全面。我国市场经济条件下的社会保障法，既不能单纯以选择性原则为出发点，又不能单纯以普遍性原则为出发点，而是应当把两者结合起来。这是因为，如果舍弃了普遍性原则，就等于否定了公民在生产资料公有制条件下的平等权利。在社会主义社会，社会保障作为社会成员物质利益的一种实现形式，是以生产资料公有制为基础的。一切社会成员，在其丧失劳动能力时，有平等的权利从社会取得生存和生活的必要资料。与此同时，使全体社会成员平等地享有社会保障权利，是促进劳动要素合理流动，达到资源优化配置的制度因素，因而也是市场经济的必然要求。但是，如果舍弃了选择性原则，就会造成另一种社会弊端，即不利于激励社会成员尽可能地为社会创造财富多做贡献。普遍性与选择性的关系，实质上是平等与效率的关系。西方某些国家在一定时期内，失业保险的收入所保证的生活水平，与就业者相差不大，这种情况，如果出现在经济落后国家，显然不利于激发在职职工的积极性，也不利于失业者重新就业。实现全体社会成员社会保障权利平等，是现代社会保障法的合理内涵。

从国外社会保障立法的演进过程来看，现代社会保障法在保障对象和实施范围上已进化到以坚持"普遍性原则"为主的全民化保障阶段。但我们又必须同时认识到，我国还处于社会主义初级阶段，社会经济发展不平衡，东、中、西部社会经济发展水平差距较大，特别是城乡之间的差距是短期内难以消除的社会问题。虽然农民有权同城市居民一样享受宪法赋予的社会保障权利和分享工业化带来的社会文明成果，但目前还不具备与城市居民享受相同标准和水平的社会保障的条件，而我们又不能降低城市居民现有保障水平以迁就农民。所以，全体社会成员的社会保障权利平等只能是本质平等、应该平等，而目前却达不到事实上的平等。

因此，我国在进行社会保障立法时，应当将普遍性原则和选择性原则有机结合起来，建立覆盖全体社会成员但城乡处于不同保障水平和层次的新的社会保障制度。为此，一方面要在社会保障法中，承认一切社会成员在其所处的所有制关系范围内，有与其他成员获得相同标准的社会保障的权利，从而体现社会保障的普遍性原则。另一方面应坚持城乡有别的选择性原则，制定适合城乡之间、各经济区域之间、各地区之间的社会保障标准。

3. 社会保障水平与经济发展相适应的原则

社会保障制度的建立和发展,要与社会发展阶段和经济发展水平相适应。世界各国的社会保障制度,都不是凭空建立起来的,立法所确立的社会保障对象、社会保障项目、社会保障待遇水平,无一不受到本国社会经济发展阶段和经济发展水平的制约与影响。各国的社会保障制度都随着本国经济的发展,呈现出社会保障对象的范围由窄到宽,社会保障项目由少到多,社会保障标准由低到高的共同特点。我国社会经济还不发达,仍处于社会主义初级阶段,这是我国的基本国情,也是我们建立和发展社会保障的立足点。在制定有关社会保障的项目、标准的立法时,一定要从我国经济发展的实际情况出发,从国家、社会以及公民个人可能负担的财力、物力出发。就现阶段而言,满足人民基本生活需求,是我国社会保障制度的重要目标。西方工业化国家的历史经验证明,社会保障水平并非越高越好。社会保障的发展水平应建立在既能保障公民的基本生活,又要促进国民经济的健康发展;既要保证社会稳定,又能激励社会成员积极劳动,提高社会成员的素质,促进社会进步。

第二节 大学生劳动教育的保障体系

一、师资队伍的保障

教育大计,教师为本。劳动转化为劳动教育的关键在于教师。劳动本身虽也蕴含着教育价值,但很多时候其教育作用难以得到完全发挥和体现。例如,以天为时间单位,以工厂流水线工人为对象,其每天都持续数十个小时的劳动,但劳动就仅仅停留于"劳"和"动"这个动作上。

在高校劳动教育的实施过程中,无论是第一课堂还是第二课堂,要使劳动教育的意义发挥出来,需要一个时间因素,即在高校劳动教育实施过程中,必须为学生的一段持续劳动安排一个中断。在中断时间中,教师发挥引导教育作用,使学生对劳动进行全面整体的反思,在此过程中,提升自己的综合劳动素养,达到高校劳动教育的目标。因此,师资队伍的建设是校内保障体系中必不可少的关键部分,是校内保障体系中"支持力"的核心力量。

(一)培养专兼职劳动教育教师

当前,劳动教育教师的数量和质量都达不到社会要求,缺乏一支素质较高、稳定的专兼职劳动教育教师队伍。一方面,既要培养造就一批新的专职教师,为学校劳动教育教师队伍注入新鲜血液,又要加强校内原来教师的在职培训,提高他们的劳动教育教学能力,可通过高校间合作、校企合作等方式,开展劳动教育专题研讨交流,为教师创造交流学习的机会;另一方面,要为学校劳动教育兼职教师"持续充电",将其作为高校劳动教育的补给力量,进一步提升劳动教育的质量。

(二)建立"一体化"师资队伍

新时代劳动教育校内保障体系中第二课堂涉及劳动教育与专业实习实训、创新创业教育、职业生涯教育等方面,这决定了高校可将劳动教育师资建设与这三个方面的师资建设进行融合,对各类教师的优势进行"排列组合",实现彼此之间的同频共振,建立三类"二合一"型的教师队伍,鼓励劳动教育理论课教师和专业课教师深入实习实训基地、创新创业合作单位、用人单位参与交流与管理,进行产学结合的研发和教学,使其既懂创业研发,又明晰劳动及劳动教育发展规律。

(三)全面提升学校教职员工队伍的劳动教育能力

劳动教育并不是一个孤立的系统,其育人特征体现在高校各个组织之中。例如,在第一课堂维度,与劳动教育直接相关的主要有两类人员,即各学科任课教师、辅导员;在第二课堂维度,与劳动教育直接相关的主要有相关任课教师、学生工作处、后勤处、教务处、创新创业中心等组织机构管理人员及工作人员。因此,在新时代背景下,为落实党的立德树人根本任务,提升劳动教育育人水平,应通过定期集中培训、专题讲座等方式全面提升学校教职员工队伍的劳动教育能力。

二、条件的保障

(一)组织的保障

教育必须把培养社会主义建设者和接班人作为根本任务,强调加强党对教育工作的全面领导,这是办好教育的根本保证。把全面从严治党要求落实到每个高校工作人员,把党的政治建设摆在首位,用习近平新时代中国特色社会主义思想武装头脑,充分发挥党对教育事业的监督管理和宣传引导凝聚师生的战斗堡垒作用。除了党对劳动教育的重视,各高校也需要贯彻党和国家的方针,制定基于国家政策支持和方针指导的学校劳动教育各阶段的发展规划、战略指导、发展目标和可实施性方针等。

从细节上来讲，要突出劳动教育建设在学校发展规划中的重要位置，设立学科建设与管理部门，综合考量学科发展建设、专业建设和现有人员的具体情况，制定并落实学科、科研、人员建设规划。同时，除了来自学校内部的组织保障外，一定要充分利用行业内社会团体或者协会组织的优势，通过相关部门利用科学的评价反馈机制有效评估学校，及时发现学校劳动教育建设过程中存在的问题及弊端，并根据反馈意见及时调整、优化建设体系。

（二）投入的保障

新时代高校劳动教育的建设是一个长期的过程，需要投入大量的人力、物力、财力，以确保改善软硬件设施，进而推动高校劳动教育建设更好、更快发展。纵观现阶段高校劳动教育的发展情况，高校加大对劳动教育建设的投入力度势在必行。

首先，凸显以人为本，加大师资力量投入。教育是一个以教师的"教"和学生的"学"相互促进的过程，教师是教学活动的主导者，因此必须加大高校劳动教育建设中优质师资力量的投入。提升师资队伍整体能力和综合素养，可以通过以下三种方式来实现：①任命具有一定背景的校内教师为劳动教育课程教师；②组织以提升教师团队劳动教学能力为目的培训；③外聘具备丰富的社会实践经验或拥有典型劳模事例的先进典型作为学校劳动教育专家库成员，以典型带动劳动精神培养。

其次，重视效率先行，加大建设资金投入。充足的资金支持是高校劳动教育建设的必要条件，只有具备充足的资金，才能配备先进的软硬件设施及优质的师资力量。但是在使用教育经费时，要坚持合理高效使用的原则，一方面完善经费体系，设立专门的科研经费、专项经费及劳动教育相关活动经费；另一方面积极利用其他渠道，如政府、企业、公益组织、校友等，进行教育经费的筹措，同时要设置专门的部门监管筹措经费明细和使用渠道。此外，物质保障也是劳动教育发展的重要保障，包括为学科发展提供相应的教学设施、器材、设备、场地；为教师、学生等提供充足的相关书籍资料和音像资料；为教师提供相应的短期培训以及劳动教育科学研究支持等内容。

（三）时间的保障

教育是一个贯穿学生学习始终和学校建设始终的终生命题，目前而言，摆在现阶段高校劳动教育建设面前最大的难题就是时间保障问题。部分学校仍然没有足够重视劳动教育建设，因此在高校劳动教育建设过程中普遍存在因时间分配得不到保障、教学有效时间得不到充分利用等而影响建设质量的问题。而要解决这一难题，全面提升高校劳动教育建设水平和质量，必须保障足够的时间分配，同时最大化利用课堂的有效教学时间。具体来说，可以从以下三方面入手。

首先，合理分配专业课程课时。学校要明确学科之间的内在联系，将劳动教育课程放在与其他专业学科同等的位置上，合理分配学科课时（一般不少于32课时）、规划学分标准等，并通过搭建网上学习平台确保师生及时互动。

其次，完善教学评价和考核内容。在教师教学工作量统计范围中新增通识课内容和第二课堂教育，在学生期末综合考评中新增劳动相关课程。

最后，鼓励师生进行多维度的实践教学。劳动教育理论知识教学的最终目的在于指导实践，并使理论知识体系在实践中得到检验和完善。因此，学校要鼓励教师以寒暑假特色劳动实践的方式开展实践教学，引导学生积极参与。实现传统课堂教学以教师传授为主的模式向学生多维度自主探究知识的转变。

（四）空间的保障

劳动教育发生的场合就是这里所说的空间，随着信息化进程的不断推进，出现了基于现代化多媒体和计算机技术的多功能教室，这种教学空间的拓展使学生的学习不必拘泥于教室和课堂，而是拓宽到了线上或教室外，这是新时代高校劳动教育建设适应新时代德智体美劳全面发展教育方针的必然趋势，更是全面推进人才培养体系建设的重要发展方向。

在实际劳动教育过程中，为学生提供的空间保障主要包括学习办公场所、实践教学平台与学习基地建设、网络平台及交流空间等几方面。首先，建立以保障专题调研、历史研究、开展研讨为目的校内劳动教育研究基地；其次，建立与行业部门、企业单位、社会机构等跨界合作的育人基地，为教师开展实践教学搭建平台，为学生开展实习提供基地；再次，建立以创新教学方式来激发学生学习兴趣和探究意识的网络教学空间；最后，与国内外高校互动，选派优秀教师和学生外出访学，为提升教师和学生的素养提供更多的保障，以产学研合作教育和嵌入实现育人目标。

（五）管理制度的保障

高校应以国家出台的劳动教育相关政策为根本遵循，结合自身实际情况，建立健全与国家政策法规相协调、与高等教育改革发展相一致的劳动教育管理制度，定期分析学校劳动教育的实施情况，制定学校劳动教育发展的总体规划，对劳动

大学生劳动教育理论与实践指导研究

教育的设置、实施、评价、监督等方面的工作给予全面详细的规定和指导。同时，立足学校特有的精神环境和文化氛围加强劳动教育校园文化建设，充分挖掘学校文化中的劳动教育育人资源，使校内支持体系各方主体共同发力，形成合力，共同推进学校劳动教育的顺利实施和良性发展。

（六）技术的保障

劳动教育建设的另一个重点就是高校劳动教育的信息化建设，通过引入现代化信息技术提高教学和科研的效率和质量。从这个角度来讲，导入以劳动教育教师资源库、数字化教学资源建设、网络教学环境建设、多媒体设备管理等为主要内容的现代化信息技术对于保障高校劳动教育建设有着举足轻重的作用。

首先，通过建立以现代信息技术为支撑的区域性高校共享型劳动教育教师资源库，可以为高校劳动教育搭建开放、共享、信息化的资源平台，借助整合后的劳动教育教师资源和社会人才资源，促使教师调整知识结构，从而提高教师的教育教学能力。

其次，导入现代化信息技术可以有效解决现阶段高校劳动教育建设中的诸多问题，从而实现教学资源的共建共享和学生学习的个性化定制。

除此之外，不管是数字化教学资源还是网络教学环境，都要保证多媒体设备正常运行，否则现代化信息技术的导入将无法发挥预期作用。

上述六个方面基本涵盖了劳动教育发展所需要的基本内容。劳动教育发展的三大使命是立足于问题研究、着眼于学科发展、致力于实践服务。当前我们的劳动教育需要适应时代发展的要求，着眼于不同学校劳动教育发展的具体情况，具体问题具体分析，为劳动教育的开展提供长效保障机制。

三、考核评价的保障

（一）健全基于素养标准的综合评价机制

构建劳动素养框架，以此为衡量标准和前提进行综合评价。例如，南京师范大学劳动教育课题组经过大量研究，构建了劳动素养框架：一级维度由三个方面组成，即劳动观念、劳动知识与技能、劳动习惯与品质。每一个一级维度下包含若干个二级维度，对一级维度具体化。劳动观念方面包含劳动价值观、劳动过程观、劳动技能观、劳动成果观、劳动关系观；劳动知识与技能方面包含本体性知识、对象性知识、劳动技能；劳动习惯与品质方面包含责任感、坚韧性、诚信度、创造性。

而后在评价过程中，一方面在内涵上要有所拓展，不能限于传统意义上的"以分定档"。基于劳动素养的评价，不应仅关注学生在理论学习和实践活动中的知识的掌握程度、劳动观念是否转变、劳动习惯是否养成，而更应关注的是学生综合运用所学将理论与现实结合解决实际问题的能力，同时，还要关注其学习方法的掌握程度，以及与队友或组员之间的合作、交流情况。

另一方面，评价应自始至终贯穿学生的整个学习过程。因为劳动教育的特殊性，其是在以劳动素养为导向的学习观和教学观的指导下进行的，所以劳动教育中学生的学习是个体在与各种情境持续的社会性互动中，不断解决问题和建构意义的过程。因此，评价就不再是教学过程结束后的事，基于核心素养的劳动教育评价应伴随此过程始终。

（二）持续跟踪，及时纠正

时代在变化、社会环境在变化，高校劳动教育要革故鼎新，相应的，劳动教育评价体系也需要与时俱进。首先，要保证评价组织、团队的专业性，要紧密跟踪监控，综合分析发现的问题，并及时纠正；其次，要保持与一线劳动教育教师及时沟通，发现教育教学中实际存在的痛点，不断调整评价方法；最后，要借助融媒体平台、智能化电子设备，优化问卷调查方式，进行多渠道、全方位的调查，及时纠正评价体系的偏差。

（三）开展基于学生经验的自主评价

在传统的劳动观中，劳动是与生活和生产相联系的，劳动以日常生活和生产中的经验为基础，体现的是零散的劳动常识和劳动技能，具有强烈的主观性、个人性和应用性，对劳动的认知容易被排除于"知识"之外。

但从本质上讲，劳动经验既是劳动认知的内容，又是劳动认知的方式。劳动教育基于学生的经验，同时也能丰富学生的经验和认知。高校在开展劳动教育特别是第二课堂的劳动教育过程中，应鼓励学生基于自身经验和表现开展自主评价，包括自我评价、他人评价、组内互评、班级内互评等方式，使评价内容更加客观、真实。

四、社会支持的保障

（一）加强党对劳动教育工作的指导

党对劳动教育工作的领导是支持学校、协同各方开展劳动教育的根本保障。

各级党委要提高政治站位，把劳动教育列入培养合格的党和国家未来建设者和接班人的大事来抓，高度重视、关心和支持劳动教育工作，把劳动教育纳入教育改革发展的重要内容。

党政主要负责同志要熟悉劳动教育、关心劳动教育、研究劳动教育，切实为搞好劳动教育办实事、解难事。要积极推动家庭、学校、社会三大劳动教育系统的融合，建立健全运作机制，搭建交流互动协作平台。

要运用现代传媒手段，大力宣传劳动精神、劳模精神、工匠精神，树立先进典型，引导劳动最光荣、劳动最伟大、劳动最崇高、劳动最美丽在全社会蔚然成风，形成良好、强劲的有利于劳动教育的社会氛围和鲜明的劳动导向。要重视劳动教育立法和政策制定工作，使之有法可依，保障劳动教育行进在法治轨道上。要在劳动就业、收入分配、职工福利、社会保障、人才培养等诸方面坚持公平原则和保障劳动者利益，提升劳动者的社会地位，使全社会，特别是大学生看到做劳动者的自豪。

（二）发挥群团组织的作用

推动实施劳动教育的工会是职工群众组织，它和劳动、劳动者联系最紧密，在协同实施劳动教育上有着丰富的资源和独特的优势。工会必须从全局高度出发，抓住契机，为推动全社会的劳动教育发挥积极作用。工会要充分利用自身联系劳模、大国工匠和先进人物的优势，积极推进劳模、大国工匠和先进人物进校园，用现身说法的典型教育，弘扬劳动精神、劳模精神、工匠精神，力求对学校教职工和学生产生虹吸效应，形成强大氛围。

工会要利用联系企业、社会的优势，积极为学校教师、学生参加劳动生产实践打造适合的基地；要配合学校党政方面抓好教师队伍建设，实现教人者先受教；要按照"全社会都应该尊敬劳动模范、弘扬劳模精神，让诚实劳动、勤勉工作蔚然成风"的指示，推进多领域劳动教育工作开展。

具体来讲，在法治领域，鼓励参与多层次的法治建设，如立法、修订法、政策法规制定、与劳动及劳动教育相关的政策制定，确保劳动教育有法可依；在文化领域，充分利用现代科学技术，在多种自媒体平台宣传劳动教育的重要性，宣扬劳模精神、匠人精神及先进劳动者事迹等，营造劳动光荣的社会氛围；在社会生活方面，要积极引导公众认知，形成工会牵头下的企事业单位职工积极参与劳动教育的常态，以此带动社区、家庭等组织对劳动、劳动教育的重视。除此之外，还可以尝试开拓公益劳动市场。最终形成多层次、多维度、多链条的劳动教育热潮，使劳动教育遍及、深入全社会。

共青团是共产党的后备军，是由信仰共产主义的中国青年组成的群众性组织，具有队伍年轻、组织灵活、阵地深入、资源丰富的特征。而且，青少年是接受劳动教育的重要群体，对他们进行劳动教育是传统，更是责任。因此，共青团要有效利用优势，以社会主义核心价值体系为蓝本，联合学校、家庭和有关方面灵活开展多层次、多形式的劳动教育。

（三）争取企事业单位的参与

企事业单位应该被最大限度地吸纳到劳动教育的队列中来，由于大多数企事业单位是开展科学研究的主要场所，也是劳动的第一场所，学生可以直接到企事业单位中去参与劳动。一方面，企事业单位可以与学校直接合作，利用自身的软硬件设施，形成产学研培养模式，搭建学生实习、创业、创新的平台，助力学生的职业发展；另一方面，企事业单位可以利用资金、人才、项目、文化等先天优势，为劳动教育引入新的动力。

在具体的工作实施中，企事业单位可以发挥资金优势，尽己所能为劳动教育提供资金支持；发挥人才资源优势，利用单位现有的科技人才、劳动模范、先进个人和经验丰富的退休干部、工人等，深入学生群体中宣传劳动技术、经验等；发挥项目带头作用，让学生尽可能参与，学习"实战"本领，尽早确定自己的职业发展路线。学校要利用企事业单位深厚的文化氛围，使参与劳动的学生有参与感，在劳动中实现自身的价值，进而激起学生尊重劳动、热爱劳动的情感。

总而言之，企事业单位是学生劳动教育的重要场所，企事业单位要担负起社会责任，尽最大努力为大学生提供第一现场的劳动，让他们在真实的劳动中感受参与劳动的喜悦、感受劳动的意义、感受劳动者的伟大，树立正确的劳动观，形成诚实劳动创造财富的观念，为大学生走向劳动岗位，参加真实的劳动打好基础。

（四）营造宣传劳动伟大的社会氛围

大学生是一个社会群体，他们的成长当然离不开社会舆论的影响，而且社会舆论教育也属于劳动教育的一部分，因此负责社会舆论宣传的相关部门要不负使命，勇担责任。要在党中央精神的带领下，紧跟时代步伐，在当前的社会背景下，扛起青年大学生劳动宣传教育的大旗，营造劳动伟大的社会氛围。

在具体的传播中，要从机制、方式、内容等方面发力：一是传播机制，要形成以中央宣传部、教育部为龙头，其他宣传媒介、组织等共同参与、配合的劳动教育宣传、传播机制，制定全面、统一、持久、稳定的宣传制度，以达到舆论宣传的效果；二是传播方式，要结合现代融媒体技术，更新宣传方式、手段，让积极、正能量的劳动故事、劳动者故事以更快、更广、更新的方式与人民群众特别是青年大学生对接，从而营造热爱劳动、尊重劳动的社会风尚；三是传播内容，要始终以新时代劳动精神、劳动者精神和匠人精神为核心，并贯穿劳动技能、科学等内容，让青年大学生成长在浓厚的劳动社会氛围下，形成尊重劳动、尊重实干的观念，激发他们的劳动热情，产生劳动的干劲。

第八章 大学生劳动教育的对策

新时代中国青年应该德智体美劳全面发展，高校劳动教育是其中的重中之重。新时代高校劳动教育应该冲破思想束缚，从家庭、学校、社会、个人四个方面来加强新时代高校劳动教育。本章分为高校层面、社会层面、家庭层面、大学生层面四部分。

第一节 高校层面

一、树立高校劳动教育的理念

（一）加强劳动教育的顶层设计

无论是生活还是人都是靠劳动创造的。当前高校管理者，有必要对劳动价值形成更为深入的了解，尤其要认识到劳动教育的重要性。对此，应该从顶层设计出发对劳动教育予以强化，使之成为高校教育中一项重要的内容。围绕"以学生为中心"的现代教育理念，对学生的选择权给予充分的尊重和保障，使学生自愿地参加各类社团活动、志愿活动、社会实践等。

对于劳动教育而言，应该不断强化和巩固"以学生为中心"的理念，在育人方面注重全员性，注重育人全过程，使育人能够更加全面和立体，面向社会培养有用的人才。在开展劳动教育的过程中，要不断强化"四大课堂"，即校内课堂、校内课外活动、校外活动、网络课堂，并发挥联动效应，面向学生开展丰富多样的教育活动，力求使劳动教育工作有条不紊地推进，鼓励学生"以劳树德，以劳增智，以劳强体，以劳育美"。同时，要使高校大学生在接受劳动教育的过程中引入创新思维，使学生养成吃苦耐劳的精神，实现更加高效的自我管理与自我监督。应立足于整个人才培养体系构建劳动教育体系，强化人才培养"立德树人"的使命，并且将劳动教育的观念融入整个教育过程中，使劳动教育、专业教育、思想政治教育、创新创业教育等融为一体。关于新时代大学生基本素质教育地培养，劳动教育是不可或缺的部分，使整个劳动教育课程更加科学化与系统化是非常关键的。这要求在对劳动教育课程进行编制与设置时，必须充分考虑到其与内容、要求、考核、学分等的联系。

在大学生党、团内部，要将劳动实践作为必修课，对大学生校内的劳动教育实施科学合理的安排。教务处要对劳动教育进行调研，编制科学的教育教学计划和教学内容，明确劳动教育的教学要求，对学生实施全过程管理，并以此对学生的劳动表现形成客观准确的评价。

（二）确立重视劳动教育的教学理念

高校对劳动教育的理念必须给予足够的重视，而这也是劳动教育能够有效发展的一种保障。高校教师需要对劳动教育教学的理念予以强化，而这需要从两方面展开。

1.加强劳动教育理论研究

通过中国学术文献网络出版总库、国家图书馆等途径对大学生劳动教育进行检索，分析所检索出的资料发现，我国如今对与大学生劳动教育有关的理论研究并不多，而且整个理论体系也不全面、不完整。近些年，尽管也有与劳动教育相关的研究，但其中就劳动教育进行专门论述的文献屈指可数，同时因为部分学者在理解劳动教育时存在偏差，因而将劳动教育直接定义成劳动技术教育，所涉及的内容也是与劳动技术教育相关的。但事实上劳动教育、劳动技术教育本就属于两个不同的概念，无论是教育的目的还是教育的方法，两者之间都存在比较明显的差异，因而并不能将劳动技术教育等同于劳动教育。

如今，学术界对于劳动教育的关注度并不高，一些学者甚至表示劳动教育已经不符合时代发展的潮流，属于一个相对老旧的问题，因而从理论层面也并未对其形成足够的支撑，并且从实践方面看，劳动教育整体发展的趋势和方向比较模糊。对此，笔者呼吁高校学者有必要加强对劳动教育的关注，尤其是在理论研究方面要不断加深，对劳动教育给予更高的重视。

2.将劳动教育作为人全面发展的重要组成部分

纵观人类发展的长河，劳动始终都没有停止，并且作为人的基本活动形式而存在。人若要实现全面的发展，劳动教育则是全面发展的一个基础和前提，而从当代大学生的角度出发，劳动教育的重要性更加突出，其与大学生自我实现、自我完善和自我发展都是密切相关的,能够对大学生在德智体美等方面的发展产生明显的促进作用。因此,有必要对劳动教育给予更高的重视。

(三)确立人的全面发展的劳动教育目标

劳动教育在新时代是整个教育工作中极为重要的部分,劳动教育的目标则是"为祖国培养一代又一代勤于劳动、善于劳动的高素质劳动者",并且使之能够在劳动观念、劳动态度、劳动精神、劳动知识与技能等方面获得更大的发展。

如今,正值中国特色社会主义发展的重要阶段,现代化建设也在有条不紊地推进,青年劳动者作为整个社会劳动方面的中坚力量,必须形成正确和科学的劳动观念,认识到"劳动最光荣、劳动最崇高、劳动最伟大",紧随时代发展的脚步,做社会主义现代化建设的有力推动者。高校劳动教育应使大学生对劳动价值有更为明确的认识。当前,艰苦奋斗仍然是青年人所遵循的劳动宗旨,因而广大青年学生必须对劳动的本质有充分的认识,注重个人全面的发展,突出"自由的人",在社会中强调人的主体性,并在劳动方面将其表现出来,对劳动给予足够的重视,努力成为新时代合格的劳动者。

二、推动劳动育人与全课程的有机融合

(一)强化高校劳动育人与思想政治理论课的协同

高校思想政治工作关系到高校培养什么样的人、如何培养人以及为谁培养人这个根本问题。要坚持把立德树人作为中心环节,把思想政治工作贯穿教学全过程,实现全程育人、全方位育人。高校思想政治理论课是落实立德树人根本任务的关键课程,承担着坚定大学生的理想信念的责任。劳动教育对大学生劳动意识的形成、劳动技能的掌握、劳动价值观的树立起着重要的作用,体现出劳动教育的思想政治教育功能。

将新时代劳动育人与思想政治理论课有机协同,是增强高校劳动育人实效性的重要举措。以高校思想政治教育理论课《思想道德修养与法律基础》为例,人生价值观部分的教学内容则可以引入与劳动价值观相关的内容,在一定程度上对大学生树立正确的劳动价值观起到积极的促进作用。高校劳动育人重在大学生的实践参与,要将劳动教育设计为可操作的实践方案,通过劳动教育的课堂教学和实践活动,丰富思想政治教育的内容和形式,增强思想政治教育的实践性。将劳动教育课程纳入思想政治理论课学分管理,纳入学生综合素质培养管理考评系统,让思想政治教育、价值引领像"空气"一样无处不在。高校劳动育人要充分考虑

学生的学习和生活实际，重视大学生校园生活劳动的开展，从宿舍抓起，以勤工助学、助管助教工作岗位的劳动锻炼形式，组织大学生进行劳动实践和岗位体验，整合开发校本课程，开设校园劳动周，加强专业课和劳动实践的建设，促使大学生更加广泛地参与社会实践，努力拓宽思想政治教育的实施路径。

（二）加强高校劳动育人与大学生就业创业教育结合

加强高校劳动育人与大学生就业创业教育结合，为提升大学生的就业质量给予有力的支持。高校开展劳动教育强调劳动科学知识的系统学习，要有系统的劳动教育课程作为载体。党的十九大报告中指出：提供全方位公共就业服务，促进高校毕业生等青年群体、农民工多渠道就业创业。劳动教育课程内容应包含融入创新创业要素的课程、包含劳动基础知识和实践教育的通识教育课程。高校要向学生传授劳动技能，培养劳动价值观，使学生认识到面向就业的教育或课程对于今后的职业生涯的选择是有益的。

高校劳动育人与大学生就业创业教育相结合，对探索高校人才培养模式以及促进大学生的成长，具有十分重要的意义。鼓励学生参与社会实践，为大学生提供参加社会实践和社会生产的机会，还可组织学生参加各类创业大赛、成立社团组织活动。其次，充分利用社会资源，积极推进校企合作，丰富教学方式，共同开展就业创业项目，使学生更好地适应社会。最后，重视高校就业创业孵化园的建设。从创业项目的立项到孵化再到成长，创造条件对大学生的就业创业项目给予资金支持，并且专门的指导教师进行项目指导等。

（三）推动高校劳动育人与专业实践教育有机融合

高校的专业实践教育是引导学生辛勤劳动、诚实劳动和创造性劳动的重要方面，高校劳动教育如何有机融入专业实践教育，如何更好地将高校劳动育人与专业实践教育有机融合，是新时代高校实现劳动育人功能的要求，是新时代高校培养德智体美劳全面发展的人才的重要思考。劳动教育与专业实践教育是相互联系的。专业学习作为脑力劳动，是劳动的形式之一，同时，专业实践教育的最终目的是未来更好地劳动。

首先，专业实践作为专业教育的重要组成部分，从脚踏实地做好每一件小事着手，使学生理解辛勤劳动和诚实劳动是做好各项工作的第一位。高校的专业设置包含不同的类别和领域，有文学、艺术、理学、工学、农学、医学等。不论是哪一个领域的专业，都包含着体力劳动和脑力劳动，应在专业实习或专业见习过程中贯穿劳动教育的相关内容，做到专业教育与劳动教育有机结合。课堂教学作为教育的主渠道，应根据专业内容融入劳动教育，并将劳动教育融入高校人才培养方案。

其次，在课堂教学过程中，不仅要教会学生专业劳动技能，还要将劳动意识、劳动精神、劳动保障以及职业生涯规划等内容融入专业实践教育中。在制定高校人才培养方案时，应紧密结合专业定位，在教育内容和目标的设置上，应结合劳动教育，并认识到教学实践的重要性，以学分制确定大学生的实践课时，促使大学生在实践中成长。

第二节　社会层面

一、打造多方位劳动教育立体宣传矩阵

（一）加强舆论宣传的劳动价值引领

1. 结合新时代特征，深挖劳动素材

习近平总书记在 2021 年新年贺词中说道："平凡铸就伟大，英雄来自人民。每个人都了不起！"强调新时代中国特色社会主义现代化强国建设离不开每一个劳动者的努力。过去宣传劳动模范精神时，常常将典型劳动人物完美化，使大多数人产生自身劳动品质与先进人物之间有很大差距的感受。因此新时代进行劳动宣传时不仅要继承以往宣传典型劳动榜样的优良传统；而且应引导新闻媒体关注普通劳动者的劳动，从普通劳动人物入手，深入挖掘身边的平凡人的劳动事迹，以小见大进行劳动宣传，增强人民群众的共鸣感。

2. 依托大众媒体，构建多元化的劳动教育宣传平台

一方面，发挥传统媒介的作用，传播积极向上的主流价值观。例如，采用拍摄纪录片、广播重大事件中的先进人物、播放具有时代特点且贴近百姓生活的劳动文艺作品等方式大力宣传劳动模范精神、工匠精神和奉献精神。另一方面要与时俱进，发挥新型媒体在劳动宣传中的正确导向作用。当前"互联网+自媒体"的影响日渐扩大，人人都是自媒体，人人都能畅所欲言。尤其对于喜欢接触新鲜事物，心智半成熟的新时代大学生而言，面对与自己思想相悖的言论或事件时，更是乐于发表自己的意见。因此高校可以通过微博、微信等平台发起关于劳动现

象的话题讨论，吸引新时代大学生根据现象提出自己的见解。

高校要把握大学生的思想动态，当他们出现不当言论时，及时纠正。同时可以通过大学生更易于且乐于接受的平台，如抖音、快手等，推广具有劳动教育的作品。例如，发布具有劳动教育意义的漫画、美篇、短视频。直播几场关于手工劳动、修复文物、发明创造的视频等。用娱乐的方式替代刻板生硬的理论说教，营造轻松愉悦的氛围，使新时代大学生在耳濡目染中加深对劳动的了解和认知，并在实际生活中外化于行。

（二）建立健全网络舆论监管机制

1. 做好网络舆论监管

随着自媒体的不断发展，人们面临的网络舆论环境愈发复杂，而一些自媒体在接收新闻信息后，做出价值判断的影响甚至超过传统主流媒体。然而由于缺乏监管，自媒体中常常存在非理性的舆论导向，容易对社会造成不良影响。例如，新时代大学生通过"互联网＋现代农业"的模式返乡创业，媒体本应大力弘扬其勇于创新、振兴家乡的精神，但个别社会自媒体却讽刺这一行为，存在明显不尊重知识的舆论导向。大众传媒应肩负起纠正偏差与价值引导的责任，对于社会中不合理的行为站在客观公正的角度深入分析。加强对信息的监督管理，把好信息关，传播正能量。不传谣不造谣，在信息传播过程中把握好质量关、内容关，制止不良信息的传播。相关部门应加强舆论监管，积极回应、及时纠正社会中存在的错误劳动观，并多方联动多重舆论载体，打造强势的主流媒体平台，形成立体的宣传矩阵，在社会中广泛宣传"劳动最光荣、劳动最崇高、劳动最伟大、劳动最美丽"的正确劳动价值观，营造风清气正的舆论环境。

2. 加强网络法治建设

从最初的网络作家到现在的网红，互联网给予人们机会去更好地展示自我，由此衍生出了网络经济，其中有许多充满正能量的内容，但也有许多为了利益而无下限的低俗内容，如为谋利兜售假冒伪劣产品等。这种现象不利于培养大学生正确的劳动观。政府有关部门要加大立法、执法和监督力度，对于知乎帖子、微博热搜、微信公众号等App后台，要形成常态化的监管机制。而屡屡出现的恶搞、炫富等问题，与网络经济运行企业和平台听之任之的态度脱不了关系。

因此，针对网络经济的运行平台和企业，要出台相应的法律法规规范其运作，压实其责任。要加大惩处力度，规范网红和网络经济的发展和运行。

二、加大社会组织的支持保障力度

（一）社会各组织应履行社会责任，开放实践场所

社会各组织应明确自身的社会责任，企业、工厂等要支持高校进行劳动实践活动，特别是高新企业，应为新时代大学生体验现代科技条件下的劳动提供一定的支持，让大学生在参与劳动的过程中，体会劳动的艰辛与不易，磨炼其艰苦奋斗的意志。工会妇联、共青团等群团组织，以及社会各类公益福利组织要积极搭建实践平台，让大学生有机会深入社区、乡村参与基层管理，走入福利院、养老院等场所开展公益劳动，使大学生在参与活动中自觉将个人理想与社会发展相结合，培养大学生服务社会的意识，强化大学生的责任担当。

（二）相关部门应完善劳动教育法律法规

一方面，规定社会组织及公益服务机构有配合高校开展大学生劳动教育的义务，且不得妨碍和阻挠劳动教育的实施。另一方面，加强对社会组织是否真正为劳动教育开展提供应有的支持和保障，是否认真组织落实劳动教育的情况进行督导检查，对于出现违反劳动教育法律法规的组织，给予相应的惩戒。同时，提供实践活动的相关社会组织应制定相应的应急管理机制，认真排查、清除学生劳动实践中的各种隐患，如不使用存在安全隐患的场所设施、选择学生适用且安全的工具设备、制定更加细致的操作规范等。通过加强对劳动过程各个环节、每个岗位的管理，多方面强化安全保障，防患于未然。

第三节　家庭层面

一、加强家庭劳动教育观念建设

（一）树立正确的家庭劳动教育观念

家长作为孩子的第一任教师，其教育观念决定着孩子能否接受正确的家庭劳动教育。如果家长的劳动教育观念正确，孩子将能接受到正确的劳动教育，反之，如果家长的劳动教育观念本身就存在问题，那么孩子接受的劳动教育将很难有效甚至受到错误引导。要充分发挥家庭教育在儿童少年成长过程中的重要作用。家长要树立正确的教育观念，掌握科学的教育方法，尊重子女的健康情趣，培养子女的良好习惯，加强与学校的沟通配合。家庭劳动教育的首要关键点在于家长树

大学生劳动教育理论与实践指导研究

立正确的教育观，教育孩子以改变家长为切入点，强化家长的劳动教育观念。

对于家长来说，他们每个人的成长环境、人生经历、生活经验都各不相同，形成的劳动观念也会千差万别，但正确的家庭劳动教育观念基本相似，如何让不同观念的家长达成教育共识本身就具有一定难度，况且部分家长并不懂得如何有效开展劳动教育，这更给家庭劳动教育带来一定影响。对此，家长要认识到劳动对孩子的重要性，强化自身的劳动教育观念，大胆开展家庭劳动教育。同时，中小学要发挥在前期劳动教育过程中的主导作用，加强与学生家长的联系，定期开家长会进行教育指导，帮助家长加强劳动教育观念建设，纠正家长对劳动教育的错误观念。平时学校也应通过 QQ 群、微信群等手段保持与家长的联系，激发家长开展劳动教育的积极性，及时解决家长在劳动教育过程中遇到的问题。

（二）消除对体力劳动的偏见

部分家长对体力劳动缺乏正确认知，也就是说对体力劳动的偏见依旧存在，这种偏见既可能来自"学而优则仕"等传统观念的影响，也可能来自现代社会中孩子升学压力、自身现实经历等方面。但无论源于何种原因，如果任由这种偏见持续发展下去，极有可能发展成对体力劳动的歧视，一旦歧视发生，将对孩子的劳动观、劳动态度等造成不可逆转的不利影响。通常情况下，偏见属于态度的一种，包括来自认知、情感和意向三方面的偏差，消除偏见就要从这三方面入手。

在认知上，家长必须摒弃来自传统观念中的糟粕思想，消除对体力劳动的刻板印象；在情感和意向上，从事脑力劳动的家长要避免产生职业优越感，多了解、接触体力劳动，通过平等接触消除对体力劳动的偏见，从事体力劳动的家长要增强劳动职业自信，加深对自身职业的认同，避免产生"体力劳动低人一等"的错误观念。

总的来说，每位家长要尽量跳脱出自身所处的社会团体，平等地对待一切劳动。当家长消除对体力劳动的偏见后，要求孩子找一份"好工作"的偏颇观念自然就会改观，每位孩子将来也能根据自己的喜好、特长从事合适的职业，而不是所有人都朝着"好工作"的方向努力，各行各业也能源源不断地补充新鲜血液。

二、强化家庭劳动教育

（一）强化劳动思想灌输

缺乏劳动思想灌输是家庭劳动教育发展缓慢的另一重要原因，部分家长把劳动教育等同于做家务，孩子在做家务中仅仅是出力、出汗，却不明白为什么要出力、出汗，家庭劳动教育已经窄化为简单的劳动技能培养。家长要明白劳动教育一定是"劳动+教育","有劳动无教育"能起到的效果十分有限。部分家长觉得自己缺乏系统的劳动思想,难以对孩子进行劳动思想灌输,但家庭中的劳动思想灌输并不是要教给孩子系统的劳动知识或者深奥的劳动理论,而是在点滴生活中告诉孩子劳动光荣的简单道理即可。例如,在孩子做家务劳动的时候,家长告诉孩子重复、琐碎的家务劳动对家庭意味着什么,让孩子明白父母日常操持家务的不易,还要用语言鼓励孩子,使其从劳动中获得成就感、幸福感,体会到家务劳动给家庭和谐带来的促进作用,明白家务劳动对于家庭的重要性;在休闲娱乐时,家长要时常给孩子讲述劳动模范的故事,通过寓教于乐的方式在孩子内心种下"劳动最光荣"的种子;在面对错误的劳动现象时,要及时指出错误所在,教导孩子要鲜明反对错误的劳动现象。通过多方面的劳动思想灌输,给孩子的劳动观打下坚实的基础,让家庭劳动教育更加完整、有效。

(二)发挥家长带头模范作用

开展家庭劳动教育实践活动最有效的途径就是家长带头做示范,每位家长一定要正确发挥自身的模范作用,以实际行动带动孩子参加家务劳动。每位家长要规范自己的劳动行为,利用孩子从小就会有意无意地模仿家长的言行举止的天性,通过言传身教对孩子施加正向的影响。研究表明,早期的经验会影响其一生,一个生活在和谐、热爱劳动、崇尚劳动的家庭氛围中的孩子,在平时的生活中自然也会受到潜移默化的影响,自觉地以父母的行为做榜样,同时应多让孩子做些力所能及的劳动,不断增强子女的劳动意识,树立正确的劳动观。

因此,家长不仅要尊重劳动内在规律,采取科学的劳动方法,营造出热爱劳动的家庭氛围来影响孩子,还要善于创造家庭劳动机会。随着科技的发展,很多简单的家庭劳动都被家务机器人代替,省力的同时也省去了家庭亲子共同劳动的机会,家长应该合理减少对现代科技的依赖,为孩子适时创造亲自动手做家务的时间。

第四节 大学生层面

一、坚定理想信念,增强主体自觉

(一)树立正确的劳动观念

大学期间是一个人三观形成的重要阶段,大学生要形成正确的劳动价值观,不仅需要家庭、学校、社会等各方面的力量共同加入,更重要的是大学生自身需要积极主动配合并接受劳动教育。只有抓准时机对大学生开展劳动教育，才能使大学生在日后的生活、工作中脱颖而出。因为正确的劳动观念会对大学生的学习、生活、工作等产生重要的影响，所以，大学生树立正确的劳动观念是非常必要的。

人的思想和行为都会受到价值观的影响，大学生要自觉树立正确的劳动观念，坚持"劳动最光荣、劳动最崇高、劳动最伟大、劳动最美丽"的劳动价值观，认真学习马克思主义劳动价值观，批判地继承中国传统劳动思想，明确劳动的本质、内涵和作用，意识到"中华民族伟大复兴，绝不是轻轻松松、敲锣打鼓就能实现的"。而是离不开广大人民群众的辛勤劳动、诚实劳动、创造性劳动，也是对新形势下出现的拜金主义、消费主义、享乐主义等错误思潮的弹压。新时代大学生要对自身的未来职业生涯有清晰的认识和规划，深刻理解劳动对实现人生价值的意义，逐步确立正确的劳动观念。

（二）坚持积极的劳动态度

劳动态度是在一定劳动价值观的影响下，在长期劳动情感体验的基础上形成的一种相对稳定的对待劳动的心理倾向。热爱劳动是我国的传统美德，勤劳勇敢、自强不息是我国劳动人民几千年传承下来的优良传统，在继承优秀传统文化的基础上来开展劳动教育，将培育积极的劳动态度视为整个劳动教育内容中的首要位置。态度决定一切，细节决定成败。新时代对劳动者的要求越来越多，标准越来越高，大学生作为"准劳动者"首要掌握的就是坚持积极的劳动态度，用良好的精神面貌来对待劳动。

身为新时代的青年人，要坚定理想信念不能轻易被不正确的风气所牵制，更不能贪图享受生活，遗忘个人理想，应该在心底始终告诫自己要保有艰苦奋斗、顽强拼搏的精神，对幸福是通过奋斗出来的理念深信不疑。从目前我国的经济发展水平来观察，大多数大学生都没有经历过"衣不蔽体、食不果腹"的艰难时期，致使部分大学生没有感受过生活的艰辛和不易，缺乏吃苦的精神，面对困难极易选择逃避。但是不可否认的是，大部分大学生还是选择相信要想成功就要踏踏实实地付出，面对困难不退缩，始终保有拼搏精神。可现实总是过于残酷，大学生心底比起不劳不获更加抗拒的是劳而无获。因此，新时代大学生劳动的教育要注重培养大学生热爱劳动的态度和真挚情感，引导大学生真正做到"任何时候任何人都不能看不起普通劳动者，都不能贪图不劳而获的生活"，引导大学生发自内心地意识到学习理论知识和参加劳动实践活动，不仅可以增进知识，更能磨炼人的意志、锤炼人的品行。

(三)形成良好的劳动习惯

一个人若拥有良好的劳动习惯,做事情就会有计划、有步骤且效率高,然而良好的劳动习惯并不是与生俱来的,而是需要在日常生活中不断锻炼。养成良好的劳动习惯对于大学生自身的个性培养、价值观的塑造具有重要的意义。形成良好的劳动习惯,首先,需要养成"自己的事情自己做",自我服务的劳动习惯,例如,讲究个人生活卫生、主动学习做饭、完成基本的家务等,养成主动承担家务的好习惯;其次,在集体中养成"他人的事情帮着做"的良好劳动习惯,不过分计较个人得失,主动承担集体责任,如积极参加学校组织的劳动周、开学大扫除等劳动实践活动;最后,在公益活动中培养良好的劳动习惯,积极主动地参加慰问敬老院、乡村支教等志愿活动,不仅能提高自己的实践能力,而且能够培养自己良好的劳动习惯。

新时代的大学生,一定要拥有时不我待、只争朝夕的顽强拼搏精神,在劳动的过程中培养耐心、磨炼意志、提升解决问题的能力,感受劳动带来的幸福和快乐。广大青年学生要坚定辛勤劳动、诚实劳动、创造性劳动的信心和决心,既要努力学习科学文化知识、练就过硬本领,又要坚定理想信念、锤炼高尚品格、培育劳动情怀,真正上好劳动教育这门必修课,在学习生活中充分发挥积极性、主动性和创造性,争做新时代的奋斗者。

部分大学生盲目自大,过度自信,不愿意从小事做起,只想当人上人,实际能力和心理预期无法形成正比,最后的结果就是步入社会后找不到称心如意的工作,钱少事多的工作更是不屑于去做,会出现"小钱不想赚,大钱赚不到"的情况,最后只能当啃老族。因此,大学生要引以为戒,加强实践锻炼,从身边小事做起,慢慢积累经验。

二、深入生产实践,提升劳动技能

(一)提升自身的劳动技能

劳动技能作为劳动者的基本素质,是劳动者整体素质中的主要构成部分。大学生作为新技术、新思想的前沿群体,是国家培养的高级专业人才,是推动社会进步的栋梁之材,他们正处于在富有活力、最有灵感、敢于有梦、勤于追梦、勇于圆梦的人生关键阶段,他们的劳动素质和劳动技能直接影响着中华民族伟大复兴中国梦的实现。面对国内经济发展新常态下增速换挡、结构调整、新业态不断涌现等新情况,必须大力提高当代大学生的劳动技能。习近平总书记深刻指出:

当代工人不仅要有力量，还要有智慧、有技术，能发明、会创新，以实际行动奏响时代主旋律。新时代的劳动，不仅需要辛勤劳动、诚实劳动，更需要创造性劳动。新时代全面加强劳动教育，就包括学生要不断提升自己的劳动技能，为创造性劳动打好基础。

大学生要培养创造性劳动能力，一要好好学习科学文化知识和专业理论知识，明确这些基本知识、基础理论在推进科技进步方面的重大作用，为将来创造性劳动奠定基础。二要着力加强现代生产劳动技能训练，大学生应积极学习综合实践活动课程、通用技术课程等，还应进一步加强毕业实习、专业实习、生产实习、服务实习等环节的劳动技能训练。三要积极参加与劳动有关的兴趣小组、社团、俱乐部活动，如实验小组、信息技术小组、手工制作小组等，加强创造性思维能力与动手操作能力的培养。

（二）深入生产一线，养成劳动品质

系统化的理论课程学习对于学生而言至关重要，它能够非常直接且便捷地满足学生对专业知识和高精尖技术的需求，但是若要提升学生的人格修养和综合素质，实践更是不可或缺。实践过程带给学生的是对于世界的"直观认识"，而非从课本接触的"间接认识"，而劳动是实践的一种具体形式，是知识和技术见之于实际的运用过程，也是提高学生思想认识的基础。

大学生作为社会主义现代化建设的生力军，每年有百万大学生走向劳动岗位，他们的劳动品质不仅关系到自身的全面发展，更影响着整个社会的生产效能。因此，通过实习实训、校企合作的方式使大学生走进劳动现场，深入生产一线，能够让他们自主思考、独立操作，在不断地尝试摸索中体会劳动的喜悦，认识自身的价值，塑造敬业和精益求精的劳动品质。

（三）担当岗位职责，提升专业技能

习近平多次指出，"技术工人队伍是支撑中国制造、中国创造的重要基础，对推动经济高质量发展具有重要作用""要在全社会弘扬精益求精的工匠精神，激励广大青年走技能成才、技能报国之路"。

习近平的重要论述明确了劳动教育应提高学生的技能水平。大学生在生产实践中要主动担当岗位职责，将理论知识和专业技能从"知道"转化为"运用"，提升劳动技能水平，增强自己的核心竞争力。

参考文献

［1］徐趁丽，石林，佘林芳.新时代大学生劳动教育教程［M］.北京：中国书籍出版社，2021.

［2］胡颖蔓，欧彦麟.大学生劳动教育［M］.长沙：中南大学出版社，2020.

［3］王作辉，肖强，田曼.新时代劳动教育理论与实践［M］.北京：中国言实出版社，2020.

［4］周浩波，李雪铭，邱连波.普通高等学校劳动教育教程［M］.大连：辽宁师范大学出版社，2020.

［5］袁帅.教育改革视域下的劳动教育思想及实践研究［M］.北京：知识产权出版社，2020.

［6］金正连.劳动教育与素质养成［M］.北京：中国人民大学出版社，2020.

［7］姜正国.劳动教育与工匠精神教程［M］.北京：北京理工大学出版社，2021.

［8］贾东水，王凡，杨立富.基于系统理论的新时代大学生劳动教育体系研究［J］.河北工程大学学报（社会科学版），2021，38（4）：46-50.

［9］阿丽努尔·塔斯恒，陈玲.新时代全面加强高校大学生劳动教育探析［J］.安徽电子信息职业技术学院学报，2021，20（6）：73-76.

［10］杨学印，郭苗苗.新思维模式下的大学生劳动教育的价值探析［J］.就业与保障，2021（23）：55-57.

［11］吕明明，赵丽.新时代背景下大学生劳动教育内容分析［J］.就业与保障，2021（23）：40-42.

［12］冯鑫.新时代大学生劳动教育的内涵特征与推进策略［J］.大学，2021（46）：113-115.

［13］洪亚军，高敏.新时代加强大学生劳动教育的新探索［J］.决策探索，2021（11）：51-53.

［14］焦玉洁.新时代大学生劳动教育的对策与研究［J］.现代商贸工业，2021，42（35）：88-89.

［15］蔡婧.新时期大学生劳动教育的内容与实施方略［J］.创新创业理论研究与实践，2021，4（21）：112-114.

［16］孙璐璐，盛夏.新时代大学生劳动教育现状及提升路径［J］.新西部，2021（10）：118-120.

［17］周碧蕾，邓铠晴，张程程.大学生劳动教育的逻辑起点、价值及路向探寻［J］.山西青年职业学院学报，2021，34（3）：32-35.

［18］康晓.从实践育人视角论开展大学生劳动教育的意义［J］.科教文汇，2021（9）：31-33.

［19］甘陶陶.新时代大学生劳动教育的意义、价值及其实现路径探析［J］.文化创新比较研究，2021，5（23）：5-8.

［20］魏荣，江佩.新时代大学生劳动教育理念及实践路径研究［J］.合肥工业大学学报（社会科学版），2021，35（3）：104-109.

［21］温双艳.当代大学生劳动教育的问题及对策刍议［J］.大众标准化，2021（10）：193-195.

［22］陈晨.新时代大学生劳动教育的内涵与培育路径［J］.继续教育研究，2021（4）：132-134.